빅데이터를 말하다 〈개정증보판〉

빅데이터를 말하다 〈개정증보판〉

정우진 지음

데이터를 얻기 전에 이론을 세우는 것은 중대한 실수이다.
It is a capital mistake to theorize before one has data.

Conan Doyle Sherlock Holmes, A Study in Scarlett 1887

서문

「빅데이터」를 주제로 세미나와 컨설팅하러 다니기 시작한 것이 2011년 말로 기억된다. 물론 그전에도 클라우드 컴퓨팅의 대용량 스토리지와 분산 병렬 처리에 대한 고객의 질문에 답하느라 유사한 컨설팅을 하고 있었다.

빅데이터라는 키워드가 나온 것은 엄밀히 말하면 2010년 2월 경이다. 이코노미스트지$^{The\ Economist}$ 커버 이미지에 실린 「The data deluge - 데이터 폭우에 대한 스페셜 리포트」가 그 시작이었다. 우리나라에는 그 이후부터 버즈 워드$^{Buzz\ Word}$나 IT 트렌드 용어처럼 번져가기 시작했다. 당시 빅데이터에 대해 다양한 의구심과 논란이 일었었는데, 지금까지도 그렇다.

많은 논란이 되었던 이슈를 정리해보면 첫 번째는 우리나라에 빅데이터가 존재하느냐 여부였다. 빅데이터의 규모에 관한 문제인데, 당시 빅데이터의 선두 주자라고 할 수 있는 페이스북, 트위터 등 소셜 네트워크 서비스 업체와 구글, 아마존 같은 글로벌 클라우드 컴퓨팅 업체들이 보유하거나 운영하고 있는 데이터 규모와 비교했을 때 국내 규모가 미미했기 때문이었다.

두 번째로는, 하둡^{Hadoop}이라는 기술을 이용하여 데이터를 처리하면 다 빅데이터라고 부를 것인가에 관한 문제였다. 하둡이라는 기술은 야후나 구글, 아마존과 같은 업체들에게는 이미 몇 년 전 기술인데, 빅데이터의 등장과 함께 마치 신기술처럼 여기는 분위기였다. 그러다 보니 하둡과 함께 NoSQL에 대한 열풍과도 가까운 붐이 일어나기 시작했다.

세 번째로, 빅데이터란 결국 소셜 네트워크에서 발생하는 데이터에 대한 분석이 전부가 아니냐는 의견이었다. 소셜 텍스트 외에 다양한 로그성 비정형 데이터의 마이닝을 통한 분석이 마치 빅데이터의 전부인 것처럼 인식되어 버린 것이 사실이다. 또한, 일부 IT 벤더들은 대용량 스토리지 기반의 어플라이언스 제품과 기존의 데이터 분석 도구를 업그레이드하여, 마치 새로운 혁신 분석 기능을 통해 빅데이터를 전부 분석할 수 있는 것처럼 마케팅하였다. 동시에 다양한 연구 기관과 미디어에서 빅데이터 관련 책이 봇물처럼 쏟아졌다.

이러한 이슈와 논란 이후에 기업들부터 큰 변화가 일어났다. 더 이상 트렌드와 벤더의 마케팅에 휩쓸리지 않고 빅데이터 본질에 맞게 왜 지금 빅데이터인지^{Why?} 어떤 데이터를 할 것인지^{What?} 그리고 어떻게 할 것인지How?에 대해서 근본적으로 고민과 검토를 하기 시작했다. 그리고 2013년부터는 시범적으로 프로젝트와 사업들이 시작되었다.

최근 빅데이터에 관한 인식이 변하면서, 이제는 빅데이터가 실질적인 실행 단계에 접어들고 있다. 그러면서 『닭이 먼저냐, 달걀이 먼저냐?』식의 고민을 하고 있는데, 예를 들면 데이터 플랫폼이 먼저냐 데이터가 우선이냐 같은 것이다.

그리고 하둡 같은 최신 빅데이터 솔루션 개발자를 뽑을 것인지 아니면 데이터 과학자와 같은 사람들을 채용할 것인지 역시 고민이다. 사람 채용에 있어서는 업의 본질과 앞으로의 사업 방향성과 관련하여 시행착오가 많을 것으로 보인다.

무엇보다 이전에 사업부 및 IT 부서 단위로 각각 추진해오던 데이터 웨어하우스와 분석 서비스가 이제 전사 차원에서 통합되어 추진되고 있다. 이것은 데이터에 대한 오너십 문제만이 아니라 통합과 연계를 원활히 하기 위함인데, 이렇게 어느 정도 정리를 하면서 본격적으로 프로젝트를 시작하게 되면 그다음에는, 데이터 개인정보 보호와 데이터 출처, 그리고 외부의 공공 데이터 활용에 있어서 데이터에 대한 신뢰와 정확성 등이 이슈로 나타나게 된다. 시스템적으로는 실시간 데이터 축적과 함께 동시 분석하고 바로 수정/보완하여 반영하는 복잡다단한 프로세스의 시스템 구조에 대한 고민이 필요하다.

이 책은 바로 이러한 이슈를 고민하고 해결하기 전에 기본적으로 알아야 할 빅데이터에 대한 지식과 정보를 최대한 진정성 있게 전달하려고 노력했다.

빅데이터는 이제 트렌드가 아닌 진정한 새로운 패러다임으로 떠오르고 있다. 글로벌 기업 경영의 혁신적인 리더이자 GE의 전 회장인 잭 웰치Jack Welch는 기업이 경쟁 우위를 확보하기 위해 가져야 하는 두 가지 원칙을 말했다. 첫째로 경쟁자보다 더 빨리 고객에 대해 학습하는 능력이다. 이것을 빅데이터에 대입해보면, 빅데이터를 통해 고객을 분석하고 고객의 반응에 대응하는 상품과 서비스를 제공하는 것이다.

다음으로, 학습한 것을 경쟁사보다 더 빨리 실행하여 적용하는 능력을 말했다. 이제 빅데이터는 단순 분석에 그치지 않는다. 의사결정의 패턴을 바꾸고, 실제 시스템에 분석 결과가 반영되어 즉각적으로 시스템이 대응할 수 있는 체계여야 한다. 그래서 기계학습Machine Learning으로 구현되어 실행하는 시스템이 빅데이터의 핵심이다. 앞으로는 데이터 분석 역량이 곧 글로벌 기업의 경쟁력이 될 것이다. 분석적 기업Analytical Enterprise으로 가기 위해 빅데이터를 이제는 검토에서 실행으로 옮겨야 할 시점이다.

이 책에서는 58가지의 핵심 주제를 통해 최근 빅데이터에서 가장 쟁점이 되는 사항과 논란이 되었던 주제를 자세히 다루고 있다.

2014년 2월 정우진

추천사

빅데이터는 클라우드 컴퓨팅, 스마트워크와 함께 새로운 세상으로 진화하는 또 하나의 패러다임입니다. 마이크로소프트는 이미 거대 규모의 글로벌 데이터를 보유하고 있을 뿐 아니라, 빅데이터 기반의 글로벌 경영을 하고 있습니다. 이 책에는 현장에서 정제된 빅데이터의 정수가 담긴 인사이트가 있습니다. 빅데이터를 필요로 하는 모든 곳에 추천하는 바입니다.

한국 마이크로소프트 김제임스 사장

빅데이터는 이해하기 쉽지 않다. 왜냐하면, IT와 통계 이외에 기업경영에 관한 이해도 있어야 하기 때문이다. 이 책은 빅데이터에 대한 다양한 모습을 그린 책이다. 빅데이터의 전체 모습을 이해하고 싶다면 이 책을 권한다.

한국 빅데이터 전문가 협회 장동인 회장

현대 디지털 사회에서 찾아서 안 나오는 데이터는 없다. 데이터 분석을 통해 반드시 의미 있는 무언가를 찾을 수 있다. 결국, 빅데이터는 의사결정의 새로운 패러다임이다. 더 나은 의사결정에 필요한 모든 정보는 어딘가 있고, 우리는 그 정보를 취합하는 것이 가능하다. 이 책은 그 패러다임을 이해하는 가장 빠른 지름길이다.

「경영학 콘서트」 저자, KAIST 장영재 교수

빅데이터는 클라우드와 함께 최근 시장에 회자되고 있는 가장 핫한 주제이다. 프로젝트를 진행하다 보면 회사 내 IT 담당자들뿐 아니라 경영진들도 우리 회사에도 한번 빅데이터를 활용해 보자는 요구가 많이 나오고 있다. 하지만 빅데이터가 무엇인지 정확히 이해하고 있는 경우는 드물며, 그저 문맥 그대로 대규모 데이터를 활용하는 것이라는 정도로 이해하고 있는 경우가 많다. 「빅데이터를 말하다」는 빅데이터에 대한 58개 인사이트를 통해 빅데이터에 대한 궁금증을 풀어주고 있어, 빅데이터를 활용하고자 하는 기업 경영진/담당자뿐만 아니라 기업 대상으로 컨설팅을 수행하는 컨설턴트에게도 좋은 교재이다.

딜로이트 컨설팅 조민연 이사

빅데이터의 사업화는 민간부문뿐 아니라 공공 부문에서도 활발하게 진행되고 있습니다. 서울시 역시 시민들의 작은 고충(small problem)까지 풀어주는 큰 데이터(big data)라는 주제하에 빅데이터를 통한 열린 시정을 펼치고자 합니다. 이 책에서 빅데이터 업무를 위한 인사이트와 아이디어를 얻어가시기 바랍니다.

서울특별시 정보시스템 담당관 임성우 서기관

최근 빅데이터에 대한 관심들이 커지면서 동시에 이에 대한 오해와 여러 가지 의구심이 생기는 것도 사실입니다. 「빅데이터를 말하다」에는, 저자가 몇 년간 국내의 여러 기업 현장을 발로 뛰면서 다양한 고객들의 이러한 오해와 의구심을 해결해주기 위해서 고민하고 연구한 인사이트가 고스란히 담겨 있습니다. 기업내에서 빅데이터의 도입과 적용을 고민하고 있는 분들뿐 아니라 빅데이터가 무엇이고 이를 뒷받침하는 기술과 사회에 미치는 환경변화가 어떠할 지 궁금하신 분들에게도 많은 도움이 되리라 생각됩니다.

ZUM Internet 연구소 김우승 소장

차례

006　서문　　010　추천사
014　Special Report　빅데이터 시대의 한국

048	Insight 01	이미 우리 옆에 와 있는가
050	Insight 02	등장하게 된 이유와 배경
055	Insight 03	왜 빅데이터는 핫 이슈가 되었을까
061	Insight 04	빅데이터란 무엇인가 – 빅데이터의 정의
066	Insight 05	어떤 특징과 속성을 갖고 있을까
070	Insight 06	얼마나 커야 「빅」데이터인가
073	Insight 07	빅데이터의 데이터 유형 분류
076	Insight 08	빅데이터 비즈니스의 특성
080	Insight 09	빅데이터 분석과 기존 BI 데이터 분석의 차이
084	Insight 10	Big 이후에는 무슨 데이터가 나올 것인가
088	Insight 11	빅데이터 「무엇이」 문제이고, 「왜」 문제인가
091	Insight 12	빅데이터 프로젝트는 왜 쉽게 실패하는 것인가
095	Insight 13	데이터 프로세싱과 분석 단계의 변화
104	Insight 14	빅데이터의 근원적 본질과 전략
106	Insight 15	빅데이터의 오해와 진실
108	Insight 16	빅데이터에 관한 일반적 인식
110	Insight 17	기업들은 어떻게 하고 있나
112	Insight 18	통계로 보는 빅데이터
123	Insight 19	빅데이터는 어떻게 분류하는가
129	Insight 20	기업의 빅데이터 활용 목적은 무엇인가
134	Insight 21	빅데이터를 처리하는 프로세싱 아키텍처
136	Insight 22	빅데이터는 어떤 라이프 사이클을 가지나
146	Insight 23	빅데이터는 데이터 관리의 새로운 패러다임인가
148	Insight 24	차세대 데이터 플랫폼의 요구사항
152	Insight 25	빅데이터 분석의 전략적 트렌드
160	Insight 26	구글의 맵리듀스와 딜레마, 그리고 페이스북
165	Insight 27	빅데이터 적용의 주요 패턴

169	Insight 28	클라우드와 빅데이터와의 관계
171	Insight 29	마이크로소프트의 빅데이터 솔루션
176	Insight 30	마이크로소프트 빅데이터 솔루션의 차별화
180	Insight 31	빅데이터 추진 전략과 접근 방안은 무엇일까
184	Insight 32	빅데이터의 다양한 비즈니스 활용 시나리오
187	Insight 33	빅데이터의 산업별 활용 분야
190	Insight 34	빅데이터를 활용한 신규 비즈니스 모델 개발
205	Insight 35	빅데이터를 활용한 사례들
215	Insight 36	빅데이터의 다음 여정 - 데이터 가시화
222	Insight 37	비즈니스 인텔리전스 시맨틱 모델
226	Insight 38	빅데이터 프로바이더들의 사업 사례
240	Insight 39	빅데이터 마켓플레이스의 개념
246	Insight 40	데이터 마켓플레이스에서 빅데이터 외부효과
250	Insight 41	사물 인터넷 IoT
259	Insight 42	M2M과 IoT 그리고 빅데이터는 어떤 관계인가
263	Insight 43	IoT 플랫폼이란
266	Insight 44	지능화되어 가는 디지털 세상
269	Insight 45	빅데이터의 본질과 진실
273	Insight 46	다크 데이터는 어떻게 빅데이터로 전환할까
276	Insight 47	빅데이터는 「데이터 민주화」인가
279	Insight 48	나의 데이터가 빅데이터에 활용된다면
282	Insight 49	데이터의 오너십 이동
284	Insight 50	빅데이터는 새로운 경제적 「통화」
288	Insight 51	빅데이터의 전략 프레임워크의 목적
292	Insight 52	빅데이터적 사고
294	Insight 53	빅데이터 프로젝트 요건
296	Insight 54	빅데이터 소프트웨어 이용에 관한 통계
299	Insight 55	가트너의 빅데이터 관련 주요 트렌드
302	Insight 56	비즈니스 면에서 빅데이터 주요 트렌드 10가지
305	Insight 57	추신수는 빅데이터의 수혜자
306	Insight 58	핵심은 셜록 홈스와 같은 데이터 과학자

[Special Report]

빅데이터 시대의 한국
갈라파고스가 되지 않으려면

손민선 LGERI 책임연구원 msson@lgeri.com
문병순 LGERI 선임연구원 psmoon@lgeri.com

Ⅰ. 빅데이터, 생각하는 기계의 시대를 열다
Ⅱ. 지능형 서비스가 온다
Ⅲ. 빅데이터에서 지능형 플랫폼으로
Ⅳ. 한국은 지금 데이터 갈라파고스
Ⅴ. 한국형 십년지대계가 필요하다

최근 애플의 시리나 IBM의 왓슨처럼 사람의 말을 이해하고, 그를 바탕으로 대안을 제시하는 '생각하는 기계'가 화제가 되고 있다. 한때 잊혔던 인공지능 기술이 빅데이터를 기반으로 재부상하고 있는 것이다.

빅데이터 기술은 지금까지 처리할 수 없었던 대용량의 비정형 데이터를 처리하는 기술로서, 데이터를 기반으로 한 지능형 서비스를 구현하는 기반 기술이다. 실시간으로 수집되는 데이터와 그를 분석하는 시스템을 기반으로 한 지능형 서비스는 머지않은 장래에 서비스의 제공 체계나 그를 제공하는 전문가의 역할과 가치를 바꿔놓을 것이다.

이러한 상황에서 IT 거대 기업들은 그들의 축적된 데이터, 노하우, 대규모의 컴퓨팅 인프라가 결합된 빅데이터 솔루션과 서비스를 내놓고 있다. IBM의 왓슨은 지능형 서비스 솔루션 시장을 열고 있으며, 구글은 자사의 클라우드 서비스를 기반으로 한 빅데이터 서비스를 준비 중이다. 이러한 서비스의 종착점은 다양한 분야의 지능형 서비스를 구현하는 지능형 플랫폼이 될 것이며, 이 플랫폼은 지금의 OS와는 비교되지 않을 정도로 강력한 시장 지배력을 갖게 될 것이다.

이에 비해 한국은 데이터 기반의 사업 환경 자체가 미성숙한 상황이다. 제한된 내수 시장 규모, 언어적 한계, 글로벌 서비스 업체가 없는 시장 구조, 데이터 활용이 까다로운 규제 환경 등이 맞물리면서 데이터 산업의 갈라파고스로 전락할 가능성도 농후하다. 뛰어난 IT 인프라를 가지고도 인터넷시대의 변방으로 머물렀던 아픔을 또 겪지 않으려면 더는 머뭇거릴 시간이 없다. IT를 넘어 각 분야의 서비스 경쟁력이 모두 융합된, 한국형 빅데이터 마스터플랜이 필요하다.

" 연산하는 기계를 넘어
생각하는 기계가
현실화되고 있다. "

『나 지금 기분 꿀꿀한데, 재밌게 좀 해줘 봐』

스마트폰에 대고 이렇게 말하면 최신 유머나 좋아하는 연예인의 소식을 알려주면 어떨까? 아니면 평소 미워하던 사람을 때리면서 스트레스를 푸는 게임을 띄워준다면? 애플의 음성 인식 서비스인 시리가 화제가 되면서 한 번쯤 상상해 보았을 만한 상황이다.

기기를 음성으로 제어하는 자연어 인터페이스는 최근 IT 업계의 가장 큰 관심거리다. 이렇게 되면 '심심해', '우울해'와 같이 단짝 친구한테나 할 말을 스마트폰에 하는 상황도 어색하지 않아질 것이다. 인간이 기계에게 고민을 토로하고, 또한 기계가 인간을 위로하는 시대를 향하고 있는 것이다.

이러한 미래를 단순히 음성 인식 기술의 쾌거라 말하는 것은 조금 모자라다. 음성 인식은 기기 조작 방식의 변화로서 아이콘을 누르는 대신 말을 하는 것에 불과하다. 그보다 더 중요한 것은 '기분이 꿀꿀하다'는 것이 무엇이며, 어떤 이야기로 그 마음을 달랠 수 있는 지 '이해하는' 힘이다. 연산하는 기계를 넘어 생각하는 기계의 등장이다.

Ⅰ. 빅데이터, 생각하는 기계의 시대를 열다

빅데이터로 거듭난 인공지능

생각은 어떻게 가능한 것일까? 생각의 출발점은 정보다. 갓난아이가 성인이 되어 복잡한 사고를 할 수 있게 될 때까지, 사람은 감각과 언어 기관을 통해 수집된 자극에 반응하면서 이 정보를 뇌 속에 저장한다. 새로운 정보를 과거의 정보와 연결하면서 개념이 생겨나고, 이러한 개념이 발전하면 다단계의 사고로 이어진다.

물론 동물도 감각을 통해 주변 정보를 받아들여 뇌를 통해 이해하고 반응한다. 하지만 동물의 뇌 활동을 사고라 칭하지 않는 것은, 정보를 저장하고 그것을 시간과 인과 관계에 따라 배치하면서 의미를 찾아내는 활동의 비중이 극히 낮기 때문이다.

동물에게는 그 순간의 정보와 그 순간의 반응이 중요하다. 하지만 인간에게는 시간에 따라 정보를 배열하여 저장하는 기억력이 있고, 저장된 정보를 유형화하면서 의미를 찾아내는 분석력이 있다. 이로 인해 하나의 정보에 담긴 복합적인 의미를 이해할 수 있을 뿐 아니라, 앞으로 일어날 일을 상상하고 예측하는 추상적 사고도 가능하다.

기계의 생각도 마찬가지라는 것이 인공지능 기술의 가장 기본적인 가정이다. 인간의 사고 과정과 유사한 프로그램을 만들면 기계도 마치 사람처럼 복잡한 의미를 이해하고, 새로운 사실을 학습할 수도 있다는 것이다. 나아가 상황에 가장 적합한 대응 방안을 생각해 내는 것은 물론이고, 그것이 가져올 결과도 예측할 수 있다는것이다. 이러한 개념은 컴퓨터의 발명과 역사를 거의 같이 하는 오래된 개념 중 하나지만, 몇 년 전까지만 하더라도 거의 잊혀졌던 것이 사실이다. 인간의 사고 과정이 너무 복잡하고, 이런 작업을 수행할 만한 성능을 가진 컴퓨터를 구현하기가 불가능했기 때문이다.

그러나 최근 등장한 빅데이터 기술과 함께 인공지능이 다시 부상하고 있다. 정보의 양과 처리 능력이 제한되었을 때 기계는 마치 동물처럼 그 순간 주어진 문제를 해결하는 데 그친다. 어떤 생각도 거치지 않고 나오는 반사 작용처럼, 시스템에 프로그램된 방식으로만 정보를 처리하는 연산 기계일 뿐이다. 하지만 엄청나게 많은 정보를 수없이 다양한 방법으로 분석할 수 있게 된다면 어떨까?

빅데이터는 지금까지 이해할 수 없었던 정보를 이해하고, 분석할 수 없었던 방대한 양의 정보를 분석하는 기술이다. 불가능할 것으로 생각되었던 음성 인식이나 자동 번역이 빅데이터를 기반으로 현실화되면서 IT 업계는 다시, 생각하는 기계를 꿈꾸고 있다. 이미 현실화되기도 했다. IBM에서 개발한 지능형 컴퓨터인 왓슨이 대표적이다. 2011년 2월 제퍼디 퀴즈쇼에서 IBM 왓슨이 퀴즈 달인을 제치고 우승을 거머쥔 것은 앞으로의 미래에 많은 변화가 있을 것임을 암시한다. 그리고 이것을 구현하는 데 가장 중요한 역할을 한 것이 바로 빅데이터다.

'생각'을 만드는 빅데이터 기술

빅데이터라는 이름으로 통칭하기는 하지만, 사실 빅데이터 기술은 기계 학습이나 자연어 처리, 각종 통계 기법, 분산 병렬 컴퓨팅 기술 등의 다양한 기술들이 복합적으로 결합하여 있는 기술 시스템이다.

우선 빅데이터 기술의 원리부터 간단히 살펴보자. 컴퓨터 명령어로 짜인 정보가 아니라 사람들이 평상시에 쓰는 말이나 글을 컴퓨터가 이해하고, 정보화하는 것이 시작이다. 이를 통해 모인 대용량의 정보를 분석할 수 있도록 프로그래밍하고, 여기에 여러 가지 통계 기법, 기계 학습과 같은 인공지능 프로그램을 사용하여 이 정보가 담고 있는 복합적인 의미를 분석하고 추론하는 것이 빅데이터 분석이다.

컴퓨터가 정보를 받아들이는 첫 단계에서 가장 중요한 기술은 자연어 처리 기술이다. 즉, 사람들이 일상적으로 쓰는 말과 글을 컴퓨터에 가르치는 기술이다. 여기에 더해 영상이나 행동, 온도, 습도 등 사람이 감각 기관으로 감지하는 정보를 기계가 받아들여 처리하는 기술도 같이 요구된다. 영상 인식이나 센서 기반의 상황 인식 기술이 여기에 해당한다.

스마트 혁명과 빅데이터 기술

생각하는 기계의 출발점이 정보라면, 정보란 무엇일까? 그야말로 모든 것이다. 스마트 환경은 예전엔 정보가 될 수 없었던 많은 것들을 정보로 만든다. 수많은 센서가 탑재된 기기들이 모두 네트워크에 연결되어 있고, 표준화된 소프트웨어 환경을 통해 전달되는 서비스들은 각종 사용 기록을 남기기 때문이다. 우리가 하는 말, 우리가 하는 행동, 우리의 위치, 우리가 접하는 환경, 이 모든 것이 정보가 된다. 검색엔진에서 찾을 수 있는 지식이나 온라인 사이트에서 듣는 음악이나 영화 같은 콘텐츠는 물론이고, 서비스를 이용하는 사람들의 행동 정보와 이들을 둘러싸고 있는 주변 환경의 상황도 모두 정보다. 정류장에서 버스를 기다리는 사람의 수, 이들이 듣고 있는 음악, 이들 각자가 기다리고 있는 버스의 번호, 기다리는 버스의 도착 시각에 영향을 미치는 도로 교통 상황 등 시시각각 발생하는 모든 행동과 상황들이 모두 정보가 되어 기록될 수 있는 환경이 바로 스마트 환경이다. 엄청나게 다양한 형태의 데이터가, 엄청난 양으로, 엄청난 속도로 쏟아지는 스마트 환경에서 빅데이터 기술의 부상은 필연적이다. 수없이 많은 정보를 감지하는 스마트 기기들과 센서들이 스마트 환경의 감각 기관이라면, 빅데이터 기술은 스마트 환경의 뇌로서 작동한다. 감각 기관과 뇌가 유기적으로 작동하듯, 스마트 환경과 빅데이터는 서로가 서로를 요구하는 필연적 조합이다.

하둡, 맵리듀스, NoSQL 등 최근 IT 업계에서 빅데이터란 이름으로 빈번하게 언급되는 기술들은 앞에서 수집된 데이터를 실시간으로 분석할 수 있도록 하는 컴퓨팅 기술들이다. 대용량의 데이터를 다루기 위해서는 데이터를 여러 대의 서버에 분산 저장하고 이들을 동시에 처리하기 위한 병렬 처리 방식을 써야 해서 분산 병렬 컴퓨팅 기술이라고 한다. 또한, 빅데이터 특유의 기술들이기 때문에 빅데이터 기술이라는 말을 협의로 쓰면 주로 이들 기술을 뜻하는 경우가 많다.

마지막 기술 요소는 이들 데이터에서 의미를 도출하고 활용하기 위한 기술이다. 데이터 속에서 패턴을 찾아내고, 새로운 정보를 계속 덧붙여서 좀 더 정교화된 패턴을 만들어 내는 것은 물론이고, 실시간으로 업데이트되는 정보와 결합하여 현재 상황을 분석하고 예측치를 만들어낼 수도 있다. 이를 위해서는 회귀 분석이나 아노바와 같은 일반 통계 기법과 기계 학습과 같은 컴퓨터 프로그래밍 기술, 분석된 결과치를 손쉽게 이해할 수 있도록 보여주는 시각화(Visualization) 기술이 필요하다. 이러한 단계를 통해 빅데이터는 스마트 환경이 만들어낸 정보를 기억하고, 분석하는 '생각하는 기계'의 원동력이 되는 것이다.

> 모든 것을 정보화하는 스마트 환경과 무수한 정보를 이해하는 빅데이터 기술은 서로가 서로를 요구하는 필연적 조합이다.

II. 지능형 서비스가 온다

빅데이터가 만드는 지능형 서비스

빅데이터를 사용하면 무엇이 어떻게 달라지는 것일까? 생각하는 기계가 제공하는 지능화된 서비스란, 과연 지금의 서비스와 무엇이 달라지는 것일까? 지능형 서비스의 첫 번째 장점은 의사결정의 효율화다. 고도의 지식을 가졌거나, 오랜 경험을 가진 사람에 의존할 수밖에 없었던 의사결정 사항들을 축적된 데이터를 기반으로 훨씬 더 빠르고 쉽게 처리할 수 있게 된다. 지금까지 IT 시스템의 역할은 주문을 처리하고, 판매량을 기록하며, 과거 정보를 조회하는 등의 보조 수단에 불과했지만, 빅데이터를 기반으로 한 IT 시스템은 좀 더 적극적으로 현상을 파악하고 필요한 대책을 제시할 수 있다. 물류 효율화나 재무 정보의 실시간 파악, 소셜 정보를 활용한 상품 기획, 마케팅 의사결정의 실시간화 등 기업 현장에서의 빅데이터 분석은 그 자체가 최고의 경영 컨설팅 서비스다. 맥킨지의 분석에 따르면 빅데이터 분석을 통해 상품 개발과 생산 비용을 50%까지 줄일 수 있고 재고 자산 등의 효율화를 통해 운전 비용도 7% 이상 절감 가능하다고 한다. 순간순간 긴박한 의사결정이 필요한 의료 현장에 빅데이터가 적용되면 의사는 이를 바탕으로 즉시 의사결정을 내릴 수 있다. 실제로 온타리오 대학 병원은 IBM의 빅데이터 솔루션을 활용하여 미숙아 사망률을 혁신적으로 줄이는 데에 성공하기도 했다.

지능형 서비스의 두번째 특성은 고도의 개인화다. 축적된 개인정보와 현재 파악되는 상황 정보를 결합하여 한 사람 한 사람에 특화된 서비스를 제공할 수 있게 되는 것이다. 개인화된 검색 결과를 제공하는 구글이 이 개념을 가장 먼저 현실화시켰고, 넷플릭스나 아마존 등의 콘텐츠 업체에서 제공하는 추천 데이터 역시 방대한 양의 사용 정보를 분석한 결과로 넷플릭스는 매출의 80% 정도가 이 추천에 의해서 발생하는 것으로 알려져 있다. 페이스북 역시 10억 명의 사용자 정보와 검색어를 실시간으로 분석하여 맞춤화 광고를 제공한다. 개인화는 서비스의 맞춤화 측면도 있지만, 기기를 사용하는 인터페이스가 좀 더 사용자 중심적으로 맞춰지는 측면도 있다. 시리와 같은 음성 인식 기술, 구글의 자동 번역 기술 역시도 빅데이터 기술의 결과물이다. 구글은 음성과 텍스트에 이어 영상과 얼굴, 표정 인식에도 공을 들이고 있는데, 이것은 단말기를 통해 파악하는 사용자 정보가 더 많아진다는 의미이기도 하다. 궁극적으로 개인화 서비스는 지금의 미디어/광고 영역을 벗어나 건강 관리나 패션 코디처럼 등 사용자의 의식주 전반에 걸친 영역으로 확장될 것으로 본다.

  마지막으로, 지능형 서비스에 거는 가장 큰 기대 요소는 개별 분야의 오래된 난제를 해결할 실마리를 제시할 수 있다는 점이다. 환자의 신체 특성과 가족력, 생활 습관, 업무 환경 등의 데이터를 빠짐없이 수집하여 치료에 사용하는 지능형 의료에서는 방대한 임상 데이터를 기반으로 난치병 연구가 혁신적으로 진전될 수 있다. 차량의 위치와 운전자가 내비게이션에 입력한 목적지 데이터를 실시간으로 파악하여 교통량을 예측하고, 그에 따라 최적화된 운전 경로를 제시하여 차량 정체를 막아내는 지능형 교통 서비스도 빅데이터를 통해 가능해질 것이다. 정해진 노선을 따라 운행하는 버스 대신, 목적지가 유사한 사람들을 실시간으로 조합하여 그때그때 다른 노선을 운행하는 택시 같은 버스가 생긴다고 생각해 보자. 대중교통의 불편함과 고질적인 적자 노선 문제를 동시에 해결할 수 있을 것이다. 지금까지 그저 꿈같은 이야기로 여겨졌던 많은 시나리오를 방대한 데이터를 기반으로 실현해내는 지능형 서비스야말로 빅데이터의 본질적 가치이다.

지능형 서비스 시대, 삶의 변화

지능형 서비스는 전통적인 서비스 패러다임과 경쟁력의 원천을 근본부터 바꾼다는 점에서 파괴적이다. 개인, 기업, 나아가 국가의 운명까지도 바꿀 수 있다.

우선, 지능형 서비스는 기존의 서비스를 구성하는 가장 중요한 요소인 현장성을 거의 요구하지 않는다. 병원에 가지 않아도 몸 상태를 진단받을 수 있게 되면 동네 병원이 필요할까? 만약 의사와 자동 번역 시스템으로 대화할 수 있다면 굳이 한국에 있는 병원을 이용할 필요도 없다.

전문가의 역할도 변화될 것이다. 소위 지식 노동이라고 하는 분야에서 사람이 해오던 일을 기계가 대신할 것이기 때문이다. IBM의 왓슨은 이미 수백만 건의 의료특허 문헌을 분석하여 250만 개의 화학혼합물 데이터를 찾아낸 바 있다. 제약 R&D 분야에서 한번쯤 해보고 싶었던 일이지만, 그 일의 규모가 너무 방대해서 엄두를 내지 못하던 일을 기계를 통해 빠르게 할 수 있게 된 것이다. 다수의 사무직 노동자들이 수행하는 시장과 경쟁 동향에 대한 리서치, 소송이나 특허 판매를 위해 검토해야 하는 다량의 자료들에 대한 검색은 빅데이터 시대에는 기계가 할 일이다. 작업 절차가 복잡하고, 사안에 관한 지식적 이해를 요구하기에 전문가의 영역으로 구분되었던 제약, 의료, 법무, 회계, 경영 컨설팅 분야의 업무 중 상당 부분은 기계가 대신해 줄 수 있다.

혁신 메커니즘도 달라질 것이다. 여러 분야의 전문가들이 부단한 연구와 노력을 통해 얻어내는 혁신 대신, 성실하고 집요하게 축적된 데이터가 어느 순간 놀라운 답을 내주는 방식으로 바뀔 수도 있다. 그리고 이 결과는 전 세계 어느 지역에나 적용될 수 있다. 사람이 아니라 시스템이 중심이 되는 지능형 서비스는 하나의 서비스가 한 국가를 넘어 글로벌로 확장되는 데 핵심적인 역할을 할 것이다. 물론 지능형 서비스가 아무리 발전해도 인간이 하는 일을 기계가 완전히 대체하지는 못한다. 인간 의식과 직관의 메커니즘은 아직도 밝혀지지 않은 미지의 영역이기 때문이다. 하지만 가장 방대한 의료 데이터를 가지고 있는 병원, 가장 다양한 금융 데이터를 보유한 은행, 가장 폭넓은 학업 성취 데이터를 보유한 교육 기관이 경쟁자가 쉽게 따라올 수 없는 노하우를 확보하고, 이것을 세계 곳곳에 이식할 수는 있다. 같은 의료나 금융 서비스 안에서도 데이터를 잘 다루는 보통의 의사나 은행가가 지금의 숙련된 의사와 노련한 은행가를 능가하는 영역이 분명히 생겨날 것이다. 지능형 서비스는 개인과 기업, 그리고 국가의 운명을 가르는 새로운 패러다임으로 세상을 바꿔놓을 것이다. 개인 측면에서 보면 출세를 담보하는 일의 종류가 달라질 것이고, 기업 측면에서 보면 인재의 정의와 경쟁력의 원천이 달라지는 것이다.

국가의 경쟁력도 마찬가지다. 글로벌 시장을 주도하는 지능형 서비스 경쟁력이 그 나라의 경쟁력을 좌우할 것이다. 높은 교육 수준, 근면한 사회 문화와 같은 일반적인 자본이 아니라, 끊임없이 정보를 수집하여 전송하는 정보 인프라, 좀 더 정확하고 빠르게 데이터를 분석하는 기술력, 각각의 서비스에 맞는 데이터 수집과 분석 모델을 설계하여 서비스 지능화를 주도하는 인적 인프라가 한 나라의 경쟁력을 결정하는 요소로 부각될 날이 다가오고 있는 것이다.

III. 빅데이터에서 지능형 플랫폼으로

빅데이터 솔루션 vs. 빅데이터 서비스

빅데이터를 제품화하는 데 가장 앞장서고 있는 기업들은 역시 오라클, IBM, HP, EMC처럼 기업용 솔루션 사업을 하는 기업들이다. 이들은 마치 약속이라도 한 듯, 빅데이터 분야에서 두각을 나타내고 있는 신생 벤처 기업들을 인수하고, 그들의 솔루션을 자신들의 기존 제품과 결합하여 빅데이터 분석 솔루션을 내놓고 있다. 이러한 제품은 기업 내부 정보나 SNS 정보를 분석하여 상품 기획, 마케팅, R&D, ERP 등에 활용하고자 하는 기업 고객들을 대상으로 한다.

여기에는 오픈소스를 활용한 신생 기업들도 가세하고 있다. 하둡은 빅데이터 분야의 리눅스라고 할 수 있을 만큼 광범위하게 사용되고 있는 오픈소스 기술이다.

값비싼 상용 제품과 달리 기존 서버 인프라 위에서 혁신적으로 저렴한 가격으로 빅데이터 분석 시스템을 구축할 수 있다는 장점으로 각광을 받고 있다. 그러나 오픈소스 특유의 불안정성이나 시스템 구축에 따르는 난이도 등의 문제가 있어, 하둡을 기반으로 하되 좀 더 안정적인 빅데이터 분석 솔루션을 제공하는 벤처 기업들도 등장하고 있다. 클라우데라나 호톤웍스 등이 대표적인 기업이다.

그러나 빅데이터를 솔루션으로 상품화하는 대신 클라우드 컴퓨팅과 결합하여 서비스로 제공하려는 움직임에 주목할 필요가 있다. 바로 구글의 빅쿼리라는 서비스다. 빅쿼리는 빅데이터 분석에 필요한 인프라 투자 비용이 부담스러운 기업들에게 빅데이터 저장 공간과 분석 솔루션을 함께 제공한다. 고객들은 자체 서버와 솔루션을 구축하는 대신 빅쿼리 인프라를 사용하여 데이터를 저장하고, 그를 분석하는 프로그램 역시 빅쿼리를 통해 개발하여 서비스를 운영할 수 있다. 상용 솔루션에 비해서는 가격이 저렴하고, 오픈소스인 하둡보다는 기술적 안정성이 높다는 것이 장점이다.

빅데이터 시장 규모

위키본에 따르면 2012년 빅데이터 시장 규모는 약 50억 불이며 2017년에는 500억 불 규모로 성장할 것이라 한다. 그러나 이것은 협의의 빅데이터 제품, 즉 빅데이터 처리를 위한 컴퓨팅 인프라(서버)와 솔루션 시장을 말한다. 빅데이터가 적용된, 즉 지능형 서비스 시장 규모는 반영되어 있지 않은 수치라는 것이다. 빅데이터가 실제 서비스 현장에 적용되었을 때 어느 정도의 가치가 발생할지에 대해서는 아직 명확한 추정치가 없다. 빅데이터의 활용이 미국 의료 분야에서 3,300억 불, 유럽 공공 부문에서 1,500억 유로에서 3,000억 유로의 잠재 가치가 있다는, 컨설팅 회사인 맥킨지의 부분적 추정치를 통해 대략적인 시장 가치를 가늠하는 수준이다.

빅데이터 서비스에서 지능형 플랫폼으로

빅데이터 솔루션과 빅데이터 서비스의 차이는 무엇일까? 데이터가 모이는 위치다. 빅데이터 솔루션은 그 제품을 구매한 기업, 병원, 학교가 보유한 서버로 정보가 모인다. 반면 빅데이터 서비스는 서비스 제공자의 시스템으로 모이게 된다. 결과적으로 빅데이터 서비스 제공자는 엄청난 데이터 기반을 갖게 될 것이다.

양쪽의 데이터 분석 능력이 유사하다면 빅데이터 서비스는 또 다른 형태의 솔루션에 불과하다. 하지만 수만 건의 문헌으로 자동 번역 기술을 개발하려던 IBM은 실패한 반면, 같은 프로젝트를 수억 건의 문헌으로 수행한 구글이 성공했던 것을 생각해 보자. 데이터의 규모는 결국 시스템의 지능 지수와 직결된다. 시간이 지날수록 빅데이터 서비스의 데이터 이해, 처리, 분석 능력은 진화하고 결국 개별 솔루션을 능가하는 수준으로 발전할 수 있다. 또한, 분산 컴퓨팅 인프라를

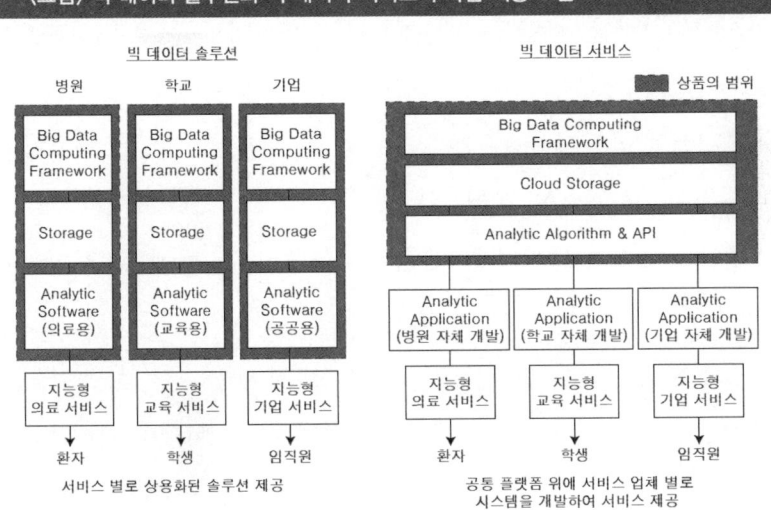

〈그림〉 빅 데이터 솔루션과 빅 데이터 서비스의 사업 적용 모델

구축하는 관점에서 보아도 솔루션보다는 서비스 쪽이 유리하다. 개별 업체가 각자의 컴퓨팅 시스템에 투자하는 것보다 다수의 고객을 보유한 전문 서비스 업체가 대규모로 투자하는 쪽이 비용 효율이 높기 때문이다.

이렇게 빅데이터 시스템의 성능 우수성과 비용 효율성이 솔루션을 능가하는 수준으로 발전하면, 빅데이터 서비스는 하나의 플랫폼이 될 수 있다. 모든 형태의 데이터를 이해하고, 이것을 실시간으로 분석하는 빅데이터 서비스가 컴퓨팅 플랫폼이 되고, 업체들은 이것을 기반으로 자신들의 서비스 시스템을 구축하게 되는 것이다. 빅데이터 서비스는 지능형 의료, 지능형 교육과 같은 개별 서비스를 에코시스템을 거느린 지능형 플랫폼이 된다. 이러한 에코시스템은 OS를 기반으로 형성된 에코시스템과는 비교할 수 없을 정도로 플랫폼에 관한 의존성이 강하다. OS가 서비스 애플리케이션을 개발하는 도구와 애플리케이션 유통망을 제공해 주긴 하지만 OS와 서비스의 관계는 사실, 근본적으로는 독립적이다. 예컨대, 안드로이드 OS로 도로교통정보 서비스를 제공할 때 안드로이드 OS의 역할은 도로교통정보 애플리케이션을 만들 수 있는 개발 도구와 이 애플리케이션을 배포하는 마켓을 제공하는 것일 뿐이다. 안드로이드 OS가 없다고 해서 도로교통정보 서비스가 없어지지는 않는다. 다른 OS용의 애플리케이션이나 PC를 기반으로 해서도 서비스를 할 수 있기 때문이다. 하지만 지능형 플랫폼은 다르다. 플랫폼 자체가 서비스의 정수다. 서비스에 필요한 모든 정보와 운영 노하우가 플랫폼에 축적된다. 이 플랫폼이 작동하지 않으면 서비스가 중단될 것이며, 혹여 다른 플랫폼으로 교체

하게 될 때는 막대한 전환 비용이 발생하게 될 것이다.

　때문에, 지능형 플랫폼은 오픈 OS와 달리 분명한 수익 모델을 가진다. 구글에게 안드로이드 OS는 구글 서비스를 전파하는 도구고, 애플에게 iOS는 아이폰을 판매하는 도구일 뿐이다. 하지만 클라우드와 결합한 지능형 플랫폼은 사용량과 사용 강도에 따라 명확히 과금할 수 있다. OS 사업은 실제 수익원은 다른 곳에 두고 마케팅 수단으로서 플랫폼을 활용했지만, 지능형 플랫폼은 그 자체로 판매 가능한 독립형 사업이 된다. GPT(General Purpose Technology)로서 빅데이터가 가질 수 있는 가장 명확한 사업 모델은 바로 이것이 될 것이며, 빅쿼리를 상용화하는 구글의 궁극적 목표도 여기 있을 것이다. 지능형 서비스를 에코시스템으로 거느린 플랫폼이 되는 것이다.

IT 공룡의 거대한 꿈

웹이나 OS 가상화로 OS 중심의 에코시스템의 경계가 점차 허물어지면 지금의 플랫폼 사업자들은 다음 대안을 찾아야 할 것이다. 지금은 에코시스템을 주도하지 못하지만, 새로운 기회를 엿보고 있는 기업들에게도 지능형 플랫폼은 중요한 전략적 고지다.

　지능형 서비스 분야로 가장 빠른 움직임을 보이는 곳은 IBM이다. 지능형 컴퓨터인 IBM 왓슨은 2억 페이지의 자연어 DB를 바탕으로 사용자의 질문을 이해하고 필요한 정보를 검색하여 답을 주는 솔루션인데, 얼마 전 미국의 병원인 세톤 헬스케어에서 이를 도입하면서 빅데이터 기반의 의료 서비스의 포문을 열었다. 세톤 헬스케어는 의료용 콘텐츠와 예측 분석 기술을 사용하여 환자의 재입원과 병원 방문 횟수를 줄이는 데 중점을 둔 서비스이다.

의료용 왓슨은 온타리오 공과 대학, 콜럼비아 의과 대학, 메릴랜드 의과 대학 등과 IBM이 진행한 협력 프로젝트에 기반해 있다. IBM은 다른 분야와의 협력 프로젝트도 지속하면서 왓슨을 활용하는 서비스 범위를 확대할 것이다. 의료에 이어 금융과 교육 분야가 거론되고 있다.

왓슨을 만들어 내기 위해 IBM의 왓슨 연구소는 4년의 시간이 걸렸다고 하지만, IBM의 인공지능 컴퓨터 프로젝트는 인간과 체스 게임을 한 것으로 잘 알려진 인공지능 컴퓨터 딥 블루까지 거슬러 올라간다. IBM이 딥 블루 개발을 시작한 시점은 1989년이다. 빅데이터를 기반으로 왓슨이 완성되기까지, IBM은 무려 20여 년의 시간을 쏟은 것이다. 게다가 지금도 왓슨은 진화 중이다. 빅데이터를 기반으로 구현된 자연어 처리 엔진을 바탕으로 의료, 금융, 교육 등의 현장 데이터가 왓슨에 다시 쌓인다. 이를 통해 왓슨은 좀 더 정교한 분석과 사고 능력을 갖추게 될 것이다.

구글은 사용자 정보는 물론이고, 다양한 산업 분야의 정보를 모두 모으고 있다. 의료 분야가 대표적인데, 구글은 구글 헬스라는 서비스를 통해 개인 의료 기록을 수집하고, DNA 분석과 관리 업체에 투자하여 자사의 클라우드 서버에 데이터를 저장하도록 하는 등 의료 정보 수집에도 열심이다. 구글 맵을 기반으로 한 교통 서비스는 물론이고, 항공권 예약, 게임, 쇼핑, 사진 등 구글이 인수와 제휴를 통해 확보하는 데이터의 종류는 매우 다양하다. 안드로이드 기기를 통해 확보되는 정보는 물론이고, 스피커나 헬스 기기 등과 안드로이드 기기를 연결하는 플랫폼인 안드로이드앳홈도 구글의 정보 수집에 큰 역할을

빅데이터 거품론

최근의 빅데이터에 관한 관심은 거의 열풍 수준이다. 빅데이터가 모든 비즈니스의 필수적인 경쟁력으로 인식되는 분위기다. 그러나 실제로 빅데이터 분석을 시행해 본 서비스 현장에서는 실망감을 표출하는 목소리가 적지 않다. 페이스북이나 넷플릭스의 성공 모델은 매력적이지만, 실제 자신들의 비즈니스에 적용해 본 결과는 과거의 데이터마이닝 모델과 크게 다르지 않다는 것이다. 투자비에 비해 얻을 수 있는 인사이트가 적다라는 의견도 나온다. 가트너는 Fortune 500 기업 중 85%가 빅데이터 활용에 실패할 것이라는 비관적인 전망을 내놓기도 했다. 높은 관심에도 불구하고, 빅데이터에 관한 관심과 전망에 거품이 껴 있다는 것이다. 때문에 우리는 빅데이터 기술과 그 의미를 좀 더 깊이 고민해 볼 필요가 있다. 기술이 아무리 좋아도 그것을 딱히 활용할 곳이 없을 때 오는 실망감을 우리는 거품이라 부른다. 빅데이터 거품론은 바로 이런 문제를 지적하는 것이다. 지금까지 해오던 방식과 유사한 고객 조사나 비즈니스 데이터 분석은 빅데이터가 없이도 가능하다. 여론을 이해하고 고객의 반응을 이해하는 방법이 SNS 데이터에 기반한 소셜 분석만 있는 것도 아니며, 그것이 가장 정확한 것도 아니다. 무엇을 위해 빅데이터가 필요한지, 왜 굳이 빅데이터여야 하는지 생각하지 않고, 막연히 유행만 좇아서는 빅데이터를 제대로 활용하기 힘들다. 빅데이터의 기준 역시 상대적이다. 통상 페타바이트급의 데이터를 빅데이터라 하지만 컴퓨팅 성능이 제한적이던 과거에는 기가바이트의 데이터도 빅데이터였다. 결국, 빅데이터의 특성은 단순히 용량이 크다는 것이 아니다. 지금까지 정보가 될 수 없었던 상황과 행동들을 정보화할 수 있다는 점이고, 이것을 실시간으로 처리해서 판단할 수 있다는 점이다. 때문에 빅데이터는 그에 어울리는 서비스에 사용되어야 한다. 사람이 일일이 처리하기에는 너무 광범위하거나 시간이 오래 걸리는 일, 서비스 이용자 개개인에게 모두 맞춤화된 대안을 주어야 하는 일, 지금껏 풀 수 없었던 어려운 일에 사용될 때만이 비로소 그 의미를 가질 수 있다. 중요한 것은 빅데이터 자체가 아니라 이것을 사용하는 서비스 모델을 만들어 내는 것이다. 전기나 인터넷처럼 특정한 신제품이나 신시장을 위한 기술이 아니라, 이미 존재하고 있는 시장에 적용되어 가치를 창출하는 기술을 경제학에서는 GTP(General Purpose Technology), 혹은 일반목적기술이라고 부른다. 90년대 인터넷 비즈니스에서 보듯, GPT는 기술의 도입보다 기술을 활용하는 목적과 방법에 관한 정의, 즉 사업 모델의 설정이 중요하다. 아마존, 이베이, 구글 등 인터넷과 함께 성장한 기업 모두 인터넷을 잘해서가 아니라, 혁신적인 서비스 모델이 먼저 있었고 그를 구현하는 수단으로 인터넷을 잘 활용했기에 지금의 자리에 오른 것이다. 빅데이터도 마찬가지다. 목적은 혁신적인 서비스이고 빅데이터는 수단이다. 목적과 수단의 선후가 분명해져야만 거품이 아닌 빅데이터의 진정한 가치가 빛날 것이다.

할 것이다. 구글은 사용자의 운동 기록이나 건강 정보는 물론이고, 집 안에 있는 기기의 종류와 교체 연한 정보까지, 누구도 상상하지 못했던 정보들을 바탕으로 자신의 플랫폼을 진화시킬 수 있다.

이렇게 보면 구글이나 아마존 같은 서비스 업체가 왜 하드웨어 사업에 공을 들이는지도 다시 한 번 생각해 볼 필요가 있다. 하드웨어 단말은 정보를 수집하는 데 가장 중요한 촉수다. 서비스를 유통하기에도 좋지만, 단말을 통해 얻어지는 사용자 정보는 무엇보다 귀중하다. 아마존이 킨들을 출시하면서, 단말에서 얻어지는 GPS 정보를 바탕으로 사용자의 위치를 예측하는 기술을 개발하고 이에 관한 특허를 출원한 것이 대표적이다.

또한, 빅쿼리와 같은 빅데이터 서비스를 제공하는 업체가 비단 구글만은 아니다. 클라우드 컴퓨팅의 강자인 아마존도 빅쿼리와 유사한 서비스를 내놓을 것이라는 전망이 있으며, 최근 기업용 서비스를 내놓은 페이스북의 행보도 주목해 볼 만하다. 이들 업체는 사업을 하는 과정에서 이미 빅데이터 분석 기술을 축적해 놓은 상태이기 때문에 이 기술을 다른 기업들이 이를 활용할 수 있도록 개방할 가능성은 충분하다. 특히 페이스북은 학교와 학생, 지역 정부와 거주민을 실시간으로 연결하면서 생겨나는 데이터를 서비스에 활용하는 플랫폼을 제공할 수도 있다. 만약 페이스북이 단말 산업에 진출한다면 이러한 연결과 그를 통해 확보하는 정보를 좀 더 광범위하게 모으기 위해서가 아닐까? 보이지 않는 물밑에서는 이미, 거대한 꿈을 꾸는 IT 공룡들의 상상 불가능한 수준의 레이스가 시작되었는지도 모른다.

IV. 한국은 지금 데이터 갈라파고스

태생적 한계

한국의 IT 인프라는 최고 수준이다. 세계 최고 속도를 자랑하는 네트워크와 세계 선두의 스마트폰 보급률의 사용자 기반은 전 세계 어디에서도 찾을 수 없는 환경이다. 시스코에 따르면 국내 2015년 국내 모바일 가입자는 미국의 15%, 일본의 32%, 중국의 8%에 불과하나, 모바일 데이터 트래픽 발생량은 미국의 43%, 일본의 70%, 중국의 112%에 해당한다고 한다. 인당으로 보면 미국의 3배, 일본의 2배, 중국에는 무려 14배에 해당하는 사용량이다.

그러나 데이터 경쟁력은 사용 강도도 중요하지만, 규모는 더욱 중요하다. 아무리 인프라가 좋아도 한국의 내수 시장 규모로는 한계가 있다. 전 세계 데이터 트래픽에서 한국이 차지하는 비중은 8~9% 수준에 불과하다. 국내의 대형 포털과 통신 업체가 페타바이트급 데이터를 보유하고는 있으나, 전 세계를 대상으로 서비스를 제공하면서 데이터를 수집하는 글로벌 서비스 업체에 비하기는 어렵다. 언어의 한계도 있다. 빅데이터 기술의 첫 단계인 자연어 이해 분야에서 가장 필수적인 언어 기반이 글로벌 공용어가 아니라는 점도 한계다. 기업용 빅데이터 솔루션이나 국내 시장을 대상으로 한 소셜 분석 서비스는 나올 수 있겠지만, 지능형 플랫폼과 같은 메가트렌드를 선도하기는 힘든 환경이다.

기술적 인프라도 부족하다. 빅데이터는 원래 구글이나 야후 같은 검색 서비스 업체에서 시작된 기술이다. 데이터를 본업으로 하는 업체가 그들이 보유한 다양한 형태의 데이터를 분석하는 과정에서 필요한 여러 분야의 엔지니어들을 모은 것이 출발점이다. 그리고 이들이 협력하는 과정에서 생겨난 종합적 결과가 바로 빅데이터이다. 어느 한 분야만 잘해서 되는 것이 아니다. 하드웨어부터 소프트웨어까지, 컴퓨터 공학에서 인간공학, 심지어는 뇌과학과 언어학까지 망라한 기술이 모두 적용되는 분야가 빅데이터다. 이것이 지능형 서비스로 이어지기 위해서는 빅데이터 기술뿐만 아니라, 서비스 현장의 노하우를 기반으로 빅데이터 분석과 적용 모델을 설계하는 데이터 과학자의 역할도 중요하다.

이처럼 빅데이터는 지금까지와 차원이 다른 기술과 인적 인프라를 요구하는 융합 기술이지만, 기술과 사람의 인프라는 억지로 만들어지는 것이 아니다. 시장이 이를 필요하다고 느낄 때 비로소 자연스럽게 육성된다. 그러나 데이터가 곧 본업이며 소프트웨어 원천 기술을 가진 선도 기업이 드문 한국 시장은, 빅데이터에 관한 관심은 대부분 상용 솔루션을 기반으로 한 기업용 시장 중심으로 논의가 전개되고 있을 뿐이다. 원천 기술은 해외에 두고, 현장에서의 시스템 구축이나 관리만을 주로 하는 한국의 왜곡된 소프트웨어 산업 구조가 빅데이터 분야에서도 그대로 재현되고 있다. 개인 맞춤형 서비스, 지능형 의료나 교육, 지능형 정부와 같은 차세대 혁신 서비스에 관한 비전이 없다면, 결국 외국에서 적용된 빅데이터 사례를 한국에 들여오는 일만 남는다. 빅데이터나 지능형 서비스 분야의 전문가는 없고, 소프트웨어 기능공만 남게 될 것이다. 세계 최고의 인터넷 인프라를 가지고도 인터넷 비즈니스 혁명에는 동참하지 못한 채 갈라파고스로 남았던 아쉬운 경험이 빅데이터 시대에 와서도 또 재현될 가능성이 농후하다. 빅데이터 시장만의 문제가 아니다. 궁극적으로는 우리의 의료, 교육, 공공 시스템 등 사회 전반의 경쟁력을 약화시키는 결과로 이어질 것이다.

까다로운 규제 환경

데이터 기반의 서비스 사업이 미국에서 유독 활성화되어있는 것은 개인정보의 자유로운 이용을 옹호하는 미국의 사회, 문화적 분위기와도 깊이 관련되어 있다. 미국은 프라이버시 규제가 거의 없다고 할 정도로 자유로운 정보 이용이 가능한 나라다. 사생활을 헌법상의 기본권으로 보장하는 우리나라와 달리 미국의 연방 헌법은 프라이버시를 명문으로 인정하고 있지 않으며, 구체적인 개별 법령에 한해 프라이버시 보호 규정이 적용된다. 때문에 개인정보의 공개 그 자체만으로는 불법 행위가 성립하지 않으며, 명예훼손죄는 아예 없다. 금융계좌정보는 프라이버시로 보지 않아서 법원의 영장 없이도 자유롭게 검색할 수 있다. 인터넷은 자택과 같이 내밀한 사생활 영역이 아니므로 온라인상의 프라이버시는 엄격하게 보호하지 않는 것이 사회적인 후생을 높인다는 주장이 지지를 받고 있기도 하다.

반면, 우리나라의 프라이버시 규제는 매우 엄격해서 데이터를 활용한 상당수의 서비스가 위법이다. 예를 들어 소비자들의 쿠키 정보 등을 수집해서 특정 계층을 대상으로 하는 타겟팅 광고나 SNS에 공개된 개인정보를 기반으로 한 다양한 산업들이 미국에서는 허용되지만 한국에서는 법적으로 금지되거나 매우 제한적으로만 허용되고 있다.

이로 인해 사용자의 정보를 축적하고, 이것을 활용하거나 공개하는 활동이 초기 단계에서 차단되는 경우도 많다.

개인정보에 관한 보호 규정은 까다롭지만, 주민등록번호로 인해 한 번 정보 유출이 발생하면 그 피해나 파장이 상당히 큰 것도 문제다. 정부가 주민등록번호의 사용을 금지하기로 법률을 개정하였지만, 인터넷 실명제와 같이 주민등록번호의 사용이 강제되는 경우가 있어서 공백은 여전히 남아 있다.

정보 활용에 관한 부정적 인식

정보 보호에 관한 생각은 비단 법률적인 문제뿐만 아니라, 사람들의 인식에도 영향을 미친다. 보이스피싱이나 광고전화에 시달려온 한국인들은 개인정보유출에 극히 민감하다. 그래서인지, 빅데이터를 이야기할 때 빠지지 않고 등장하는 말이 바로 빅 브라더이다. 구글이나 페이스북이 엄청난 정보를 바탕으로 개인의 사생활을 염탐하고, 막강한

구글의 개인정보 수집 논란

구글이 MS와 애플 소비자들의 개인정보를 수집한 것이 문제가 되고 있다. MS의 인터넷 익스플로러와 애플의 사파리에는 별도의 보안 프로그램이 작동하는데, 구글이 이 기술의 허점을 이용하여 쿠키와 같은 사용자 개인정보를 수집한 것이다.

그러나 구글의 정보 수집은 우리나라에서는 위법이지만 미국에서는 합법이다. 문제가 되는 것은 개인정보 수집이 아니라 구글이 과거에 애플의 보안정책을 존중하겠다는 공지에 위배되는 행위, 즉 허위 공지를 했다는 점이다. 구글은 작년, 미국 FTC와 허위 공지를 할 경우 매일 16,000불의 과징금을 지불할 것을 합의하였기 때문에 이 부분에 대해서는 과징금이 부과될 가능성이 있다.

정보력을 행사한다는 것이다. 빅 브라더로부터 사생활을 지키기 위해 인터넷에 함부로 사진을 올리지 말아야 한다거나, 서비스 자체를 사용하는 것을 재고하라는 내용의 주장도 종종 등장한다. 정보의 수집과 활용에 기반한 서비스에 대해 소비자들도 거부감을 가지고 있는 것이다. 정보를 공개해서 적극적으로 활용하기보다, 가능한 공개를 최소화하고 이것을 이용하는 것을 의심스러운 눈초리로 바라보는 분위기에서는 어떤 기업도 사용자 정보를 활용하여 비즈니스에 활용하겠다는 생각을 하기 어렵다.

　폭발적인 정보 공개 시대에 개인정보 관리에 유의해야 한다는 문제의식은 중요하다. 하지만 빅 브라더 문제는 좀 더 냉정하게 생각해 볼 필요가 있다. 감찰을 목적으로 하는 정부 기관이 아닌 바에야, 일반 기업이 개인 단위의 정보를 엿볼 필요는 사실상 없다. 수억 명의 고객을 가진 기업들이 한 사람 한 사람의 사생활을 염탐한다는 것은 불가능한 일이거니와 이 정보를 사용자 모르게 다른 기업에 판매한다는 발상도 현실성이 떨어진다. 구글은 얼마 전까지만 하더라도 사용자 정보를 절대 공개하지 않았기에 조사 목적으로 정보 공개를 요청한 각국 정부와 마찰을 빚었던 것을 기억해 보자. 또한, 이들이 정보를 독점한다는 발상도 개연성이 떨어진다. 만약 이런 기업이 정말 있다면 경쟁자들이 가만있지 않을 것이며, 하루아침에 소비자들의 신뢰를 잃고 추락하게 될 일이다. 실제로 빅데이터 분석에 필요한 정보는 굳이 개인화될 필요성이 낮으며, 분석 알고리즘이 형성된 이후에는 기반 데이터를 폐기할 수도 있다. 기억이 사라져도 사고 활동이 마비되는 것이 아닌 것과 유사하다.

중요한 것은 정보를 활용하는 기업의 활동을 판단하고 감시할 잣대를 세우는 일이다. 빅 브라더인지 그렇지 않은 지는 이 잣대를 기준으로 판단하고 감시할 문제다. 미국은 정보 공개에 관한 사회적 인식도 비교적 관대하고 연구 목적으로 자신의 의료 정보를 공개하는 사람들도 많지만, 지나친 개인정보 활용에 대해서는 제동 장치를 적용한다. 페이스북이 사용자의 주소와 전화번호를 공개하는 것에 대해 미 의회가 중지 요청을 한 것이 대표적이다. 페이스북은 난감해하는 모습이지만, 일단 공개 방침을 보류하겠다는 입장을 발표했다. 이러한 잣대가 명확하면 기업들 스스로 정보의 활용과 소비자 보호 사이에서 현명한 판단을 할 수 있다. 막연한 거부감은 이미 거스를 수 없어진 정보 공개 시대에 역행할 뿐이다.

V. 빅데이터 십년지대계가 필요하다

아직 늦지 않았다

새로운 기술이 떠오르면, 그 기술 자체의 놀라움에 압도되기 쉽다. 그러나 정말 중요한 것은 기술 그 자체가 아니라 그것이 향하는 미래에 있다는 것을 IT 산업의 역사는 이미 여러 번 증명해 주었다. 그런 의미에서 보면 최근 IT 업계의 기술적 화두인 빅데이터, 클라우드 컴퓨팅, 스마트화, 지능형 인터페이스는 모두 한 몸이다. 이 모든 기술이 그리는 미래는 지능형 서비스를 기반으로 개개인의 삶이 좀 더 편리하고 윤택해지는 것이다. 그리고 이 트렌드는, 다행스럽게도 이제 막 시작되었을 뿐이다.

빅데이터 기반의 지능형 서비스 시장은 기술적으로도, 사업적으로도 아직은 시작 단계이다. 선두 업체와 격차는 분명하지만 극복할 수 없을 만큼은 아니다. 일단 IBM의 왓슨은 경이로운 분석 능력을 갖추고 있으나, 빅데이터를 분석하고 서비스에 활용하는 단위가 개별 병원, 은행 등이기 때문에 서비스 적용 범위나 확산 속도가 얼마나 빠를지는 미지수다. 반면 구글의 빅데이터 서비스는 아직 미완의 그림이다. 아무리 구글이라 해도 지능형 서비스에 필요한 광범위한 인프라 투자를 혼자서 할 수는 없고, 안드로이드앳홈과 같은 프로젝트는 이제 겨우 시작되었을 뿐이다. 실제 서비스 에코시스템이 형성되기까지는 상당한 시간과 시행착오가 있을 가능성이 높다. 출발은 다소 늦었지만, 아직도 시간은 남아있다.

한국형 데이터 십년지계

한국의 환경은 테스트베드로서는 분명한 장점이 있다. IT 기기에 관한 높은 관심, 도심에 집중된 인구, 신기술을 적용하기 좋은 대도시의 건물과 주거 환경 등을 제대로 활용한다면, 시장 초기 단계에서 서비스 경쟁력을 확보하기에 유리한 조건이다. 이 조건을 십분 활용하면 지능형 서비스를 전 세계에서 가장 빨리 실현할 수 있다.

스마트 기기를 기반으로 한 원격 지능형 의료, 전 국민의 의료 기록을 기반으로 한 난치병 연구, 지능형 교통 시스템, 수준별 진도 학습과 다양한 학습 수행 자료를 기반으로 한 적성 지도를 제공하는 스마트 교육 등의 지능형 서비스 시스템을 전 세계 어느 나라보다 먼저 구현하고, 이것을 해외로 가져가면서 시장을 확대할 수 있어야 한다.

앞서 언급한 바와 같이, 한국에서 IBM이나 애플, 구글과 같은 단일 기업이 지능형 서비스나 플랫폼 사업을 주도하기는 쉽지 않다. 글로벌 서비스 시장 기반이 취약하고, 글로벌 업체가 이미 가지고 있는 물적, 인적 인프라를 따르기 쉽지 않기 때문에 단일 기업 단위의 경쟁에는 어려움이 따르는 현실을 직시해야 한다. 플랫폼을 만들어 서비스를 육성하는 방식보다, 서비스를 먼저 만들고 이것이 시장에 확산되면서 플랫폼이 성장하게 되는 전략이 한국에는 좀 더 적합하다.

한국어를 비롯한 비영어권 언어에 관한 자연어 처리 기술이나 서비스 별로 정교화된 분석 기법의 개발, 빅데이터 처리에 필요한 컴퓨팅 인프라의 집중화된 육성은 플랫폼 차원에서 이루어질 일이다. 하지만 이 일에는 IT 기업은 물론이고 의료, 교육, 공공, 복지 등의 서비스 주체들의 노하우와 협력이 함께 어우러져야 한다. 지능형 서비스에 필요한 하드웨어의 개발이나 세부적인 서비스 솔루션의 개발, 실제 서비스 현장에서의 지능화 서비스 기술 적용 등은 개별 기업들이 수행할 일이지만, 이러한 일들도 공통적인 기술 기반과 인프라를 중심으로 수렴되고 조율되어야 한다. 여기에 더해, 서비스 정책과 규제 환경의 개선, 서비스의 해외 확대 등에 관한 국가 차원의 투자 지원도 필요할 것이다. 1~2년 안에 될 일이 아니고 10년을 내다본 마스터 플랜이 필요한 일이다.

흩어진 데이터의 통합도 필요하다. 의료, 교육, 금융 분야의 정보 통합과 표준화된 정보 축적 체계가 있어야만 한다. 글로벌 서비스 기반을 가지고 블랙홀처럼 정보를 빨아들이는 거대 IT 기업과 경쟁하려면 이것이 무엇보다 중요하다. 데이터센터 구축이나 빅데이터 분석 기술은 일종의 장치 산업처럼 진행되고 있다. 글로벌 업체들은 조 단위의 투자를 통해 엄청난 규모의 데이터 센터를 짓고 누구도 따라올 수 없는 비용 경쟁력을 확보하고 있다. 이 분야에 전문적인 노하우를 가지고 있고, 글로벌 영업이 가능한 선도 기업도 필요하다. 이러한 기업이 있어야 방대한 클라우드 시스템을 설계하는 소프트웨어 아키텍터가 육성되고, 대접받을 수 있는 환경이 생겨날 것이다. 이것은 시급하다 못해 절박한 과제다.

지능형 서비스를 위한 정보 인프라망에 관한 투자는 한국만큼 빠르고 효율적으로 진행하는 나라가 없을 것이다. 의사가 멀리서도 환자의 상태를 진단하기 위해서는 환자가 보유한 기기가 환자의 상태를 실시간으로 알려줘야 하고, 어떤 이의 식생활을 진단하려면 그 사람이 무엇을 먹는지, 냉장고에는 어떤 음식이 들어있는지, 어떤 요리를 하는지를 알아야 한다. 구제역과 같은 전염병의 발생 가능성을 사전에 경고하려면 바이러스를 감지하는 센서가 설치된 환경이 필요하다. 지금의 기기와 인프라로는 이것을 정확히 파악할 길이 없다. 스마트 가전과 스마트 의료 기기의 확산, 스마트 건물과 도로에 설치되는 각종 센서와 이를 기반으로 한 M2M 네트워크는 차세대 성장 동력이다. 이를 기반으로 한다면, 전 세계 어디에서도 볼 수 없는 지능형 서비스를 구현할 수 있고, 또한 서비스와 인프라가 결합된 시스템을 해외로 확산하기도 유리하다.

새로운 방식의 인재 육성도 필수적이다. 의료나 법무, 회계 등의 전문 지식과 통계 지식을 함께 가졌거나, 컴퓨터 공학과 전문적인 서비스 지식을 함께 가진 융합형 인재를 키워내기 위한 학제가 준비되어야 한다. 서서히 윤곽을 드러내기 위한 지능화 시대를 예비하고, 그에 준비된 인재를 키워내는 일이야말로 지금 상황에서 가장 필요한 십년 지대계다.

제도 환경이 곧 경쟁력

지금 우리는 정보가 자원이 되는 새로운 시대를 눈앞에 두고 있다. 지금까지 한 번도 경험하지 못한 것이며, 어떤 모습일지도 쉽게 예상하기 어렵다. 자유로운 정보공개와 현명한 활용을 통해 모든 이들이 지금껏 경험하지 못한 편리함 속에서 살게 될지, 무분별한 정보 공개와 사생활 유출에서 누구도 자유롭지 못한 혼란 속에 놓이게 될지는 아직 아무도 알 수 없다. 다만 확실한 것은 정보 활용을 통한 가치 창출과 개인의 권익 보호라는 두 가지 토끼를 잡는 선진적인 제도 환경이 앞으로 시장의 성장과 기술 발전에 중심축 역할을 할 것이라는 점이다. 미국의 자유로운 분위기 속에서 구글이나 페이스북 같은 기업이 생겨날 수 있었다고는 하지만, 이것이 무조건 옳다고도 할 수 없다. 빅데이터 시대에 맞는 사생활 보호와 개인정보의 활용 범위에 관한 논의가 공론화되어야 하고, 사회적인 중지도 모여야 한다. 정보를 보는 패러다임을 다시 설정해야 한다.

첫 번째 할 일은 개인정보의 종류와 활용 범위를 좀 더 명확하게 규정하는 것이다. 명백한 개인정보와 개인정보가 아닌 일반 정보의 종류는 물론이고, 쿠키나 구매기록, IP와 같이 개인을 특정할 수 없지만 다른 정보를 함께 이용하면 개인을 식별하는 비식별 개인정보도 개인정보의 범주에 두어 엄격하게 보호해야 하는지와 같은 논의가 진행되어야 한다. SNS에 소비자들이 공개한 개인정보도 마찬가지다. 제도가 명확해져야 개인은 자신의 정보가 중요함을 인식할 것이고, 기업은 최선의 이용 범위를 정할 수 있다.

개인의 정보 권리에 관한 논의도 필요하다. 개인정보가 중요하다지만, 정작 개인이 자신의 정보를 통합하여 열람하거나, 외부에 노출된 자신의 개인정보를 관리하기는 쉽지 않다. 의료 정보, 교육 정보, 금융 정보 등 생활에 필요한 모든 정보를 개인이 통합적으로 열람하고 관리할 권리를 보장해야 한다. 또한, 정보를 축적한 기업이 개인의 요구에 따라 정보를 공개하고, 제 3자에 제공하거나 완전히 폐기하는 의무가 정착되어야 사용자들도 자신의 개인정보 공개에 안심할 수 있게 될 것이다.

빅데이터의 일차적 목적은 개인을 추적하는 데 있는 것이 아니라 광범위한 자료 속에서 인과 관계를 찾아내는 데에 있으므로, 서비스 기업은 개인을 추적할 수 없는 비식별 정보만을 축적하고 개인 식별이 가능한 정보는 개인이 지정한 별도의 서버에 저장하는 방식도 생각해 볼 수 있다. 이른바 개인정보 금고다. 개인 맞춤화 서비스를 제공하려는 서비스 업체는 개인정보 금고에 접속하여 사용자의 상황이나 특성 정보를 이용하고, 사용자는 누가 어떤 목적으로 자신의 정보를 열람했는지 한 눈에 알 수 있다. 이처럼 제도가 잘 정의되고 정보 이용 가이드라인이 명확해지면, 그에 맞춘 새로운 사업 모델도 육성할 수 있다.

정보 유출에 관한 처벌과 수사는 지금보다 훨씬 강화되어야 한다. 개인의 권리와 사회적 경쟁력에 직결되는 문제인만큼, 사용자의 주의를 환기하는 수준을 넘어 철저한 수사와 엄격한 처벌 규정이 마련되어야 한다. 새로운 시대에는 그에 맞는 새로운 제도가 곧 경쟁력이다. 더는 머뭇거릴 시간이 없다.

Special Report는 LG경영경제연구원(LGERI)에서 발행한 LG Business Insight (2012.3.14)에 게재된 글로서, 독자들의 이해를 높이기 위해 저작권자의 허가를 받아 이 책에 게재하였습니다.

Insight 1 to 10

우리가 남보다 더 나은 알고리즘을 가진 것이 아니다.
단지 우리는 더 많은 데이터가 있을 뿐이다.

We don't have better algorithms than anyone else.
We just have more data.

Peter Norvig Chief Scientist Google

Insight 01 ▶ 이미 우리 옆에 와 있는가

개인이 생산하는 일반적인 디지털 스트림이 빠르게 증가하고 있다. 인터넷에서 만들어진 정보 또한 빠른 속도로 축적되고 있고, 매일 수억 개의 페이지에 데이터가 새로 추가되고 있다. 이렇게 생성되는 데이터와 정보 덕분에 기업들은 고객의 의견에 실시간으로 대응할 수 있고, 더 효율적이고 생산적인 비즈니스가 가능해진다.

60초 동안에 웹에서 일어나는 일들을 보여주는 인포그래픽^{Infographic}(그림1)에서 인터넷 웹사이트에 관한 몇 가지 흥미로운 사실을 알 수 있다. 검색 엔진 구글은 60초에 694,445 검색어의 검색 결과를 서비스하고 있으며, 사진 등 이미지를 공유하는 웹사이트인 플리커는 60초당 6,600장 이상의 사진이 업로드되고 있다. 동영상 서비스 사이트인 유튜브는 새로운 비디오 동영상이 60초에 600개 이상이 업로드되고 있으며, 평균 25시간 이상의 재생 시간이 걸린다.

최근 가장 인기가 있는 소셜 네트워크 사이트인 페이스북은 60초에 695,000건의 상태가 업데이트되고, 79,364건의 담벼락 포스팅이 일어나며, 댓글은 510,040건이 생성되고 있다. 같은 60초에 단문 메시지 서비스인 트위터는 320개의 새로운 계정이 등록되고, 98,000 트윗이 일어난다. 이 밖에 1분에 1억 6천 8백만 건의 이메일이 전송되고, 70개의 새로운 인터넷 도메인이 등록되며, 아이폰의 응용프로그램 앱스는 13,000번 다운로드되고 있다. 또한, 인터넷 커뮤니케이

그림1 60초 동안 축적되는 데이터들

션 서비스인 스카이프는 370,000분의 음성 통화가 발생하고, 인터넷 뮤직 스트리밍 서비스인 판도라에서는 13,000분의 시간만큼 음악 서비스가 제공된다. 온라인 오픈 출판 서비스를 제공하는 스크립드^{Scribd}는 60초에 1,600건이 읽힌다.

이렇게 발생하는 개인 데이터와 디지털 파일, 인터넷상에서 생성되는 디지털 산물은 새로운 디지털과 인터넷 비즈니스의 패러다임과 트렌드를 만들어 줄 뿐 아니라, 이러한 데이터 분석을 통해 기업의 비즈니스 통찰력과 예측력을 향상시킬 수 있는 좋은 자원으로 재평가받고 있다. 그 시작이 최근 폭발적으로 증가하고 있는 소셜 네트워크 서비스의 데이터를 분석하는 것이었고, 급기야 분석 방식뿐 아니라 데이터 축적과 가공에서도 혁신적이고 생산적인 방법이 출현하여 빅 데이터$^{Big\ Data}$라는 패러다임을 만들게 되었다.

49

Insight 02 ▶ 등장하게 된 이유와 배경

2000년도에 접어들면서 인터넷 웹 서비스의 가장 큰 변화는 웹2.0이라고 해도 과언이 아니다. 특히 본연의 웹으로 돌아가자는 취지로 사용자 중심의 서비스로 전환하고, 모든 서비스를 인터넷 웹 브라우저 기반으로 이동시키는 결과를 가져왔다. 이러한 변화의 중심에 검색이 있었다. 검색은 단순히 찾고자 하는 정보를 보여주는 것 이상으로 정확도와 연관성을 부여하면서 데이터 축적과 분류의 방식마저 바꾸었다. 이에 따른 경제적 현상으로 「롱테일의 법칙」을 가능케 하는 다양한 온라인 인터넷 서비스가 등장하였다. 또한, 데이터 유통 및 소비의 패러다임을 진화시키고, 결국 소셜 네트워크 혁명을 발생시키는 원동력이 되었다. 즉, 인터넷 확산의 주도적인 역할을 한 웹2.0과 소셜 네트워크는 빅데이터를 등장하게 한 가장 중요한 배경이라 할 수 있다.

빅데이터 등장의 또 다른 배경은 멀티미디어와 디바이스의 진화이다. 데이터 저장과 축적에 필요한 디바이스의 크기가 점점 작아져 그 결과 휴대성이 개선되어 다양한 디바이스로 디지털 파일과 데이터를 언제 어디서나 누구나 쉽게 만들 수 있게 되었다. 멀티미디어 콘텐츠 역시 성장하여 개인들도 개인 미디어 디바이스에서 고화질의 미디어 서비스를 제공받게 되었다. 한 예로, 휴대성이 강조된 디지털 카메라는 스마트폰으로 흡수되었지만, 고성능 카메라인 DSLR은 전문가 뿐 아니라 일반인들도 쉽게 배워 우수한 품질의 사진을 찍을 수 있도록 발전했다. 이러한 디지털 디바이스의 발전으로 인해 저장 장치의 소형화와는 반대로 디지털 데이터 및 파일의 수는 폭증하였고 그 크기는 증가하였다. 즉, 디바이스의 진화와 그에 따른 데이터 및 파일의 수와 크기 증가도 빅데이터 탄생에 기여한 셈이다.

또한, 기업의 IT 환경 면에서 보면, 기업의 일상 업무뿐 아니라 비즈니스와 연관된 모든 프로세스가 시스템화되어서, 기업이 관리하고 운영해야하는 데이터가 증가한 것도 빅데이터 도래 이유 중 하나라고 할 수 있다.

유통과 소매 업계의 경우, 소비자가 물건을 구매하면 RFID$^{Radio\ Frequency\ Identification}$, NFC$^{Near\ Field\ Communication}$, 블루투스^{Bluetooth}, 무선 데이터$^{wireless\ data}$, 비디오 분석, POS 데이터$^{Point\ Of\ Sales\ Data}$ 등을 통해 순식간에 소비자와 관련된 데이터가 수집된다. 이러한 정보는 소매 유통 업체

그림2 2020년까지 500억개의 디바이스가 연결될 것이다.

에 저장되어, 고객 행동을 통한 수요 분석, 제품 구색, 재고 관리, 상품 진열, 상향판매$^{Up-selling}$, 개인화된 맞춤 광고 등에 사용하게 된다. 이런 데이터는 사람, 장소, 제품, 회사, 상표 등 거의 모든 것에 관한 데이터이다.

 기업들은 경쟁에서 유리한 고지를 차지하기 위해 다양한 데이터 인사이트를 얻으려 하고 있고 그에 필요한 혁신은 지금도 진행 중이다. 빅데이터 비즈니스와 시스템을 일으킨 핵심은 스토리지^{Storage}, 네트워크^{Network}, CPU$^{Central\ Processing\ Unit}$, 대역폭^{Bandwidth} 이렇게 4가지이다.

 데이터 저장 장치인 스토리지는 1테라바이트^{TeraByte} 스토리지의 경우, 1980년의 가격과 비교하면 현재는 20만분의 1이다. 기술 발전으

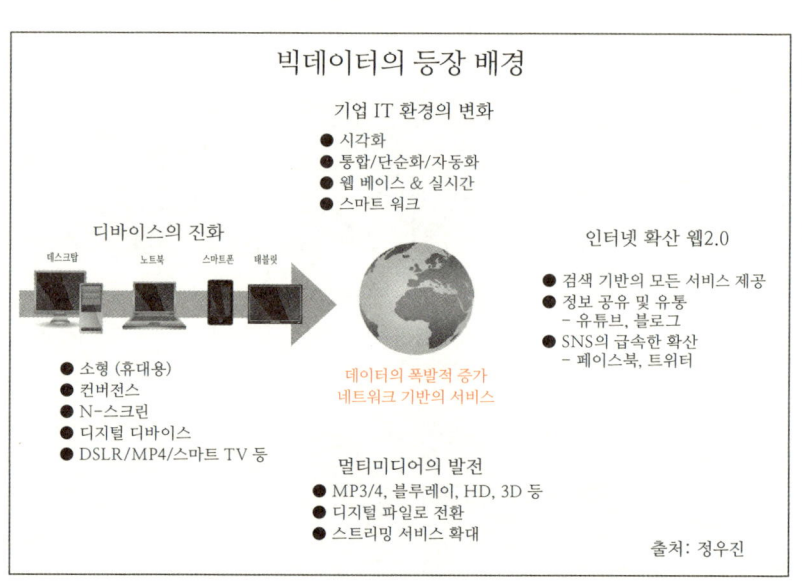

그림3 빅데이터의 등장 배경

로 스토리지 가격은 엄청나게 내려가고 반대로 데이터는 폭증하였다.

다음으로, 데이터 연결과 축적에 반드시 필요한 요소인 네트워크는 호스트의 수가 가히 천문학적으로 늘었다. 1969년도 대비 현재 10억 배 정도로 증가하였고, 오늘도 그 개수는 기하급수적으로 증가하고 있다.

데이터를 처리하고 실제로 분석하는 데 사용되는 CPU도 성능 대비 가격이 많이 낮아졌다. 현재의 CPU 성능은 15년 전의 슈퍼컴퓨터 수준이며, 최근에 듀얼코어, 쿼드코어 등 분산 처리 기술도 발전하게 되면서 데이터 처리 속도도 올라갔다.

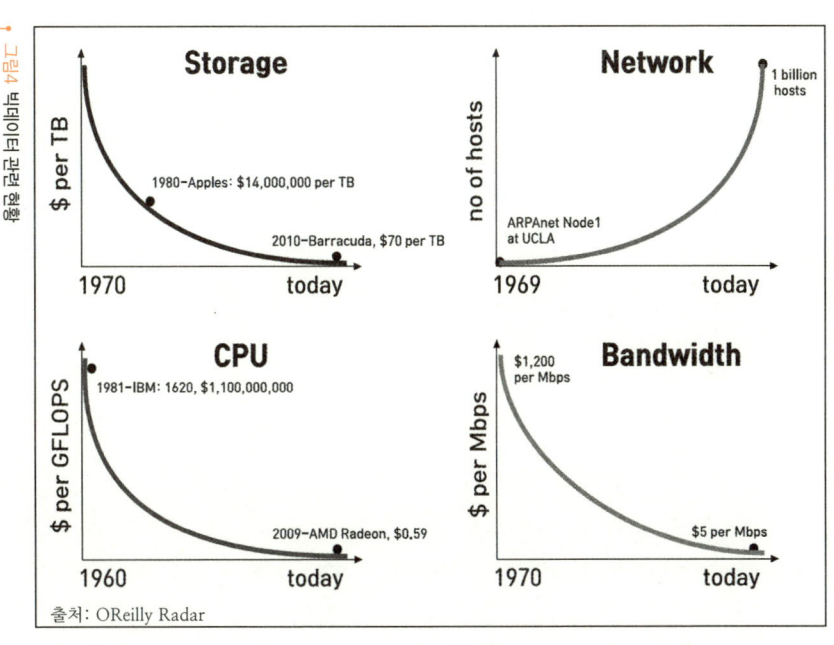

그림4 빅데이터 관련 흐름

마지막으로, 네트워크 대역폭의 확대는 대용량 데이터의 처리와 인터페이스의 향상을 가져왔다. 1970년 Mbps당 $1,200의 가격에서 근래에는 Mbps당 $5로 떨어져 네트워크 비용 역시 대폭 낮아졌다.

이 밖에도 메모리를 활용한 데이터 처리 기술인 인메모리$^{\text{In-memory}}$는, 메모리의 초소형 고집적도화로 인해 점점 더 데이터 처리가 빨라지고 있으며, 특히 SSD$^{\text{Solid State Drive}}$는 DRAM 기반의 저장 장치로서 스토리지에 접목되어 점차 데이터 축적과 활용 방식, 패턴에도 영향을 줄 정도로 단위 기술 간의 융·복합화가 일어나고 있다. 이로써 빅데이터 비즈니스는 더 쉬워지고 있으며 더 빠르게 활용될 것이다.

Insight 03 › 왜 빅데이터는 핫 이슈가 되었을까

빅데이터는 왜 경영과 IT 분야의 핫 이슈가 되었을까?

첫째, 새로운 형태의 원천 데이터가 기하급수적으로 만들어지고 있어서이다. 기존에는 데이터로서 생성이 필요 없던 데이터가 이제는 데이터로 생성되기 때문에 그렇다고 볼 수 있으며, 또한 새로운 목적과 서비스를 위해 데이터들이 생성되기 때문이기도 하다. 예를 들어 위치 기반 정보를 생각해보자. 처음에는 군사용으로 로켓과 미사일의 위치 파악에 활용되었지만, 근래에는 차량의 내비게이션으로, 이제는 고정된 위치 기반의 정보뿐 아니라 자신의 위치나 대중교통의 이동에 관한 위치도 제공하게 되면서, 위치 기반의 이동 즉 모빌리티 정보는 전과는 비교도 되지 않게 넘쳐나고 있다.

또 다른 예로 마이크로소프트의 동작 인식$^{Motion\ Recognition}$ 기반의 게임기인 키넥트^{Kinect}를 들 수 있다. 아무런 컨트롤러 없이 센서를 통해 사

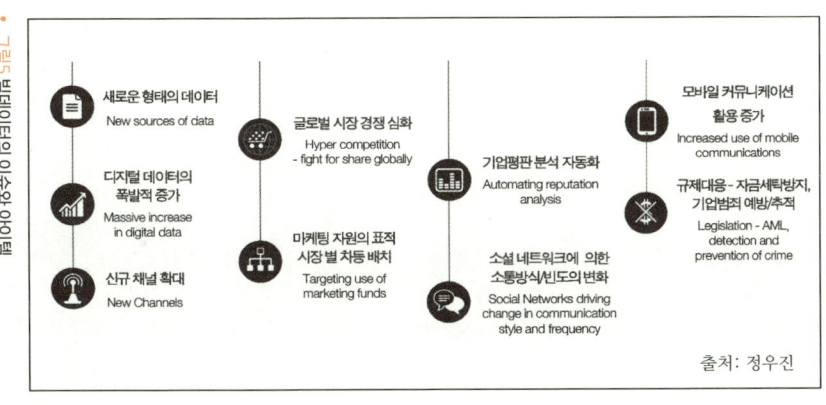

그림5 빅데이터의 이슈 아이템

55

람의 동작을 인식하는 방식인데, 이 경우 동작에 관한 다양한 표준과 데이터가 필요하며, 그 동작에 맞춰서 해당 프로그램이 실행되어야 하므로 센서의 정확도 못지않게 다양한 동작에 관한 라이브러리화가 중요할 수밖에 없다. 즉, 동작인식이라는 사용자 인터페이스 방식의 변화가 새로운 형태의 동작에 관한 데이터와 인터페이스를 만들어 낸 것이다.

둘째, 디지털 데이터의 폭발적 증가이다. 디지털 데이터의 증가는 크게 두 가지로 나눌 수 있다. 우선 기존 아날로그 데이터의 디지털 데이터화이다. 그 예로 디지털 카메라나 MP3 플레이어의 보급 확대를 들 수 있다. 필름을 통해 현상과 인화를 거쳐 사진이라는 것을 만들어내던 필름 카메라에서 디지털 카메라로 옮겨가면서 기존 방식의 데이터 출력과 표현 방식에 대대적인 패러다임의 변화가 생겨났다.

그뿐만 아니라 사진 저장 방식의 디지털 파일화로 기존 출력과 유통 방식에도 대혁명이 일어났다. 아날로그가 디지털화되면서 규모뿐 아니라 기존 데이터 관리 비용에도 혁신을 가져왔다. 디지털화는 데이터$_{Data}$를 정보$_{Information}$로, 그 정보들이 다시 지식$_{Knowledge}$으로 확대되도록 하는 원동력이 되었다.

디지털 데이터 증가의 또 한 가지 이유는, 단순 디지털 파일들 특히 비정형화되어있는 데이터들의 정형화와 구조화이다. 관리되지 않거나 특정 규칙과 정렬이 되지 않은 데이터들이 정형화되면서 디지털 데이터 증가에 한몫하였다.

셋째, 디지털 데이터를 증가하게 하는 채널의 다양화와 새로운 채널의 출현이다. 예를 들면, 디지털 데이터를 만드는 다양한 디바이스가 늘어나고 있는 것과 소셜 네트워크 같은 인터넷 서비스도 데이터를 늘리는 요인이다. 그 뿐 아니라 최근 아날로그 데이터와 데이터화 되어있지 않던 것들을 데이터로 바꿔주는 센서들이 나날이 발전하는 것도 데이터가 빅데이터가 되는 가장 큰 이유 중 하나이다. 특히 데이터 채널의 다양성과 확대는 빅데이터 축적 기술과 서비스 방식 자체를 바꾸는 가장 큰 원인이다. 앞으로 채널은 디바이스의 기술 발전과 함께 점점 더 다양해지고 늘어날 것으로 예상한다.

넷째, 기업 환경의 글로벌화와 기업 환경의 변화이다. 글로벌화가 가속화되고 성장과 경쟁이 치열해지면서, 기업은 판매하는 상품과 서비스뿐만 아니라 고객과 마켓을 기반으로 다양한 환경 분석과 시나리오 기반의 경영 시스템을 구축하게 되었다. 이러한 기업 환경의 변화로 사업의 영역과 경계는 점차 사라지게 되었고, 다양한 분야에서 기업이 필요로 하는 정보를 찾고 분석하며 새로운 상품과 서비스를 개발하고 연구해야 하는 환경으로 바뀌었다. 그러다 보니 데이터의 범위와 범주가 확대되어 직·간접적으로 연계된 데이터가 늘어나게 되었다.

다섯째, 마케팅 업무에서 데이터 분석이 점점 중요해지기 때문이다. 기업 경영 활동의 핵심 중 하나가 상품과 자사 브랜드를 고객에게 인지시켜 판매와 수익으로 연결되게 하는 마케팅이다. 이를 위해 기업은 광고와 캠페인 등에 지출이 많을 수밖에 없다. 최근 인터넷 활성화와 모바일 디바이스의 보급 및 확산, 소셜 네트워크의 등장으로 기업들은 자사의 마케팅에 관한 효과와 실제 투자 대비 성과를 분석하기 위해서 많은 채널과 접점에서 고객의 반응과 피드백을 수집하기 시작했다. 요즘 고객들은 커뮤니티화되어 있으며 자신의 블로그에서 의식적이든 무의식적이든 상품과 서비스에 대해 적극적으로 표현하고 또 다른 사람들과 공유한다. 이런 이유로 마케팅 업무에서 데이터 분석이 매우 중요해졌다. 그런데 이러한 마케팅 데이터는 구조화되지 않거나 텍스트와 구문 등 비정형 데이터가 대부분이기에 분석 기술도 계속 발달하고 있다.

여섯째, 앞에서 기업의 마케팅을 언급했지만, 가장 큰 변화 중 하나인 고객의 빠른 반응 때문이다. 최근에는 제품이 출시되고 서비스가 제공되면 고객의 반응이 매우 즉각적이다. 그래서 기업들은 이러한 고객의 반응에 곧바로 대응하여, 고객이 제기한 문제와 이슈를 해결할 수 있도록 하고 있다. 온라인 커머스와 여러 인터넷 서비스의 경우 이러한 신속대응이 더 중요해졌다. 디바이스가 점점 더 스마트해지고, 고객도 자기가 원하는 것을 쉽고 빠르게 찾기 위해서 더 많은 것을 기업에 원한다. 이제는 고객의 요구에 기업이 대응하는 것이 아니라 기업이 고객의 요구를 앞서 알고 이해해서 먼저 고객에게 제시해야만 경쟁에서 이길 수 있다. 고객 반응 분석과 자동화는 이러한 의미에서 상당히 중요한 부분 중 하나이다.

일곱째, 소셜 네트워크의 특징인 빠른 전달 때문이다. 즉, 메시지나 기사를 읽고 공유하는 시간이 급속도로 빨라진다는 점이다. 그래서, 기업의 입장에서는 실시간화되는 고객의 반응에 즉각 대응해야 하기에 실시간으로 데이터를 빠르게 수집 또는 추출해야 한다.

이러한 실시간 분석은 최근 스트리밍 데이터 분석, 스트림 인사이트 등과 같은 기술로 가능해졌다. 빅데이터는 단순히 큰 데이터만을 의미하지는 않는다. 이렇게 실시간으로 흘러가는 비정형 불규칙 데이터를 빠르게 추출하고 수집하여 분석하는 것도 빅데이터 중 하나이다.

여덟째, 대용량 데이터의 축적과 빠른 데이터 처리를 위해서이다. 스마트폰과 태블릿으로 시작된 디바이스의 증가가 단순히 디바이스의 다변화만을 의미하지는 않는다. 스마트폰과 태블릿은 기존의 음성 통화와 문자 중심의 커뮤니케이션을, 앱을 활용한 다양한 커뮤니케이션 서비스로 바꾸었다. 대표적인 서비스가 무료 메시지 서비스이다. 무료 메시지 서비스는 기존의 SMS$^{Short\ Message\ Service}$와는 차별화된 사용자 인터페이스$^{User\ Interface}$와 서비스를 제공하여 전 세계적으로 사용자가 폭발적으로 증가하고 있다. 이런 새로운 커뮤니케이션 서비스는 빠른 데이터 전달뿐 아니라, 저장과 관리 서비스까지 제공한다. 문자 커뮤니케이션 외에도 모바일 SNS와 실시간 동영상, 비디오 포맷의 커뮤니케이션은 대용량 데이터 전송과 저장소가 필요하다. 앞으로 커뮤니케이션 서비스를 기획하거나 개발을 검토하고 있는 경우라면 대용량 데이터의 축적과 빠른 데이터 처리를 위해 빅데이터에 대해 고민해야 할 것이다.

　마지막으로 글로벌 경제가 확대되고 있고, 지역과 권역, 그리고 국가별로 규제와 법률은 점점 더 강화되고 있으며, 법률 위반과 범죄를 사전에 차단하고 예방하기 위해 모든 데이터를 실시간 축적하고 분석하기 위한 노력이 많아지고 있다는 점을 이유로 들 수 있다.
　한 예로, 외국여행을 갔을 때 일어날 수 있는 신용카드 복제 사고 기사를 한 번쯤 봤을 것이다. 카드사들은 최근 신용카드 사고를 막기 위해 복제 카드에 관한 추적 서비스와 실시간 거래 정보에 관한 모니터링 등 강화된 시스템을 도입하여 운영하고 있다. 글로벌화에 따른 신용카드 이용 정보의 폭증 또한 엄청난 데이터의 저장소를 필요로 한다.
　금융권뿐 아니라 범죄와 테러 예방을 위해 국가 정보기관에서도 인터넷 정보 취합에 연구와 노력을 기울이고 있다. 이렇듯 금융 사고 예방, 범죄 예방 목적으로도 빅데이터가 이슈이다.

Insight 04 ▶ 빅데이터란 무엇인가 – 빅데이터의 정의

 IT 분야에 종사하지 않는 사람들에게 빅데이터가 무엇인지 설명하려면 무엇부터 얘기해야 할지 몰라 답답할 것이다. 단순히 큰 데이터, 또는 큰 데이터의 집합이라고 단어적 해석만으로 얼버무릴 때가 많다. 특히, 빅데이터가 과연 있는지, 빅데이터는 기존 데이터와는 무슨 차이가 있는지, 단순히 데이터 크기가 크고 많으면 빅데이터인지 등 업계에서도 아직 이런 이슈가 논의되고 있는 것이 현실이다. 그렇다면 빅데이터란 무엇일까?

 IT 기술의 발전과 더불어, 산업에서 가장 필요로 하는 경영 관리시스템들이 솔루션으로 등장하면서 기업 경영의 근간이 되는 데이터들이 데이터베이스화되고 애플리케이션으로 확장되기 시작했다. 점차

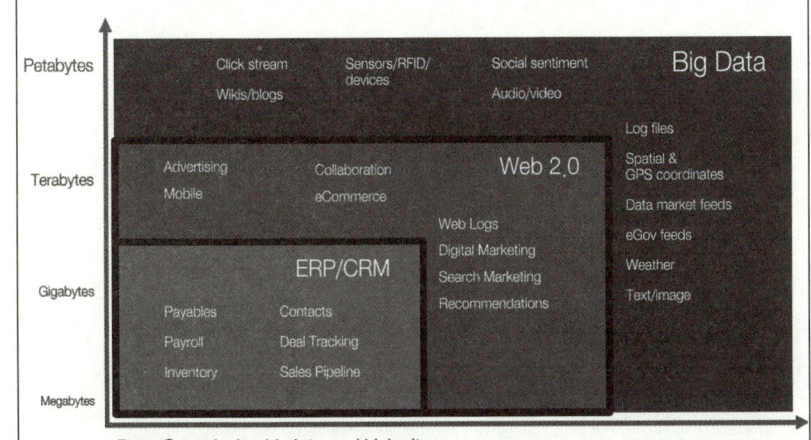

그림 9 데이터의 특징도 – 다양성과 속도

기업들이 글로벌화하고 더 성장하여 그 데이터도 점점 더 증가하게 되면서, 데이터베이스가 데이터 웨어하우스로 진화하게 되었다. 이러한 상황에서 인터넷이 사용자 중심의 웹 서비스 기반으로 변화하면서 웹2.0이라는 컨셉이 나온다. 이때부터 인터넷을 통해 콘텐츠를 생산하고 공유하며 소비하는 패턴으로 바뀌면서 엄청난 규모의 글로벌 웹서비스들이 하나씩 등장하게 되었다. 급기야 소셜 네트워크와 클라우드 컴퓨팅을 만나게 되면서, 상상하지도 못했던 서비스들이 하나 둘씩 생겨났다. 이러한 서비스에서 생성되는 데이터를 저장, 축적, 분석하기 위해 빅데이터 플랫폼이 출현한 것이다.

빅데이터와 함께 클릭 스트림^{Click-Stream}, 사물간 통신^{M2M : Machine to Machine}, 사물 인터넷^{IoT : Internet of Things} 등이 함께 엮이면서 새로운 인텔리전트 트렌드로 자리 잡았다.

IT 시장 전문 리서치 업체인 IDC^{International Data Corporation}에서는 빅데이터를 이렇게 정의하고 있다.

빅데이터는 클라우드 컴퓨팅과 대형 메모리 모델의 변화를 포함한 하드웨어 기능의 변화와 플랫폼 변경에 따른 데이터 처리 능력과 비용을 극대화하기 위한 기술 범위의 발현이다.

빅데이터는 기존보다 큰 볼륨의 데이터와 훨씬 큰 데이터 집합을 기존과는 다른 방식으로 신속히 처리하는 기술이다. 단순히 데이터 크기만을 의미하는 것이 아니라 데이터 처리 속도, 그리고 데이터 관

IDC의 「빅데이터」 정의

빅데이터는 클라우드 컴퓨팅 등 플랫폼의 변화와 관련한 하드웨어 처리용량/비용상의 이점 및 대용량 메모리 모델로의 전환에 따른 기회요인 활용을 위해 기술영역에서 일어나고 있는 일련의 현상을 의미한다.
관련기술들의 상세한 내역에는 차이가 있지만, 빅데이터에 포함된 기술들은 신속한 프로세싱, 처리대상 데이터의 방대성 「10년전 대비 수십/수백 배 용량」이라는 공통점을 지니고 있다.

참조: IDC

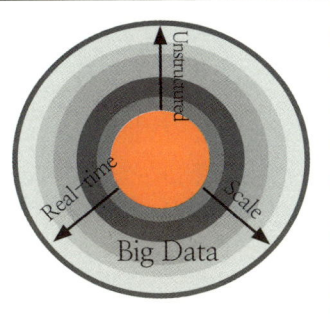

그림7 빅데이터의 정의

리 인프라 등 이런 여러 가지 사항을 만족했을 때, 데이터를 빅데이터라고 부를 수 있다. IDC의 정의에서 빅데이터 정의의 핵심과 눈여겨 봐야 할 대목은 클라우드 컴퓨팅을 포함한 인프라와 대형 메모리를 활용한다는 점과 거대한 데이터를 더욱 빠르고 실시간에 가깝게 처리하는지의 여부다. 이 점이 기존 데이터 분석과 빅데이터의 분석을 가름하는 기준이 될 것이다.

이 책에서는 클라우드 컴퓨팅과 빅데이터와의 관계, 그리고 비즈니스 인텔리전스^{BI :Business Intelligence}로 대표되는 데이터 축적과 분석 방식의 변화 등에 대해 구체적으로 살펴볼 예정이다. 빅데이터를 정의할 때 데이터 솔루션 관련 벤더들마다 다소 다른 시각도 있지만, IDC의 정의처럼 빅데이터의 속성과 유형에 대해서는 공통된 시각을 갖

> "Big data is a new generation of technologies and architectures designed to extract value economically from very large volumes of data by enabling high-velocity capture, discovery and/or analysis."
> – IDC 2012.

고 있다. 최근에 IDC가 분석 관점인 BI 측면에서 빅데이터를 정의하길, 대규모의 데이터로부터 매우 빠르게 데이터를 추출, 발굴, 분석하여 경제적인 가치를 찾아낼 수 있는 새로운 기술과 차세대 아키텍처라고 하였다. 그만큼 최근의 빅데이터는 분석 쪽으로도 많은 부분을 차지하고 있다.

위키백과Wikipedia.org에서 빅데이터는「기존 데이터베이스 관리도구의 데이터 수집·저장·관리·분석의 역량을 넘어서는 대량의 정형 또는 비정형 데이터 세트와 이러한 데이터로부터 가치를 추출하고 결과를 분석하는 기술을 의미한다」고 되어 있다. IDC의 정의에 한 가지 더 언급된 것이 비정형 데이터이다. 여기서 비정형은 정형화되어 있지 않거나, 데이터화 되지 않은 모든 원천 데이터를 의미한다.

기존 빅데이터의 개념이 단순히 데이터의 양이 많은 것을 뜻했다면, 최근의 일반적인 빅데이터의 개념은 기존 데이터보다 너무 방대해 일반적으로 사용하는 방법이나 도구로는 수집, 저장, 검색, 분석, 시각화 등을 하기 어려운 정형 또는 비정형 데이터세트를 의미한다.

빅데이터의 정의는 아직은 합의된 바가 없다. 다음의 맥킨지와 IDC의 빅데이터 정의를 비교해 보자. 데이터베이스의 규모와 업무 수행에 초점을 맞춰 각각 다음과 같이 정의하였다.

데이터베이스의 규모에 초점을 맞춘 맥킨지는「일반적인 데이터베이스 SW가 저장, 관리, 분석하는 범위를 초과하는 규모의 데이터(McKinsey, 2011)」로 정의하였다. 앞에서 언급한 IDC는 데이터베이스가 아닌 업무수행에 초점을 맞추어 「다양한 종류의 대규모 데이터로부터 저렴한 비용으로 가치를 추출하고 (데이터의) 초고속 수집, 발굴, 분석을 지원하도록 고안된 차세대 기술과 아키텍처 (IDC, 2011)」라고 정의하고 있다. 이제 본격적으로 도입되어 보급되고 있는 빅데이터의 정의가 어떻게 진화하고 변화할지 지켜보도록 하자.

IT 트렌드 조사와 컨설팅 전문 업체인 포레스터 리서치$^{Forrester\ Research}$는 「빅데이터는 결국 빅 밸류$^{Big Value}$를 의미하고, IT 측면에서는 거대 저장공간과 분석이 요구되며, 비즈니스 측면에서는 큰 변화와 매우 많은 비즈니스 효과가 있다」고 말하고 있다. 빅데이터는 어떻게 보면 지금도 존재하고 있지만 가치와 가능성이 마치 없는 것처럼 숨어 있는지도 모른다. 빅데이터의 잠재된 거대한 가치를 IT 측면으로만 봐서도 안 될 것이며, 비즈니스와 연계해서 그 가치를 발휘할 수 있도록 많이 고민하고 노력해야 할 것이다.

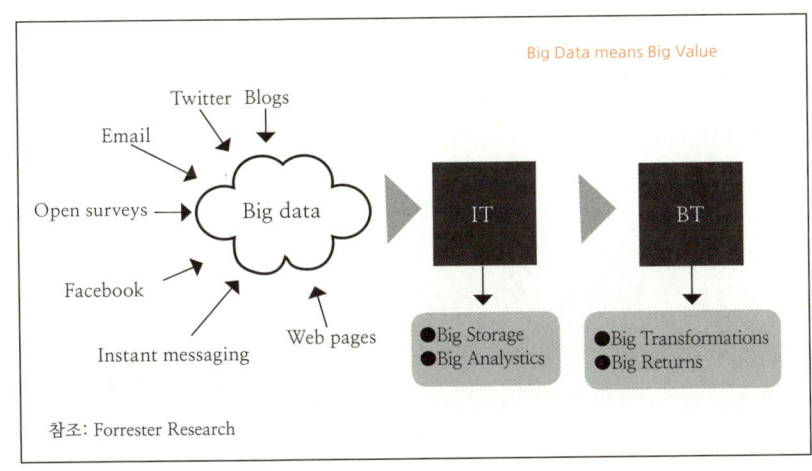

그림 8 빅데이터가 주는 빅 밸류의 의미

Insight 05 ▶ 어떤 특징과 속성을 갖고 있을까

빅데이터의 특성 또는 속성을 말할 때 4V를 언급한다. 4V는 볼륨Volume, 벨로시티Velocity, 버라이어티Variety, 배리어빌리티Variability를 말한다.

볼륨Volume은 데이터의 크기를 말하며, 축적되는 데이터의 크기가 수직 확장성의 물리적 한계를 초과하는 거대한 데이터 크기를 의미한다. 단일 데이터로서 볼륨이 큰 데이터가 있을 것이며, 대규모의 데이터 집합체도 이에 해당할 수 있다. 벨로시티Velocity는 데이터 변화와 축적, 분석 속도를 의미하는데, 데이터의 변화 속도보다 더 빠른 결정이 이루어지는 것을 말한다. 버라이어티Variety는 데이터의 다양성으로 다양한 형식과 채널이다. 이러한 다양한 데이터 형식의 통합은 결국 고

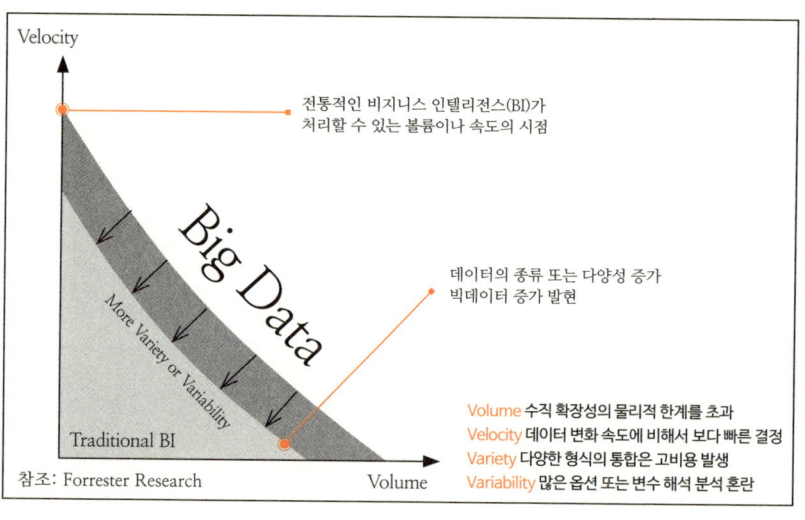

그림9 빅데이터의 속성

비용을 발생시키는데, 저비용의 고효율 처리가 관건이 될 것이다. 배리어빌리티^{Variability}는 데이터의 변동성을 의미하는 것으로 데이터가 고정된 패턴으로 축적되고 특정 규격이나 형식을 갖고 있지만, 많은 옵션과 변수에 의해 분석과 해석이 쉽지 않은 경우다.

이러한 4V의 특성은 상호 관계를 갖게 되는데, 볼륨과 벨로시티는 반비례 관계로서 볼륨이 커지고, 데이터 종류와 다양성이 증가될 때 벨로시티는 낮아지게 된다. 이와 반대로 벨로시티가 빠를수록 볼륨은 작은 것이 전통적인 데이터 분석 서비스인 BI의 한계점이라고 볼 수 있다. 이러한 전통적인 데이터 분석 서비스의 한계와 현재 요구되는 비즈니스 특성을 반영한 데이터 비즈니스의 속성을 모두 가진 것이 빅데이터다.

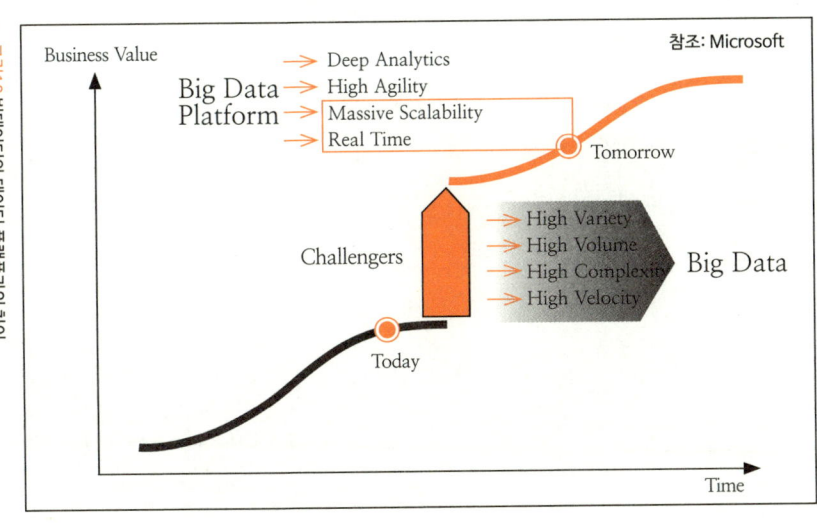

그림 6 빅데이터와 기존 솔루션과의 차이

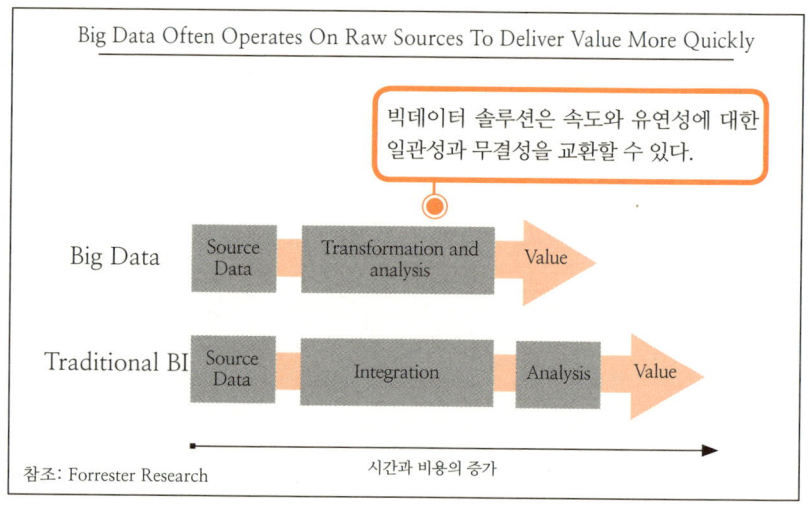

그림11 기존BI와 빅데이터와의 차이

4V 관점에서 빅데이터 처리를 위한 빅데이터 플랫폼 시스템은 더 통찰력 있는 분석 시스템이 요구되며 상당히 높은 수준의 민첩성을 필요로 한다. 또한, 엄청난 규모의 데이터 처리에 필요한 컴퓨팅 자원의 규모 있는 확장성도 중요하다.

게다가, 데이터를 단순 가공해서 분석하는 것에 그치지 않고 실제 바로 시스템에 반영하고 반응해야 하기에, 실시간에 가까운 처리와 빠른 응답 속도가 필요하다. 최근 빅데이터 플랫폼이 구축은 쉽지만 운영하기 어려운 까닭이 바로 여기에 있다.

전통적인 BI와 빅데이터의 차이점을 좀 더 자세히 살펴보자. 현재의 BI가 원천 데이터로부터 수집과 통합의 과정을 거쳐 분석단계에서 새로운 가치를 창출한다면, 빅데이터는 원천 데이터의 수집에서 바로 통합, 분석, 데이터 변환을 거쳐 가치를 추출하고 바로 시스템에 반영한다. 기존 BI보다 시간과 비용을 줄일 수 있다는 의미이다.

빅데이터는 데이터 일관성, 무결성과 속도, 그리고 유연성이 균형을 이루는 것이 필수적이다.

Insight 06 ▶ 얼마나 커야 「빅」데이터인가

[By 2020 data use is expected to grow by as much as 44 times, amounting to some 35.2 ZB globally.]

* ZB(zettabytes)—a billion terabytes

IT 시장 조사 전문기관인 IDC는 2020년까지 전 세계의 데이터 규모^{Size}가 현재의 44배인 35.2 제타바이트$^{ZB : ZettaByte}$에 이를 것으로 예측하였다. 제타바이트는 10억 테라바이트 정도 된다고 보면 되는데, 환산한 데이터의 크기도 어느 정도인지 한번에 감이 오지 않을 것이다. 우

테라바이트 (Terabyte)	200,000장의 사진 또는 MP3 노래를 담을 수 있다
페타바이트 (Petabyte)	16개의 스토리지팟 규모 데이터센터의 랙 2개에 해당
엑사바이트 (Exabyte)	2천 개의 랙을 모아 4층 규모의 데이터 센터 빌딩에 가득 채운 규모
제타바이트 (Zettabyte)	데이터 센터 1천개 규모 뉴욕 맨하탄 크기의 20%에 해당
요타바이트 (Yottabyte)	수백만개의 데이터 센터를 합해놓은 정도로 큰 규모의 데이터 단위

참조. IDC

데이터의 단위와 크기	
이름 (기호)	Value
킬로바이트 (KB)	10^3
메가바이트 (MB)	10^6
기가바이트 (GB)	10^9
테라바이트 (TB)	10^{12}
페타바이트 (PB)	10^{15}
엑사바이트 (EB)	10^{18}
제타바이트 (ZB)	10^{21}
요타바이트 (YB)	10^{24}

그림12 데이터의 단위와 규모 비교

선 데이터 단위와 크기에 대해 자세히 알아보자.

먼저, 테라바이트[TB : TeraByte]는 최근에 가장 많이 쓰이는 단위로서, 1테라바이트는 1,024기가바이트[GB : GigaByte]이다. 보통 20만 장의 사진 또는 MP3 노래를 담을 수 있는 하드 드라이브 하나 정도의 크기이다. 요즘 데스크탑 PC는 테라바이트 단위의 HDD가 장착되어 나온다. 즉, 테라바이트는 일반적인 컴퓨터에 사용되는 단위의 저장 공간 크기이다.

1페타바이트[PB : PetaByte]는 1TB가 1,024개가 모인 크기로, 16개의 스토리지팟 정도의 규모이다. 데이터 센터의 랙을 단위로 볼 때 2개 정도이다. 최근 웬만한 인터넷 기반 서비스는 기본 단위가 페타바이트 정도이다. 서버형 스토리지는 일반 HDD보다 비싸므로 빅데이터를 구성할 때 가장 많은 비용을 차지한다.

1엑사바이트[EB : ExaByte]는 1,024PB인데, 1PB짜리 랙을 2천 개를 모아 4층 규모의 데이터 센터 빌딩에 가득 채운 상태를 떠올리면 된다.

1제타바이트[ZB : ZettaByte]는 1,024EB인데 데이터 센터를 1천개 합친 규모로 그 크기가 뉴욕 맨하탄의 20%에 해당한다. 앞서 IDC에서 언급한 35.2제타바이트는 여기에 약 35배를 곱한 엄청난 크기이다.

앞으로 기술 혁신과 발전으로 데이터를 축적하는 하드디스크는 더

소형화될 것으로 보이지만, 일단 현재 규모를 기준으로 판단하면 이 정도 수준이다.

　마지막으로 1요타바이트$^{YB : YottaByte}$는 1,024ZB인데, 데이터센터를 수백만 개 모아 놓은 것과 같다. 정말 미래에 이 정도 규모까지 갈지는 의문이지만, 이러한 데이터 크기의 단위가 있다는 것만으로도 앞으로 데이터의 미래를 예상할 수 있을 것이다.

Insight 07 ▶ 빅데이터의 데이터 유형 분류

데이터의 크기만큼이나 빅데이터에서 쟁점이 되는 것 중에 하나가 데이터 유형에 관한 것으로, 볼륨보다 더 다양하고 복잡성을 가진다. 데이터는 구조화 정도에 따라 다음과 같이 분류할 수 있다.

기본적으로 구조화(정형화)된^{Structured} 데이터는, 관계형 데이터베이스에서 데이터 형식이 정규화되어 있고 데이터 스키마가 지원된다. 구조화된 데이터는 데이터 간에 연계성을 바탕으로 다양한 데이터 조합을 만들어서 데이터 정렬과 분석을 쉽고 빠르게 할 수 있다는 것이 장점이다.

반-구조화 데이터$^{Semi-Structured}$는 두 가지로 나눌 수 있다. 먼저 다소 정형화된 파일이 데이터 속성인 메타데이터를 가지며 자체적으로 데이터에 관한 서술이 가능한 형태다. 두 번째로 데이터베이스 형태는 아니지만, XML 형태로 서술되고 구조화되어 있는 데이터이다.

Definition	Description
Structured	Relational database (i.e., strong type and defined by an XML schema
Semi-structured Structures	Structures data files that include metadata and are self describing
Semi-structured	XML data files self describing and defined by an XML schema
Quasi-structured	Data with some inconsistencies in data values/formats (e.g., click-stream data)
Unstructured	Text documents amenable to text analytics
Unstructured	Images and video

참조. Gartner, CreditSuisse

그림13 데이터의 분류 체계

준-구조화$^{Quasi-Structured}$ 데이터는 다소 일관성이 없는 데이터의 형식을 갖는 것으로, 일반적으로 웹사이트에서 사용자에 의해 발생하는 클릭 스트림 데이터$^{Click-stream\,data}$가 이에 해당한다. 클릭 스트림 데이터는 웹사이트에서 발생하는 사용자의 다양한 경험 데이터이다.

비구조화$^{Non-Structured}$ 데이터는 일반 텍스트 기반의 데이터로 분석이 가능한 데이터다. 텍스트화되지 않은 데이터로는 이미지 파일과 동영상과 같은 멀티미디어 데이터가 있다.

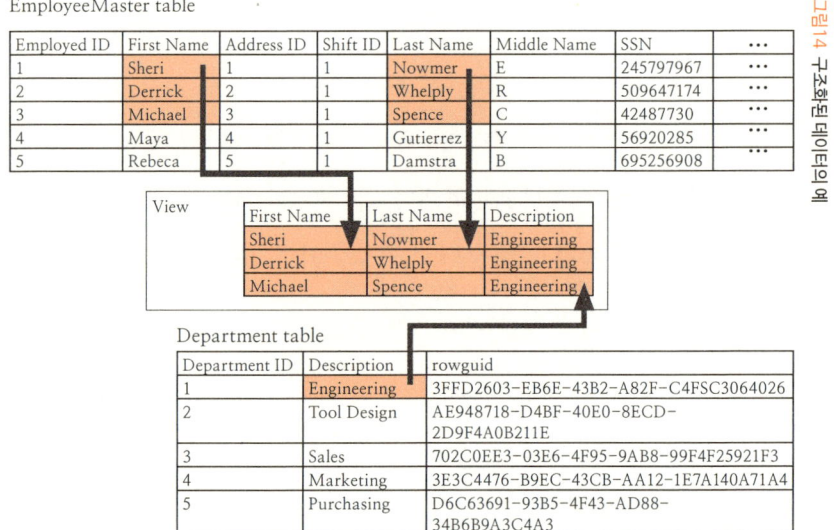

그림14 구조화된 데이터의 예

그림15 비구조화(준 구조화) 데이터의 예

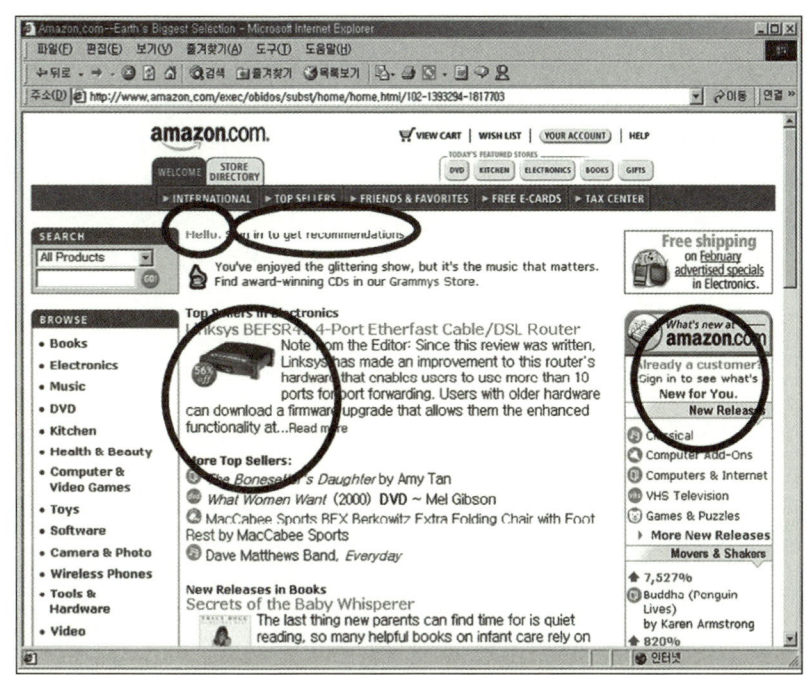

　이렇게 데이터를 구조화 정도로 분류할 수 있는데 데이터 대부분은 조직화, 준-구조화되어있다. 현재 빅데이터에서는 데이터 구조화를 위해 원시 데이터를 다양한 방식으로 전환하려 한다. (예 : 센서 데이터, 웹 로그 파일, 클릭 스트림, 소셜 네트워킹 피드, 이메일 등)

　구조화된 데이터는 데이터베이스와 데이터 웨어하우스로 사용되며 다중 구조화되고 그 범위를 확대해 가면서, 데이터의 다양한 형식을 수렴하는 패러다임의 전환이 일어나고 있다.

Insight 08 ▶ 빅데이터 비즈니스의 특성

새로운 형태의 데이터

빅데이터는 기존 데이터 형식과 다른 비정형 데이터, 비구조화된 데이터, 그리고 다양한 포맷의 데이터를 다룬다. 따라서 기존 데이터베이스 소프트웨어 시장이나 스토리지 시장에 많은 변화가 예상되며, 특화된 데이터 형식과 파일을 처리하는 솔루션과 서비스 시장이 급부상할 것이다.

대량의 데이터

데이터는 더 이상 한정되어 있는 시스템과 스토리지 비즈니스가 아니다. 그리고 하루하루 축적, 변형, 생성되는 데이터의 규모는 기술

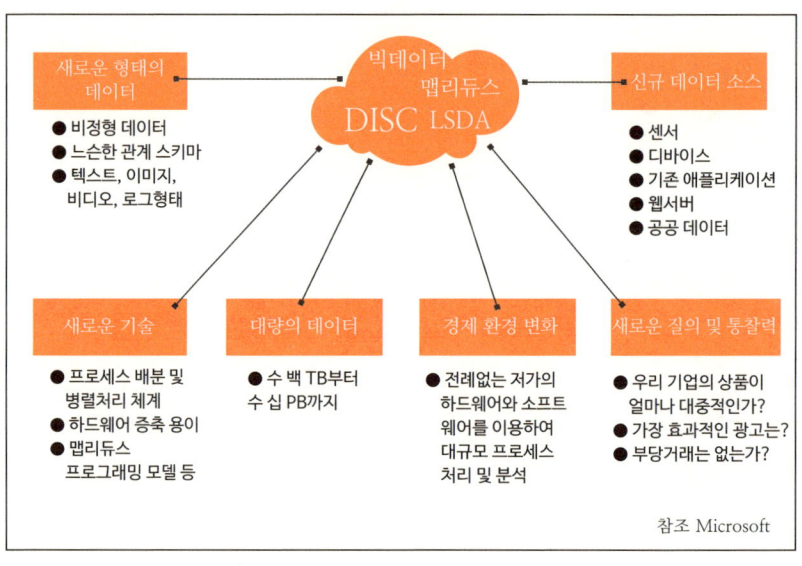

그림16 빅데이터의 비즈니스 특성

76 빅데이터를 말하다

발전 속도보다 몇 배 빠르게 증가하고 있다. 이제 테라바이트 시대에서 페타바이트 시대로 전환되었고, 앞으로는 페타바이트 이상인 제타바이트와 요타바이트 시대까지 금세 달려갈 기세다.

새로운 기술과 솔루션

대용량 데이터의 신속한 처리와 여러 데이터 형식을 동시다발적으로 처리하기 위해서는 분산 병렬 처리 기술이 당연히 요구되며, 표준화된 하드웨어 상에서 쉽게 확장되는 아키텍처를 필요로 한다. 맵리듀스^{MapReduce}와 같은 새로운 기술이 여기에 해당한다. 최근 클라우드 컴퓨팅의 인프라서비스 IaaS$^{Infrastructure\ as\ a\ Service}$도 이러한 빅데이터 기술과 솔루션에 부합되는 IT 인프라이다.

새로운 질의 및 통찰력

빅데이터는 규모와 범위만 커진 것이 아니다. 데이터를 통한 새로운 질의와 응용된 형태의 질문을 만들 수 있는데, 이런 새로운 질의를 통해 해당 분야뿐 아니라 연계된 다양한 분야에서 새로운 분석 서비스와 통찰력을 증대할 수 있다.

빅데이터를 위해 가장 필요한 인재는 기존 데이터 분석과 솔루션 전문가가 아니라 통계학이나 사회학 등 다양한 학문을 섭렵하여 응용할 수 있는 데이터 과학자로 최근 바뀌고 있다. 그렇다고 관련 없는 학문에서 전혀 새로운 인재를 찾는 것보다는 데이터 유관 전문가 중에서 IT와 접목하여 새로운 가치를 찾을 수 있는 성장 가능한 인재를 뽑는 것이 효율적이다.

신규 데이터 소스

데이터의 범위가 확대되고 다양한 경로로 데이터가 유입되기 위해서는 데이터가 입수되는 채널도 새로워져야 한다. 이에 따라 새로운 타입의 원천 데이터들을 다루게 될 것이며 앞으로의 세상은 일반적인 물리적 현상과 아날로그 값들의 디지털화가 가속될 것이다. 특히 디바이스와 센서에서 생성되는 데이터 등이 이에 해당하며, 기존 애플리케이션이나 현재 인터넷 서비스에서 무시되거나 관리되지 않았던 데이터들도 이제는 새로운 시각으로 보아야 한다. 즉, 이제는 단순 데이터에서 새로운 가치와 가능성을 발견할 수 있도록 해야 한다.

다음으로 모바일 애플리케이션이 활성화되면서 공공 데이터를 활용한 서비스가 증가하고 있다. 이에 정부와 공공 기관, 일부 기업에서도 대외 활용도가 높은 데이터에 대해서 개방하기 시작했다. 이러한 오픈 데이터를 새로운 데이터 소스로 생각할 수 있다.

경제 환경 변화

새로운 데이터 형식과 채널, 그리고 새로운 기술과 서비스를 바탕으로 규모의 경제와 거대 데이터를 쉽고 빠르게 처리하는 세상이 도래했다. 또한, 새롭게 알게 되는 데이터 분석과 이에 따른 데이터 통찰력은 새로운 비즈니스를 가능하게 해 준다.

대규모 투자와 데이터 수집의 한계 등 여러 가지 문제로 불가능했던 일들을 할 수 있게 되며, 데이터 기반의 혁신 비즈니스가 가속화되면서 새로운 비즈니스와 다양한 업종의 비즈니스가 생겨날 것으로 예상한다. 또한, 비즈니스의 불확실성과 불명확한 미래의 이슈와 문제를 해결할 수 있을 것이며, 급기야 인공지능에 가까운 비즈니스 서비스가 등장할 것이다.

Insight 09 › 빅데이터 분석과 기존 BI 데이터 분석의 차이

기존 기업 환경에서의 BI 데이터 분석은 업종별, 시스템별 또는 직무별 한정된 범위 내에서 데이터를 수집, 정제하여 분석하는 방식이었다.

예를 들면 기업의 기간계 시스템인 ERP^{Enterprise Resource Planning}는 기업의 회계, 영업, 물류 등 부문별 업무 프로세스에 맞게 데이터를 관리하고 최적화하여 기업의 업무 환경을 시스템화한 좋은 예이다.

기업의 경영 환경을 위한 BI 데이터 분석은 EIS^{Executive Information Service}라고 하는 임원 정보 시스템이 대표적이다. 최근 글로벌 ERP가 구축되면서 데이터 저장 공간은 증가하고, 데이터 분석 서비스도 빨라지고 있다.

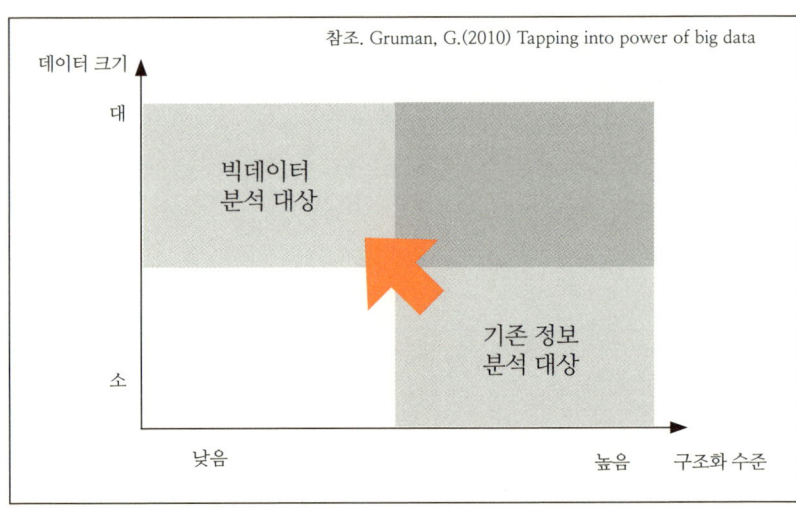

그림17 기존 분석과 빅데이터와의 차이

그럼에도 최근 인터넷 서비스에서 빅데이터 분석은 기존과는 데이터 크기와 구조화 정도에서 확연한 차이가 있다. 기업의 IT 담당 부서인 CIO팀에서 빅데이터와 기존 BI에 관한 논쟁이 아직도 진행형이다.

데이터 크기와 구조화 정도 말고도 또 다른 큰 차이점은 빅데이터의 데이터 분석이 수집과 정제, 분석 리포팅에만 그치는 것이 아니라는 것이다. 다양한 가상 변수의 대입과 시뮬레이션을 통해 변화를 예측하고 분석한 값을 바로 시스템에 반영하여, 리포팅 상에서 머물렀던 데이터 값을 실제 비즈니스에서 고객에게 맞춤형으로 제공할 수 있도록 하는 것이다.

데이터의 정확성이 더 높아지면서 실제 시스템과 연계를 위해 그만큼 분석 속도는 더 빨라지고 있으며, 비정형 데이터의 구조화와 데이터의 정형화가 중요해졌다.

리포팅에서 분석으로

지금까지 IT가 진화하면서 리포팅과 분석의 흐름도 바뀌어 왔는데, 1980년대 초창기에는 통계 리포트 기반의 현상을 분석하기 위한 결과 도출이 주 업무였다. 그 후 2000년대 접어들면서 현재 무슨 일이 진행되고 있는지 현재 어떤 상태인지를 알아보기 위한 모니터링으로 진화했다.

이러한 리포팅 서비스의 발전은 데이터의 크기, 축적 속도와 가공

정제 속도에 많은 영향을 주었다.

이에 반해 분석^{Analytics}은 1990년대 인터넷 보급이 활발해지면서, 비즈니스에서 이러한 현상이 왜 일어났는지 원인을 분석하기 위한 다차원 분석으로 진화하였다. 엑셀과 같은 문서 도구뿐만 아니라 다차원 분석을 위한 OLAP$^{On-line\ Analytical\ Processing}$ 등과 같은 서비스도 등장하였다. 하지만 이러한 분석 행위도 시간이 지난 데이터와 정체된 상태

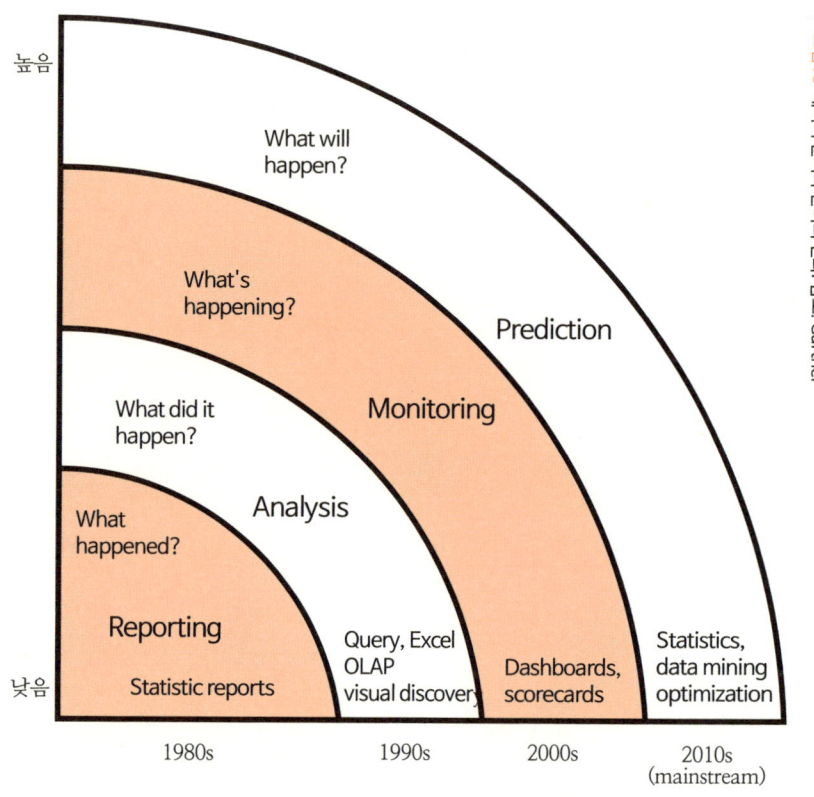

그림18 데이터 분석과 관리의 진화: 참조, Gartner

의 데이터를 별도로 분리하여 분석하는 것이기에 한계가 있었다.

이후에 데이터 분석은, 시간이 지난 데이터를 분석해서 원인을 찾는 것뿐 아니라, 앞으로 무슨 일이 일어날지를 예측할 수 있도록 지난 데이터와 현재 데이터, 그리고 미래 예상 변수를 참조하여 분석하는 방향으로 바뀌게 된다. 이러한 환경에서는 통계 알고리즘, 데이터 마이닝(추출)과 최적화 등의 기술이 필요하다.

리포팅과 분석이 반복되면서 진화를 거듭해 온 데이터 분석은 리포팅과 분석이 별개로 발전했다고 볼 수 없다. 리포팅과 분석이 상호 연관성과 차이를 보완하면서 발전하게 되었고, 사실상 빅데이터는 분석^{Analytics} 기반에 리포팅^{Reporting}까지 통합한, 비즈니스 산물이자 기술 서비스가 진화한 결과물이라 할 수 있다.

> Insight 10 ▶ Big 이후에는 무슨 데이터가 나올 것인가

빅데이터가 리포팅과 분석의 진화만으로 끝나지 않을 것 같다는 것이 대부분의 IT 전문가들의 의견이다. 특히 2005년 이후에 복잡하고 다양한 이벤트 프로세싱 처리의 데이터 분석이 증가하게 되었고, 연계 시스템 인터페이스도 증가하게 되면서, 스트림 데이터^{Stream Data}에 대한 분석이 중요해지게 되었다.

빅데이터와 함께 실시간에 가까운 패스트 데이터^{Fast Data} 처리와 실시간 의사결정 지원을 위한 데이터 분석이 요구되고 있다. 그래서 빅데이터 이후의 데이터 패러다임은 다이나믹 데이터, 즉 동적 데이터다. 동적 데이터는 빅데이터의 체계가 다중 구조화되고, 실시간 분석뿐 아니라 측정, 반응하는 체계로 진화할 것이다. 그래서 패턴 기반의 알고리즘이 고도화되어, 복잡하면서도 대규모로 확장 가능하며 성능은 더 빠르게 진화하는 모델로 간다는 것이 전문가들의 지배적인 의견이다. 데이터의 이러한 변화무쌍한 특성을 수용하며 기계학습 기반의 자동화된 시스템으로 진화가 계속될 것이다. 결국, 빅데이터에서 앞으로 가장 큰 화두는 데이터 간의 패턴과 새로운 인사이트를 줄 수 있는 알고리즘 라이브러리가 될 것이다. 우리가 항상 말해오고 꿈꿔왔던 인공지능 학습 시스템의 가장 기본이고 핵심이다.

관계형 데이터베이스^{RDBMS}에서 데이터 웨어하우스^{Data Warehouse}, 그리고 하둡^{Hadoop}까지 진화된 기술과 서비스는 앞으로도 급속도로 발전할 것으로 예상한다. 클라우드 컴퓨팅과 함께 새로운 IT 패러다임을 가지고 올 변화의 요소로 빅데이터를 꼽는 이유이다.

그림19 Fast Data + Big Data = Dynamic Data 참조, IDC, CreditSuisse

패스트 데이터 + 빅 데이터 = 다이내믹 데이터
비즈니스 인텔리전스[BI], 비즈니스 분석[Analytics], 데이터 웨어하우징[Data Warehousing]의 발전

> 패스트 데이터와 빅데이터 간의 경계를 다이내믹 데이터로 정의하고, 새로운 데이터 아키텍쳐를 통한 복잡한 데이터 모델의 분석 강화를 위해 데이터 웨어하우스를 공급하는 벤더사들로부터 대량화되고 다양화된 데이터 관리 최적화를 위한 맵리듀스[MapReduce] 등의 지원을 요구

1990 데이터 관리
- 기본적 프로세싱 및 주요 기준
- 데이터 통합

1995 리포팅
- 비즈니스 프로세스 표준화
- 사업요소 평가

2000 데이터 분석
- 데이터 분석의 기준을 무엇이 발생했는지 보다, 왜 발생했는지 에 대하여 보다 더 집중함
- OLAP 환경에서의 드릴 다운

2005 CEP (Complex Event Processing)
- 데이터흐름 및 특정 이벤트 분석
- 타 시스템 경보

모델링 & 예측
- 예측을 위해 정보 활용
- 선진 데이터마이닝 기법 활용
- 알고리즘을 통한 예측

2010 빅데이터
- 고급 데이터마이닝 기법을 활용한
- 다중구조의 대용량 데이터 분석

패스트 데이터
- 실시간 정보 활용 (예: 극단적 실시간 정보활용 추구)
- 실시간 의사결정 지원을 위한 수 초내 응답가능한 쿼리 적용
- 데이터 웨어하우징과 CEP의 구분이 모호

2015 다이내믹 데이터
- 최신의 정형/비정형 데이터
- 수 초내에 응답가능한 쿼리 활용
- 경영의사결정 지원을 위한 실행 이벤트 및 양식에 기반한 자동결정 프로세스에 활용
- 기존 운영에 기반한 견고한 통합과 실시간의 대량 데이터를 활용한 예측가능한 데이터 분석에 의한
- 데이터 웨어하우징과 CEP, 빅데이터의 구분 모호

Insight 11 to 20

데이터가 비즈니스의 새로운 원재료가 되고 있다.

Data are becoming the new raw material of business.

Craig Mundie head of research and strategy, Microsoft

| Insight 11 | 빅데이터「무엇이」문제이고,「왜」문제인가

기업에서 생성된 데이터의 양이 기하급수적인 속도로 성장함에 따라, 구조화된 데이터뿐만 아니라 비구조화된 데이터도 빠르게 증가하고 있다. 이런 비정형 데이터 유형 등이 광범위하게 늘어나면서 기업들은 다양한 데이터 집합을 관리하는 데에 어려움을 겪고 있다.

IDC에서는 이러한 비정형 데이터 집합으로 정의되는 빅데이터의 규모가 10년 후에는 현재 기업에서 관리하는 데이터양의 50배가 될 것으로 추산하고 있다. 글로벌 경제 전문지인 이코노미스트에 따르면, 생성되는 정보의 단 5%가 구조화되며 나머지 95%의 데이터가 비정형 다중 구조화될 것으로 예상하고 있다. 이렇게 구조화된 데이터의 성장보다 비정형 데이터의 성장이 앞서기 때문에 앞으로 기업

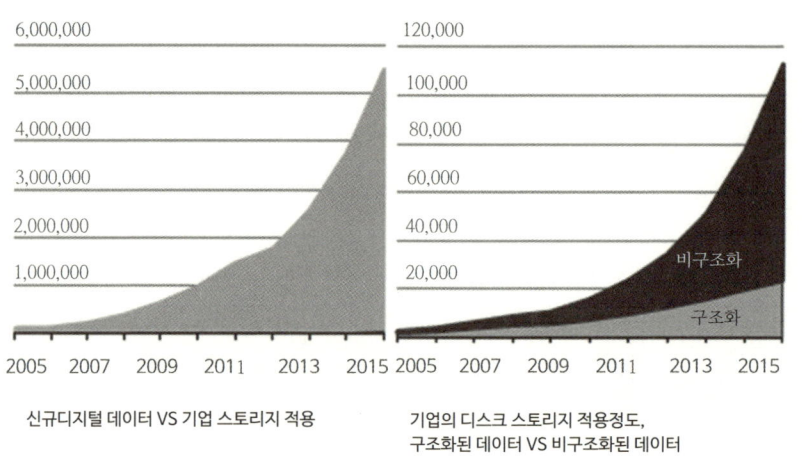

그림20 데이터 증가와 구조화 비율. 참조: IDC, CreditSuisse

신규디지털 데이터 VS 기업 스토리지 적용

기업의 디스크 스토리지 적용정도,
구조화된 데이터 VS 비구조화된 데이터

의 데이터 분석은 비즈니스 인사이트를 도출하는 방법을 강화하는 구조로 진화할 것이다.

이러한 상황에서 기업들이 제기하는 빅데이터 관련한 문제들이 있다. 가장 큰 문제는, 각 시스템 및 데이터베이스별로 분리된 조직에 따라 데이터에 대한 소유권이 각각 나뉘어 있어서, 데이터를 통합하고 수집하는 초기부터 프로젝트 진행이 안 된다는 것이다. 예를 들면 고객 정보만 하더라도 마케팅과 세일즈 부서의 데이터가 CRM^{Customer Relationship Management}으로 구축되어 있지만, 통합되어 있지 않은 경우가 많다. 데이터 주관 부서뿐 아니라, 생산과 연구 개발 등 제품/서비스를 만드는 데 필요한 고객 정보도 관리가 안 되거나 연관성조차 규정되어 있지 않다. 그래서 최근 들어 빅데이터 사업을 추진하려는 기업들은 본사 중심의 통합된 태스크포스^{Task Force} 팀을 구성하여 중앙 집중화된 상태에서 사업을 추진할 수 있도록 데이터 활용에 관한 권한을 부여하는 경우가 많다.

다음으로 기존의 데이터 분석 체계와 빅데이터의 차이가 크다는 것과, 빅데이터로 분류해야 하는 데이터의 인식에 관한 차이도 크다는 것이다.

예를 들면, CRM은 고객 경험에 실행 가능한 통찰력을 제공할 수 있도록 고객 구매 패턴, 공급망 등 보다 적시에 이르는 상황 인식과 비용 절감 및 향상된 비즈니스 민첩성을 제공한다. 빅데이터는 여기에 더해 주문 관리 채널에서 고객이 더 나은 결정을 하도록 구매 내용 데이터와 다른 고객의 데이터, 그리고 통계학적 데이터까지 결합한다. 또한, 온라인 프로모션의 효과를 극대화하기 위해 고객의 클릭 스트림 데이터를 분석해서 각 고객에게 타겟팅된 광고도 가능하며, 최근 급속도로 증가하고 있는 SNS를 통해 나오는 고객 반응, 브랜드 인지도와 감성까지 분석한다. 그러나 기존의 비즈니스 인텔리전스 도구 및 관계형 데이터베이스는 이러한 비즈니스 환경을 처리할 수 있도록 설계되어 있지 않다.

이러한 대용량, 다중 구조의 데이터 집합과 데이터 유통에 관한 통찰력, 데이터 통합을 위한 장애물 제거를 위한 노력에도 불구하고, 데이터의 대부분인 비정형 데이터를 아직 활용하지 못하고 있다. 이러한 문제 해결을 위해 빅데이터 비즈니스에 관한 마인드 전환과 데이터에 관한 다양한 연구와 시도가 필요한 시점이다.

빅데이터를 바라보는 변화된 마인드로서 가장 시급히 요구되는 것은 데이터를 통한 통찰력이 기업 경영에 있어서 가장 핵심이라는 생각이다. 데이터는 숫자나 의미를 나타내는 기호가 아니라 정말 새로운 가치와 변화와 혁신에 대한 지식 정보라고 인지해야 한다. 그래서 경쟁사보다 더 많은 데이터를 취합하고, 보다 빠르게 분석하고 새로운 통찰력을 얻기 위한 노력을 지속해야 할 것이다. 그렇지 않으면 앞으로 글로벌 디지털 혁신 경쟁에서 살아남을 수 없을 것이다.

Insight 12 ▶ 빅데이터 프로젝트는 왜 쉽게 실패하는 것인가

가격 대 성능비

빅데이터와 스몰 데이터 Small Data 의 문제점들을 다음 표에서 알아보자. 빅데이터는 차별성이 있는 동일한 종류의 대량의 데이터가 아니다. 데이터의 형태는 지식 모형화 솔루션을 만드는 데 있어서 생산성에 막대한 영향을 미친다.

아래 그림은 빅데이터의 모양을 보여주고 있다. 지식의 표현력이나 다양성을 광범위하게 데이터화하는 작업은 지식의 영역을 두 개의 축에 따라 분류한다. 하나는 데이터의 크기 축이고 또 다른 축은 스키마의 복잡도이다. 데이터의 크기가 크고 스키마가 복잡한 영역에 개

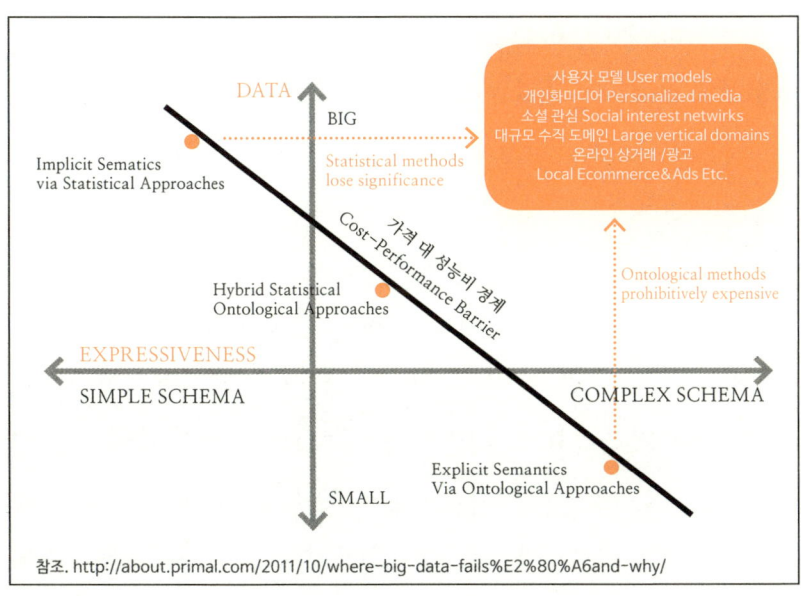

그림21 빅데이터의 비용 및 성능과의 관계 그래프

참조. http://about.primal.com/2011/10/where-big-data-fails%E2%80%A6and-why/

인화된 미디어, 소셜 네트워크, 로컬 이커머스, 광고 같은 분야들이 해당된다.

그림 안의 그래프 선은 빅데이터 프로젝트의 가격 대 성능비 경계Cost-Performance Barrier를 보여주는 선이다. 빅데이터의 지식 모형화와 분석 알고리즘을 만들기 위해서는 세 가지의 접근 방식이 있는데, 통계적(암시적) 접근법Statistical Approaches, 온톨로지컬(명시적) 접근법Ontological Approaches, 그리고 하이브리드 접근법Hybrid Statistical Ontological Approaches이다. 각각은 가격 대 성능비 경계를 따라 그림21의 그래프와 같이 정렬될 수 있다.

통계적(암시적) 접근법은 데이터가 증가하면서 적용되는 일반적 방식인데, 데이터가 빅데이터화 되면서 발생하는 데이터의 새로운 중요성Significance을 발견하는데 한계가 있다. 이 분석 방식은 지식의 다양화에는 한계를 보이는데, 데이터의 다양성보다는 기존 방식으로 빅데이터를 축적하기 때문에 데이터 분석의 다양성이나 데이터의 가치도 떨어진다.

온톨로지컬(명시적) 접근법은 일반적인 엔지니어링 방식으로서, 데이터베이스의 기본 스키마를 가지고 접근하기 때문에 다양한 데이터 리소스가 부족하며 다양한 타입의 모델을 구축하는 데에는 잘 맞지 않는다. 더 다양해지고 세밀해지는 데이터를 이 방식의 기본 구조로는 해결하기 어려우며, 데이터 복잡도가 증가할수록 지식과 가치를 발굴하는 노력에 수확 체감의 법칙이 적용된다.

마지막으로 하이브리드 접근법은 온톨로지컬 접근법과 통계적 접근법을 혼합하여 특정 지식영역에 맞게 적용할 수 있다. 데이터의 확장성과 유연하고 다양한 분석을 상호 교환 형태로 도입이 가능하다. 이 방식 또한 가격 대 성능비에 따라 고려될 수 있다. 빅데이터의 새로운 지식 모델 생성 및 데이터를 통한 검색과 추론 시스템에서 비용과 효율성 사이에는 중첩성이 있다. 데이터의 증가로 지식 모델이 점점 더 복잡해짐에 따라 지식 모델 활용 비용도 점점 더 늘어나게 된다.

일반적으로 비즈니스와 시장에서 빅데이터는 가격 대 성능비 면에서 뒤떨어지지 않을 것을 요구받게 되며, 빅데이터의 접근 방식 측면에서 수익성 있는 시장 기회를 창출하기가 어려운 것이 사실이다. 온

지식영역	온톨로지컬 접근 (명시적)	통계적 접근 (암시적)
개인화된 미디어	미디어 표면화된 이익은 생산자의 발전/변화역량보다 훨씬 광범위할 수 있다.	최종 사용자 개인의 관심과 선호가 부분적으로만 미디어에 표시된다.
소셜 관심 네트워크	사용자 프로필 및 실시간 활동의 큰 숫자는 모델에 관심이 광대한 공간개념을 만들 수 있다.	개별 사용자 프로파일과 활동은 특정 이익을 모델링하는데 충분한 데이터를 제공하지 않는다.
전자상거래/지역검색	복잡한 지역 시장의 모델에 큰 숫자는 제품과 시장에 대한 지식이 많은 도메인을 나타낸다.	시장 참여자는 개별 제품과 서비스에 대한 충분한 데이터를 생성하지 않는다
광고 / 마케팅	개별 생산자와 광고주는 차별화된 메시징을 매우 많이 만들 수 있다.	미디어와 메시지는 최종 사용자의 이익의 그림자이며, 최종 사용자의 직접적인 증거는 상대적으로 드물게 나타난다.

그림22 다양한 시장 수익성을 위한 시나리오

참조. http://about.primal.com/2011/10/where-big-data-fails%E2%80%A6and-why/

톨로지컬 접근 방법은 각 하위 영역에서 복잡한 대규모 집합 단위 방식으로 갈수록 고비용이 투자된다. 추가로 필요한 데이터가 상대적으로 부족하여 통계적 접근 방법도 이상적 지식 모델과는 격차가 크다.

결론적으로 빅데이터는 많은 사람이 원하는 대로 되는 마술도구가 아니다. 지식과 정보는 점점 더 복잡해지고, 단편적인 해당 영역의 스몰 데이터^{Small Data} 문제에 직면했을 때, 우리는 여전히 가격 대 성능비 장벽에 마주하게 된다. 특히, 지식 모형화 솔루션을 위해서는 데이터 비용이 훨씬 덜 들어가는 방법을 생각해야 한다. 빅데이터에 문제에 관해서 가격 대 성능비 장벽을 계속 줄여나가는 혁신이 필요하다.

Insight 13 ▶ 데이터 프로세싱과 분석 단계의 변화

빅데이터를 가지고 무언가를 하기 위해서는 빅데이터를 저장하고 축적하기 위한 시스템도 필요하지만, 여러 데이터를 집합하여 분석하는 시스템도 중요하다.

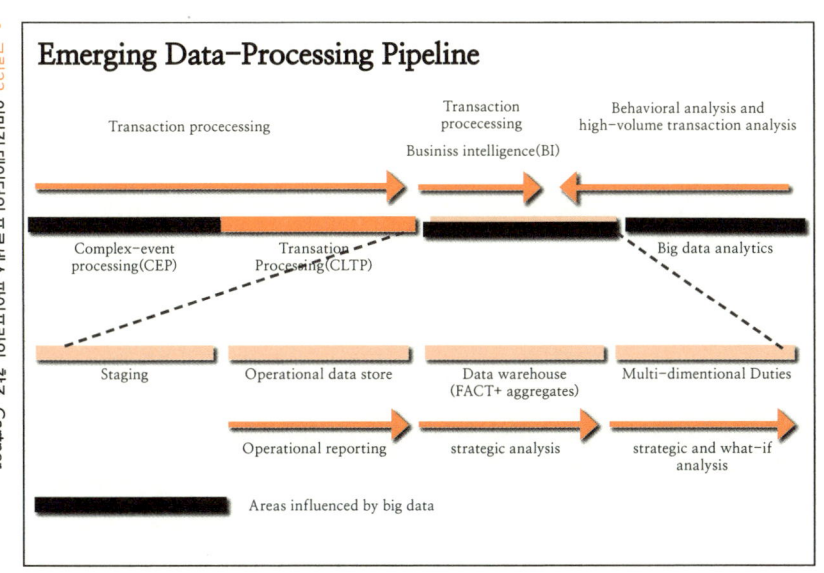

그림23 이머징 데이터의 프로세스 파이프라인. 참조. Gartner

일반적으로 데이터 분석 방식을 구분할 때, 보통 온라인 트랜잭션 처리 OLTP^{On-Line Transaction Processing}와 온라인 분석 처리 OLAP^{On-Line Analysis Processing}로 구분한다. OLTP는 데이터 생성 시에 입력과 출력을 말하는 트랜잭션의 효율적인 처리를 할 수 있도록 해주는 것으로, 주로 데이터의 조회와 입력, 수정, 삭제 등의 용도로 사용되는 데이터베이스의 유형이다. 이에 반해 OLAP는 온라인 분석 처리를 위한 용도

95

로 데이터를 활용하여 분석할 수 있도록 하여 데이터를 통한 의사결정을 가능케 하는 것으로, 데이터 웨어하우징^{Data Warehousing}으로 대변되고 있다.

이러한 상황에서 실시간으로 트랜잭션 데이터를 분석하고, 분석한 데이터를 다시 트랜잭션에 반영하고, 이러한 다양하고도 복잡한 이벤트를 데이터 트랜잭션 처리와 분석을 할 수 있도록 하는 것을 복잡이벤트 프로세싱, 즉 CEP^{Complex Event Processing}라고 한다. CEP를 수행하기 위해 최근 인메모리 데이터베이스, 테블라 데이터베이스, 인메모리 캐싱과 인덱싱 등 다양한 하드웨어와 결합한 기술이 등장하였다.

빅데이터 분석을 위해서는 이러한 기존의 데이터 프로세싱 환경과 새로운 데이터 유형, 그리고 처리 프로세싱을 결합한 새로운 데이터

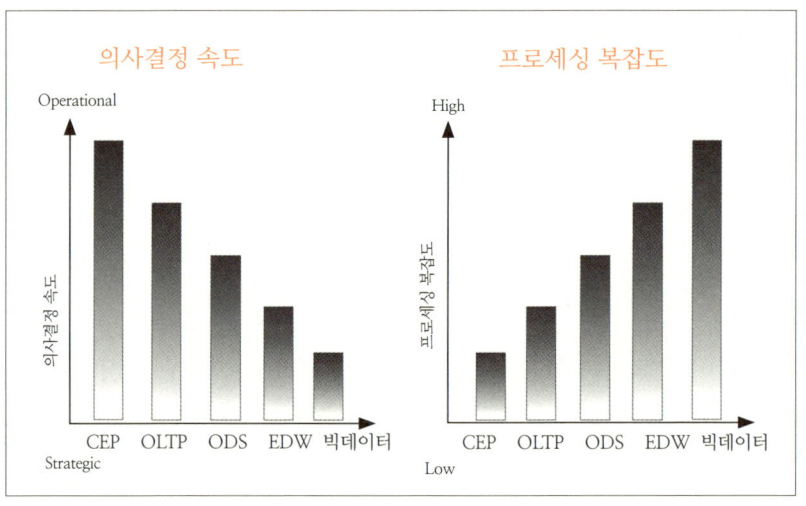

그림24 의사결정 속도와 복잡한 프로세스, 참조 Gartner

분석 BI가 요구되며, 기존의 분석 체계에 확장된 형태로 유연하게 연계하여 쉽고 빠른 분석이 가능하도록 프로세싱 파이프 라인을 만드는 것이 중요하다.

CEP$^{Complex\ Event\ Processing}$, OLTP$^{On-Line\ Transaction\ Processing}$, ODS$^{Operational\ Data\ Store}$, EDW$^{Enterprise\ Data\ Warehouse}$를 빅데이터와 비교해 보면 빅데이터의 의사결정이 월등히 전략적이고 직관적이며 분석도 빠르다. 반면에 CEP와 OLTP는 데이터 축적과 단계별 프로세싱이 요구되기 때문에 분석과 의사결정에 들어가는 시간은 늦어진다. 그러나 최근에는 이러한 것도 무의미할 정도로 CEP이든 OLTP이든 관계없이 의사결정이 점점 더 빨라지도록 전략적으로 진행되는 것이 특징이다.

이에 반해 데이터 처리 즉 프로세싱의 복잡도는 점점 더 증가하고 있다. CEP 자체도 복잡도가 증가하지만 빅데이터로 갈수록 그 복잡도는 이전의 데이터 프로세싱보다 더 증가한다. 그 이유는 데이터 자체가 구조화되고 정형화된 데이터에서 비정형 데이터를 처리하는 것도 있고, 데이터 처리 과정 중에 분석과 트랜잭션이 동시에 일어나거나 데이터 처리에 관한 실시간 반응도 처리해야 하기에 복잡도는 증가할 수밖에 없다. 이렇게 빅데이터는 의사결정에 필요한 데이터 처리 속도는 점점 빨라지는 반면에 데이터 처리, 프로세싱의 복잡도는 증가하는 정반대의 속성을 가진다.

데이터의 트랜잭션 규모, 즉 처리되는 양적인 측면에서는 빅데이터

그림25 데이터 볼륨에 따른 트랜잭션과 쓰루풋 비교

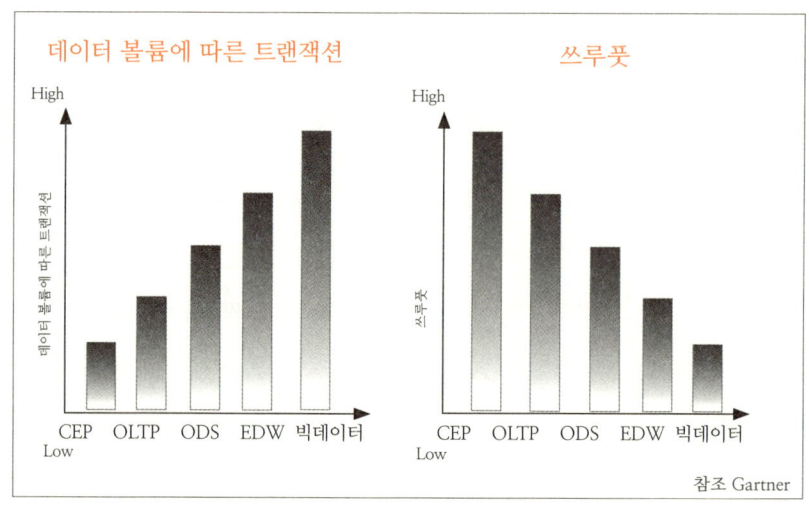

는 기존의 CEP나 OLTP보다 월등히 크다. 데이터의 양적인 증대도 있지만, 비정형 데이터를 분석하면서 발생되는 중간처리 과정 형태의 데이터도 무시할 수 없을 정도로 대규모이고, 실제로 원천 데이터 이상의 처리 데이터가 발생하는 것이 현실이다.

시스템을 통해 나오는 쓰루풋Throughput은 기존의 CEP나 OLTP보다 빅데이터가 작다. 빅데이터 대부분은 대규모의 데이터에서 의미 있는 수치와 결과, 그리고 의미하는 바를 파악하기 위한 것이기에 기존의 데이터 분석 체계와는 쓰루풋에 차이가 있다. 빅데이터가 기존보다 데이터의 범주나 규모는 대폭 확대되지만, 그에 비해 우리가 얻고자 하는 답은 복잡하거나 많지 않고 핵심적이다.

빅데이터의 특성에서 데이터의 규모도 중요하지만, 데이터의 구조화도 중요하다. 특히 데이터 구조화는 데이터 타입과 연관성이 있는데, 데이터의 구조화에 따라 데이터 처리와 분석에도 영향을 끼친다.

가장 잘 구조화되어 있는 것을 완전 구조화^{Structured}라고 했을 때 일반적으로 얘기하는 관계형 데이터베이스^{RDBMS}가 여기에 해당한다. 기본적으로 ACID$^{Atomic,\ Consistent,\ Isolated,\ Durable}$라고 해서 데이터의 원자성, 일관성, 고립성, 영속성에 관한 관리를 지원하고, 참조된 데이터의 무결성, 데이터 타입과 문법인 스키마를 통한 데이터가 관리 가능한 데이터베이스 체계를 말한다.

반-구조화$^{Semi\text{-}Structured\ data}$ 데이터는 데이터베이스보다는 데이터 저장소인 스토리지에 저장되는 데이터 파일이다. XML 문법-스키마를 가지는 XML 데이터 파일도 반-구조화 데이터라고 볼 수 있다.

웹 클릭 스트림 데이터와 같이 데이터값과 포맷이 다소 일관성 없이 발생하는 데이터를 준-구조화 데이터$^{Quasi\text{-}Structured\ data}$라고 한다.

비구조화^{Unstructed} 데이터는 일반적인 텍스트, 문자열 데이터를 말하며, 완전 비구조화 데이터는 이미지나 비디오 파일 같은 일반적인 멀티미디어 콘텐츠를 말한다.

이렇게 데이터의 구조화된 정도에 따라서 데이터 처리와 분석 방식이 달라지는데, 최근의 빅데이터는 비구조화된 데이터까지도 아우르는 데이터 분석을 의미한다. 빅데이터로 데이터 구조화에 관한 범위도 그만큼 확대되고 데이터 규모도 증가하였다.

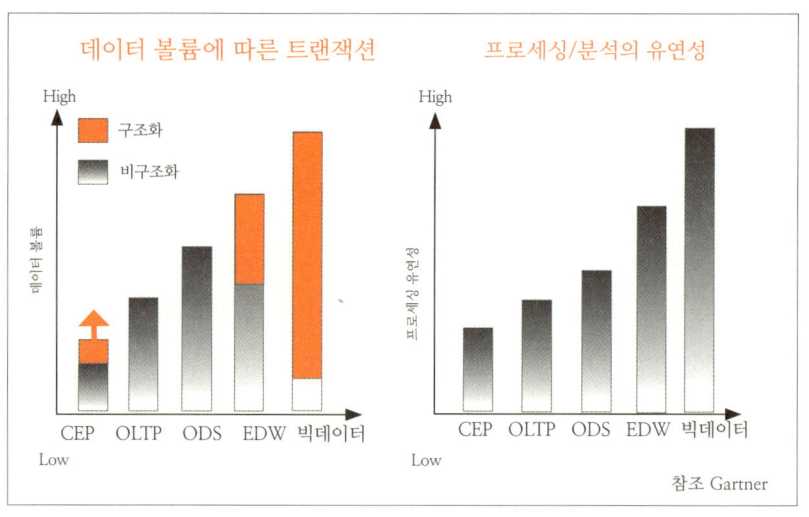

그림26 데이터 구조와 분석 프로세스의 유연성

데이터 구조화에 관한 범위가 확대되고 데이터 규모도 빅데이터로 가면서 점점 증가하는데, 빅데이터가 가지는 비구조화된 데이터에 관한 구조화가 그만큼 많기에 빅데이터 대부분의 처리 작업도 구조

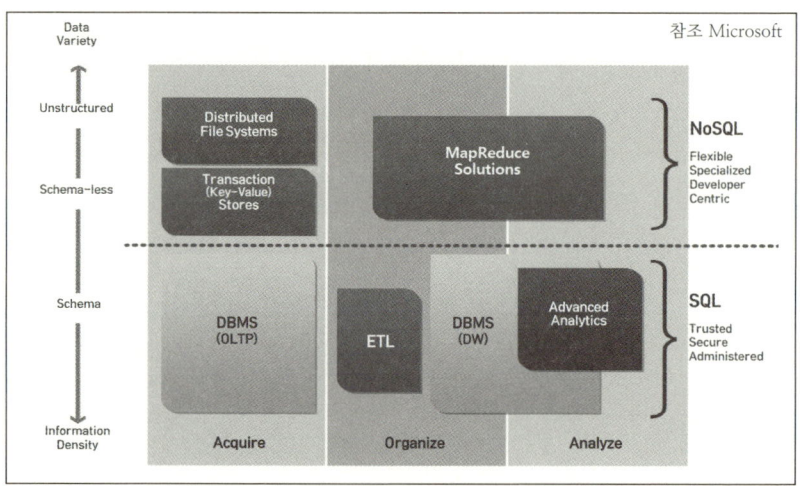

그림27 데이터 구조화 체계에 따른 기술 요소 분석

화 작업이라 할 수 있다. 상대적으로 기존의 CEP나 OLTP 등은 구조화되어 있는 데이터를 가공·처리하는 것이 많아, 구조화에 관한 처리 규모는 작다. 따라서 데이터 처리에 관한 유연성 부문에서도 빅데이터는 유연성 정도가 높다. 비구조화된 데이터를 구조화하기 위해서 그리고 다양한 형태의 데이터를 처리하기 위해서는 그만한 유연성이 요구된다. 데이터의 다양성과 데이터의 구조화에 따라 데이터를 수집하고, 체계화하여 분석하는 그 방법과 도구도 달라지는데, 그림과 같이 비구조화되고 체계화되지 않은 데이터는 NoSQL로 분산처리 파일 시스템^{Distributed File Systems}으로 데이터를 수집 후 축적하고, 맵리듀스^{MapReduce}로 효율적인 분산 데이터 처리 기술을 활용한다.

맵리듀스^{MapReduce}는 맵^{Map}과 리듀스^{Reduce}의 두 과정으로 되어 있다. 맵에서는 대규모 데이터를 여러 대의 컴퓨터에 분산해 병렬적으로

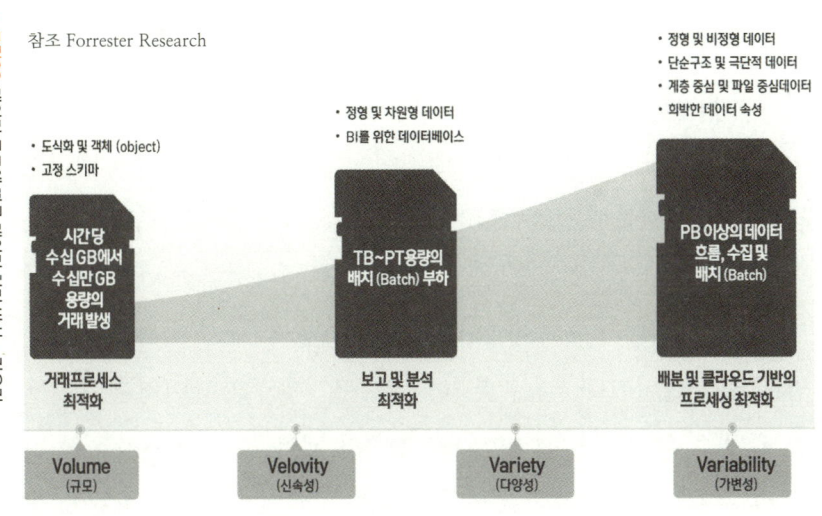

그림28 데이터 규모에 따른 데이터 처리 방식 - 정우진

처리해 새로운 데이터를 만들어 내고, 리듀스에서는 앞에서 생성된 중간 쓰루풋^{Throughput}을 결합해 최종적으로 원하는 쓰루풋을 생산한다. 리듀스 과정 역시 여러 대의 컴퓨터를 동시에 활용하는 분산처리 방식을 적용한다.

데이터가 구조화되어 있고 체계적으로 정형화되어 있는 경우 기존의 관계형 데이터베이스로 OLTP를 통해 저장·축적하고 데이터 추출을 통해 데이터 웨어하우스를 구축하여 더 향상된 분석을 활용할 수 있다. 이러한 방법은 기존의 전통적인 SQL$^{Structured\ Query\ Language}$ 방식이다.

빅데이터를 저장·축적하고 플랫폼을 구축하는 관점에서는 데이터 축적 사이즈가 중요하다. 데이터 사이즈가 수십 GB에서 수십만 GB 용량의 트랜잭션이 발생하는 경우, 그러면서 객체가 있고 구조화된 스키마가 있는 데이터는 기존의 관계형 데이터베이스를 활용하는 것이 바람직하다. 비구조화된 데이터도 같은 규모는 구조화에 관한 부분이 그렇게 크지 않다면, 분산처리 파일 시스템까지 가지 않더라도 소규모로 충분히 가능하다.

비교적 데이터가 구조화되어 있고 다차원으로 분류가 가능한 경우면서 몇 테라바이트^{TB}에서 몇 페타바이트^{PT} 용량의 데이터를 주기적인 배치$^{Batch\ Job}$ 형태로 작업한다면 데이터 웨어하우스를 구축하는 것이 바람직하다. 페타바이트 단위 이상의 데이터를 처리할 때는 정형이든 비정형이든 관계없이 시스템화할 때 데이터를 단순 구조 설계로 저장하는 아키텍처를 고민해야 한다. 이때 관계형의 계층 중심이면서 파일 중심으로 데이터를 설계해야 하며, 복잡하지 않은 단순한 데이터 속성 관리가 무엇보다 중요하다. 인프라는 분산형 파일 시스템과 클라우드 기반의 확장성이 요구된다.

빅데이터 플랫폼은 데이터의 규모, 사이즈에 따라 데이터의 속성, 데이터 처리 프로세싱 방식을 정하고, 저장, 축적, 분석하는 방안을 수립해야 한다. 무턱대고 분산파일처리 기반을 도입하는 것도 문제가 있으며, 비정형 데이터를 관계형 데이터베이스를 통해 분석해 내려고 안간힘을 쓰는 것도 큰 문제이다.

Insight 14 ▶ 빅데이터의 근원적 본질과 전략

구글이나 페이스북에서 볼 수 있듯이 빅데이터는 엄청난 규모의 데이터 서비스를 목적에 맞게 기존 데이터베이스 체계가 아닌 초저가 비용의 경제적이고도 효율적인 시스템과 플랫폼으로 만들면서 생겨난 트렌드가 패러다임이 된 것이다.

그래서 빅데이터 초기에는 구글과 페이스북, 트위터 외에도 빅데이터가 존재하는지에 관한 이슈가 있었다. 언제부터인가 소셜 네트워크와 유사한 서비스들은 빅데이터이고, 소셜 네트워크의 데이터를 분석하는 것이 마치 빅데이터의 전부인 것처럼 생각하던 때도 있었다. 모든 사례가 소셜 네트워크와 소셜 미디어와 관련이 있었기 때문이다.

그러나 지금의 빅데이터는 데이터의 수집·관리·처리 등 일반적인 소프트웨어가 처리할 수 있는 영역을 벗어난 규모의 데이터 세트를 의미한다. 기업 내에서 데이터로 관리하지 않았던 데이터들을 각종 센서와 네트워크로 점차 데이터화하고, 역시 기존에 관리하지 않았던 시스템들의 로그 데이터^{Logging}와 일시적 데이터^{Temporary}들을 들여다보기 시작했다. 사물통신^{Machin to Machine}이라고 해서 시스템과 시스템이 통신하게 되고, 모든 사물이 센서와 네트워크를 통해 반응한다는 개념으로 사물 인터넷이라는 IoT^{Internet of Things}도 대두되었다.

이에 따라 일반적인 제조 업종의 회사 중에서 혁신적인 IT를 무기로 상품에 서비스 가치가 더해진 새로운 모델을 준비하고 있는 기업들이 늘고 있다. 이러한 것을 제조 3.0^{Manufacturing 3.0} 또는 산업 지능화^{Industrial Intelligence}라고 하는데, 이 분야 글로벌 선진 기업들이 실리콘 밸

그림29 패턴 기반의 빅데이터 전략

참조 Gartner

리에 너도나도 투자를 하고 있다.

결국, 빅데이터는 산업계에서 아직도 데이터로 만들어지지 않은 아날로그를 디지털화하는 것과, 데이터로 존재했지만 관리나 분석조차 하지 않았던 비활성화 데이터, 즉 다크 데이터^{Dark data}를 분석하고, 이 데이터를 통해 새로운 비즈니스 인사이트를 찾는 것이다. 이렇게 데이터를 더 적극적이고 능동적으로 비즈니스에 이용하기 위해서는 데이터 저장과 축적, 그리고 분석에 관한 패턴화된 알고리즘과 그에 따른 비즈니스 로직과 같은 전략이 필요하다. 앞으로의 빅데이터는 더 이상 기술과 솔루션이 아니라 알고리즘 전쟁^{Algorithm's War}이라는 얘기까지 나오고 있다. 이러한 패턴화 기반의 알고리즘은 상황 인식 컴퓨팅^{Context Aware Computing}과 결합하여 데이터 분석 기반으로 예측하고, 예측된 결과를 실제에 활용하는 프로세싱이 일어나게 되는데, 바로 이것이 미래 인공지능 시스템의 가장 기본이다.

Insight 15 ▶ 빅데이터의 오해와 진실

최근에 빅데이터에 대해 언급되고 있는 기술이나 솔루션들은 전혀 새로운 것들이 아니다. 그럼에도 IT 솔루션 벤더들이 새로운 솔루션과 기술인 것처럼 포장하는데, 사실 기존 기술과 솔루션의 재구성에 지나지 않는다. 또한, 글로벌 웹서비스들이 각광을 받으면서 그동안 드러나거나 관심받지 못했던 기술들이 주목받게 되었고 전혀 생각하지도 않았던 서비스들이 이제 등장하게 되면서, 이러한 기술과 솔루션들이 다양하게 확장되고 있다.

IT 기술적인 문제와 소프트웨어의 문제는 한 번에 해결할 수 없다. 기존의 기술과 결합하면서 최적의 해결 방안이 나오는 것이다. 기존 기술의 재구성과 함께 빅데이터는 데이터 프로세싱에 관한 컴퓨팅

Big Data is about composing technology.
Big Data는 기존 기술의 재구성으로…
소프트웨어 문제는 한 방에 해결할 수 없다 ("No silver bullet")
- 대다수의 기술은 실제에 기반한다

Push the computation to the data.
데이터 처리를 위한 컴퓨팅 파워 집중이 요구되므로,
물리학을 벗어나는 기술은 없다
- 집약성이 최우선!

Look for the Pillars of Cloud.
클라우드 컴퓨팅 기술의 일부를 활용하게 된다.
분산된 데이터 및 사용자, 탄성력 있는 규모 (Elastic Scale),
아키텍처 확장 (Scale-out)

그림30 빅데이터의 진실 - 장우진

부문의 혁신이 발 빠르게 진행되고 있다. 검색을 빠르게 하기 위한 인덱스 메모리에서 시작된 인메모리 데이터베이스와 고성능 분산 병렬 확장 파일 시스템 기반의 스토리지까지 다양해지고 있다.

데이터를 빠르게 저장·축적하고, 이러한 데이터를 쉽고 편리하게 분석하려면 집약적인 컴퓨팅 파워가 요구되는 것이 당연하다.

그래서 클라우드 컴퓨팅 제공 사업자들이 빅데이터를 서비스형 인프라인 IaaS 기반으로 플랫폼화하여 제공하고 있다. 아마존은 S3$^{Simple\ Storage\ Service}$와 함께 하둡^{Hadoop} 서비스를 제공하고 있고, 마이크로소프트도 자사의 클라우드 서비스인 애저^{Azure}에 하둡을 함께 서비스로 제공하고 있다. 빅데이터와 클라우드 컴퓨팅의 결합은 어떻게 보면 당연한 것이다.

빅데이터 플랫폼과 인프라를 구축하기 위해서는 규모에 따라 차이는 있겠지만, 엄청난 비용이 들어갈 수 있다. 따라서 저비용으로 시작하고, 쓴 만큼 과금하는 클라우드 컴퓨팅은 빅데이터의 매력적인 인프라이자 플랫폼이다.

Insight 16 빅데이터에 관한 일반적 인식

최근 빅데이터를 검토하거나 준비하고 있는 일반 기업들의 빅데이터 원천 소스 데이터에 관한 인식은 기존의 빅데이터 제공 업체와는 좀 다르다.

에버딘 그룹에서 2012년 4월 조사한 결과 리포트를 참조하면, 기존 빅데이터 업체들은 웹 서비스와 미디어 서비스, 소셜 네트워크 서비스 등 개인이 생산하고 발생하는 데이터에 관한 개인화와 지능화에 초점을 두고 있다. 반면에 일반 기업들은 93%가 트랜잭션 데이터와 구조화된 데이터를 빅데이터 프로세싱하려고 생각하고 있다.

그만큼 여태껏 데이터 관리 범주 내에 있지 않았거나 혹은 데이터베이스화되어 있지 않으면서 아직까지도 분석하지 않은 데이터가 많다는 것이다. 이런 데이터를 다크 데이터^{Dark data}라고 부른다. 등잔 밑이 어둡다는 말처럼 빅데이터는 멀리 있는 것이 아니다.

다음으로는 소셜 미디어 데이터가 85%를 차지했다. 소셜 미디어를 빅데이터로 보는 것은 크게 두 가지 이유이다. 첫째는 기업에서 하고자 하는 서비스가 소셜 미디어인 경우이다. 실제로 소셜 미디어 서비스를 제공하기 때문에 빅데이터 규모의 스토리지와 빠른 애플리케이션 플랫폼이 필요한 경우이다. 둘째는 현존하는 소셜 미디어 데이터를 분석하는 것이다. 소셜 미디어상에서 기업의 브랜드와 상품에 관한 평판을 실시간으로 분석하고, 바로 반응하기 위해서이다. 당분

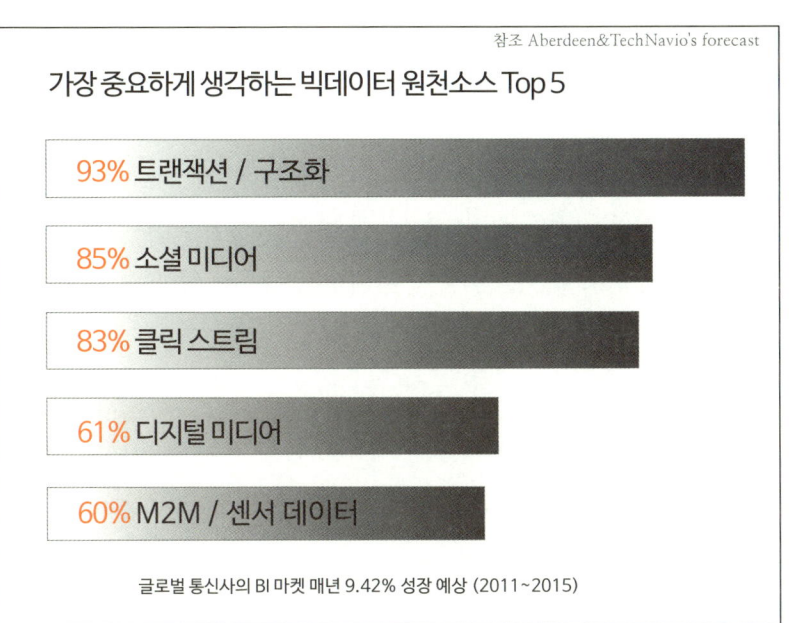

그림31 빅데이터의 원천 소스와 글로벌 통신사의 BI 시장

간 마케팅 부서에서 소셜 데이터를 통한 고객 분석과 실시간 대응하는 빅데이터 서비스가 활성화될 것으로 보고 있다.

다음으로는 클릭 스트림이다. 웹서비스 상에서 고객의 모든 행동과 반응을 저장, 분석하여 사전에 미리 추천하거나 맞춤형으로 서비스하는 것을 말한다. 디지털 미디어는 미디어 자체에 관한 빅데이터화가 한창 진행 중이다. 무엇보다 기존 아날로그 미디어가 디지털로 전환되면서 데이터화되지 않았던 콘텐츠들이 데이터화되고 있다. 특히 음원과 영상, 최근 전자책의 이미지까지 디지털 변환이 가속되고 있고 여기에 디지털 파일을 더욱 빠르게 검색할 수 있도록 콘텐츠 안의 내용까지도 컨텍스트화되어 데이터 분석이 가능하다.

Insight 17 기업들은 어떻게 하고 있나

2008년 글로벌 금융 위기 당시 많은 기업이 위험에 노출되어 있었음에도 그 문제를 인지하고 파악하는 데 많은 시간이 걸렸다. 특히 잠재적 위험과 앞으로 다가올 위험에 대해서는 아무도 알 수 없었다. 기업이 파산하기 직전 부랴부랴 위험을 분석하고 대응 방안을 논의하게 되고 그때야 무엇이 잘못된 줄 알았다.

이러한 문제가 발생한 가장 큰 이유는 제도와 정책의 문제도 있겠지만, 무엇보다 기업 내부에 경영 관리와 관련한 방대한 데이터가 있음에도 불구하고 체계적으로 분석해 다가올 위험을 예측할 빅데이터 분석이 갖춰져 있지 않아서이다. 혹은 갖추어져 있더라도 제대로 작동을 하지 않거나 장시간의 분석과 시뮬레이션이 필요한 경우가 많아서이다.

그래서 기업들은 글로벌 금융위기 이후 잠재적 위험을 파악하고 경쟁 우위를 확보하면서 혁신하기 위해 데이터 중심의 세밀한 경영인 마이크로 매니지먼트$^{Micro-management}$로 변화하고 있다. 기존의 경영 지표인 스코어카드^{Scorecard}는 조직의 맨 밑단과 관리의 최하부까지 내려가 분석하게 되었다.

데이터 중심 경영으로 전환하면 새로운 데이터 분석과 통찰력을 키울 수 있게 된다. 그렇게 하면 근본적으로 기업의 데이터 분석 역량

그림32 기업의 빅데이터 동향, 참조: Microsoft

경쟁 우위를 확보하고 혁신하기 위해 기업은 점점 더 데이터 중심으로 간다.
To gain competitive advantage and innovate, enterprises must become more and more data-driven.

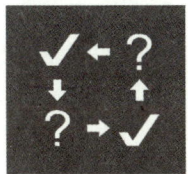
많은 기업들이 고급 분석을 사용해 예측과 규정 모델을 만들어 중요한 기회의 실현을 시작하고 있다.
More businesses start realizing significant opportunities to use advanced analytics to create predictive and prescriptive models.

그러나 구조화되거나 구조화되지 않은 데이터에서 신속하게 통찰력을 얻는 것은 쉽지않다.
Yet large bodies of structured and unstructured data make it difficult to quickly generate insights.

을 통한 새로운 비즈니스 모델을 만들고 새로운 가치를 발견하여 새로운 비즈니스 기회를 창출할 기회를 더 많이 만들고 실현할 수 있다. 문제는 결국 기업에서 구조화하여 분석할 수 있는지 구조화하지 못해서 분석할 수 없는지가 중요한 것이 아니라 그 데이터에서 어떠한 인사이트를 얻을 것인지가 핵심이다.

111

Insight 18 ▶ 통계로 보는 빅데이터

a. 기대효과

빅데이터 활용 시 예상하는 기대효과를 묻는 통계에서 61%의 기업이 비즈니스 프로세스상에서 발생하는 비용을 절감하는 것이라고 답하였다. 비즈니스 프로세스상에서 의사결정을 해야 하거나, 결과를 예측하여 잠재적 위험을 분석하는 것은 비즈니스 프로세스에서 가장 많은 비용이 들어가는 부분이다. 기업들은 빅데이터가 이런 프로세스상의 다양한 비즈니스 의사결정을 더 빠르고 쉽게 그리고 정확하게 해줌으로써 투입되는 비용을 절감할 수 있을 것이라 기대한다.

다음으로 기대되는 효과로 57%가 저장하고 축적하는 데이터베이스의 관리 효율화로 IT에 들어가는 비용을 절감하는 것을 들었다. 빅

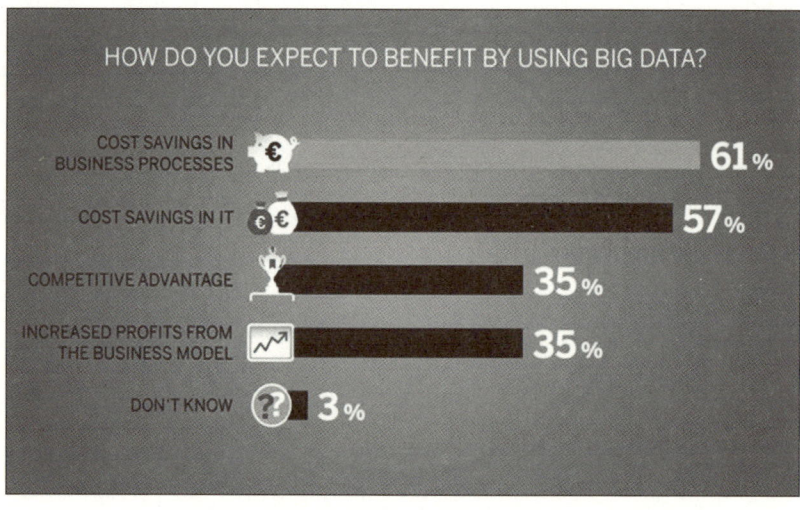

그림33 빅데이터 기대효과, 참조 SAP blog

데이터의 태생에서도 볼 수 있듯이 빅데이터는 데이터 저장부터 프로세싱, 분석에 이르기까지 데이터 관리와 운영을 더 생산적이고 효율적으로 개선하며, 무엇보다 경제적인 인프라 기반의 비용을 최적화하는 것이 목표이기 때문이다.

또한, 경쟁 우위에 있기 위해 빅데이터를 활용한다는 의견이 있었다. 최근에는 경쟁사뿐 아니라 잠재 고객도 분석한다. 다양한 고객과 시장 정보, 상권 분석, 소셜 미디어를 통한 고객 반응을 분석해서 경쟁 우위의 새로운 인사이트를 찾으려고 도입하는 경우가 많다.

그리고 비즈니스 모델에서 순익을 증대하기 위해 분석하는 경우이다. 현재는 빅데이터가 비즈니스와 IT 상에서 발생하는 비용을 절감하는 것이 우선시되고 있지만, 앞으로는 비즈니스 이익과 지속적 성장과 경쟁 우위를 유지하기 위해서 없어서는 안 될 핵심 서비스가 될 것이다.

b. 활용 방안

빅데이터를 활용하는 기업들에 빅데이터 솔루션을 어떤 애플리케이션 시나리오에 적용하는지 물었더니, 44%가 위험 관리를 개선하기 위해서라고 답했다. 글로벌 금융 위기 이후 위험 관리가 사후 대응이 아니라 사전 분석을 통해 미리 준비하는 시스템으로 바뀌었다. 특히 글로벌 기업의 잠재적 위험을 분석하기 위해서는 다양한 분야의 다양한 데이터와 통계가 필요한데, 요즘 들어 아주 미미한 영향이 큰 화

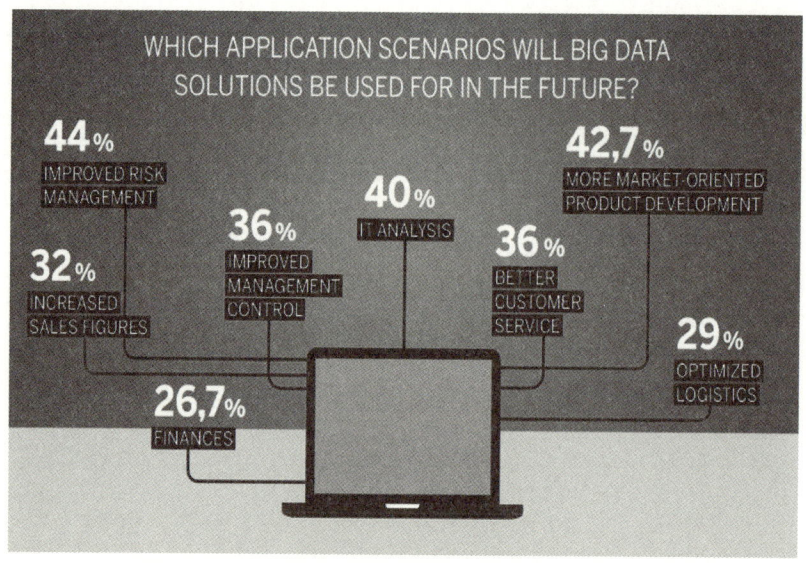

그림34 빅데이터 활용 방안 통계 - 참조 SAP blog

를 자초하는 경우가 많기에 위험 관리에 있어서 빅데이터의 영향력이 점점 더 늘어날 것으로 예측된다.

다음으로는 42.7%가 시장 중심의 상품 개발을 들었다. 예전에는 상품을 기업과 제조 중심으로 개발하고 기획했지만, 최근에는 기업이 고객에게 더 다가서는 전략을 통해 고객과 시장 트렌드에 맞게 제품을 개발하려고 노력하고 있다. 특히나 프로슈머^{Prosumer} 같은 일반 소비자 이상의 상품 전문가들의 입김이 세지면서 소비자 반응 분석을 위해 소셜 네트워크의 데이터를 분석하는 것이 일반화되고 있다.

다음으로 40%가 IT 분석이라고 답했다. 기존 IT 시스템에서 발생하는 빅데이터를 분석하여 IT 효율화를 꾀하려는 것이다.

36%는 고객 서비스 향상과 관리 효율 향상을 위한 시나리오에 빅데이터를 적용한다고 하였다. 고객 서비스 향상을 위해 사전에 고객 취향과 기호를 분석해서 사전 추천 서비스를 제공하는 것이 대표적이다. 그 밖에 영업 실적 향상과 물류 최적화 시나리오 적용 등이 있다.

c. 주요 동인

데이터가 글로벌하게 성장하는 주요 동인을 묻는 통계에서 59%가 인터넷의 모바일 활용을 들었다. 최근 스마트폰을 통해 다양한 앱 서비스가 증가하고 있으며, 글로벌 서비스이다 보니 데이터가 폭증하는 것이 사실이다. 모바일 검색과 개인화된 모바일 광고 등으로 발생하는 빅데이터는 분석이 필수이다.

53%는 클라우드 컴퓨팅이다. 저렴한 스토리지와 고성능의 분산 병

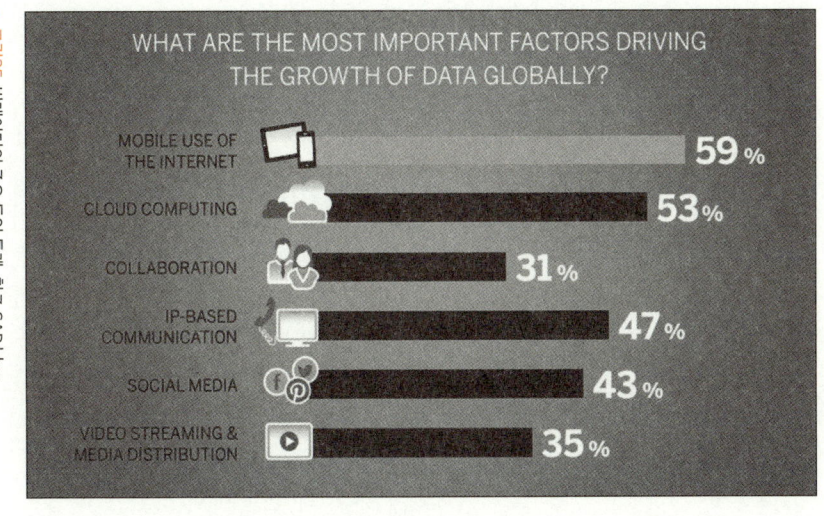

그림35 빅데이터의 주요 동인 통계. 참조 SAP blog

렬 처리가 가능한 데이터 플랫폼이 빅데이터의 성장과 발전을 가속화하고 있다고 답했다.

47%의 응답자가 IP기반의 커뮤니케이션으로 전통적 전화 방식의 커뮤니케이션에서 인터넷 기반의 커뮤니케이션으로의 전환을 꼽았다. 기존 아날로그 방식의 커뮤니케이션을 디지털화함으로써 새로운 커뮤니케이션 데이터가 기하급수적으로 늘어나게 되었다. 그 밖에 소셜 미디어가 43%를 차지했다. 소셜 미디어는 새로운 광고와 마케팅 도구로서 자리 잡았을 뿐 아니라 많은 사람이 참여하고 반응하여 소비자들의 반응을 실시간 관찰할 수 있는 채널이다.

모바일 인터넷 보급과 함께 미디어의 유통 방식이 바뀌고 있는 것도 하나의 큰 변화이다. 지금까지 대부분의 클라이언트 디바이스는 다운로드 후 플레이, 또는 다운로드와 함께 플레이되는 방식을 채택하였다. 그러나 클라우드 컴퓨팅이 확대되면서 다운로드하지 않고 바로 플레이하고, 플레이된 상태에서 다양한 디바이스에 이어 플레이를 할 수 있도록 전환되었다. 이러한 변화는 미디어 스트리밍 방식의 전환을 가져다주게 되었고, 미디어 유통에서 방식의 변화뿐 아니라, 미디어 유통상에서 대량의 데이터가 발생하는 계기가 되었다. 미디어를 통한 광고와 미디어 활용 분석 등이 다양해지고 있다.

d. 빅데이터에 관한 인식

IT 담당자들뿐 아니라 일반적으로 빅데이터에 관한 관심이 있는 사

그림36 빅데이터에 대한 인식과 표현 통계, 참조 SAP blog

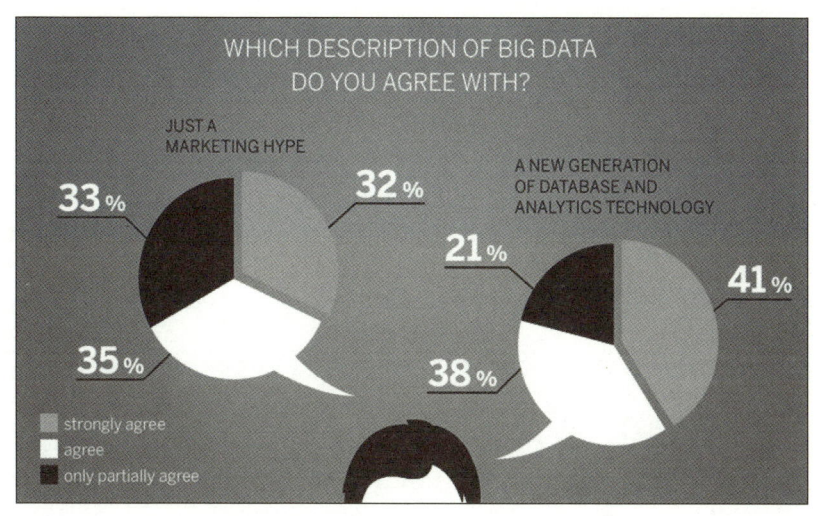

람들, 그리고 실제 빅데이터를 준비하는 사람들이 빅데이터를 어떻게 생각하는지 조사한 결과, 「마케팅 광고다」라는 인식이 65% 정도가 나왔으며, 32%는 「확고하게 마케팅 광고」라고 인식하고 있었다. 마케팅 광고라고 생각하는 이유는 무엇일까? 그것은 현재 빅데이터를 홍보하고 마케팅하고 있는 벤더들에게 답이 있다. 현재 대부분의 벤더들은 빅데이터의 본질이나 빅데이터의 트렌드를 얘기하기 보다, 자사의 솔루션이 빅데이터를 처리할 수 있고 자신들이 제공하는 서비스가 빅데이터 솔루션이라는 것에 열을 올리기에 바쁘다. 그런데 정작 빅데이터를 도입하는 고객은 빅데이터가 어떤 데이터인지, 빅데이터는 어떻게 활용해야 하는지, 빅데이터는 왜 해야 하는지 본질적으로 고민한다.

「빅데이터는 새로운 데이터베이스와 분석 기술이다」라는 의견에 대해서는 79%가 동의를 하고 있다. 이 중 41%는 완전히 동의하는 수준이다. 이런 결과는 빅데이터의 태생적 특성과 본질적인 부분을 명확히 이해하고 인지하고 있다는 것이다. 두 가지에 관한 인식 조사는 상당히 상반된 질문이지만 그만큼 빅데이터에 관해, 사람들이 진정성을 찾기 시작했다고 볼 수 있다.

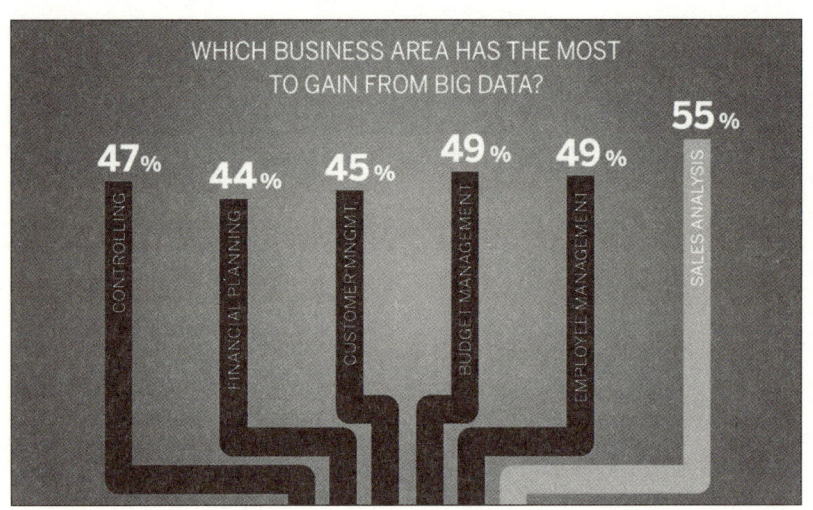

그림37 빅데이터로 얻을 수 있는 것은? 참조 SAP blog

e. 기업 적용 분야

기업 경영의 어느 부분에서 빅데이터가 가장 큰 효과와 이익을 누릴 수 있을까? 기업은 역시 고객부터 마케팅에 이르기까지 실제 영업의 순익을 분석하는 데 있어 빅데이터에 가장 많은 기대를 하고 있다. 영업에 관한 분석 중 대표적인 것이 온라인상에서 고객의 행동 분석을 통해 상품을 추천하는 고객 추천 엔진부터 잠재 고객과 수요 분석, 그리고 경쟁사 분석이나 상권 분석 등 그 분야도 다양하다. 예산 관리와 직원에 관한 관리도 빅데이터의 영역이다. 예산은 최근 들어 경영 계획과 함께 예산이 실제로 어떻게 집행이 되고 그것을 통해 어떻게 반영이 되었는지를 분석하는 것이다. 대표적인 예가 마케팅 예산에 관한 투자 대비 효과를 분석하는 것이다. 그 밖에 기업 운영과 관리, 고객 관리, 회계 계획을 빅데이터로 분석할 수 있다. 그만큼 기업 경영에서도 빅데이터의 활용 분야는 많고, 데이터 분석을 통한 데이터 경영은 점점 더 확대될 것으로 예상한다.

f. 예상되는 문제와 이슈

IT 전문가들에게 빅데이터로부터 예상되는 결과에 관한 설문을 시행했다. 가장 많은 답은 또 하나의 빅데이터 시스템을 구축하기 위해 비용이 늘어날 것이라는 의견이었다. 50%나 될 정도로 높았다. 정말 빅

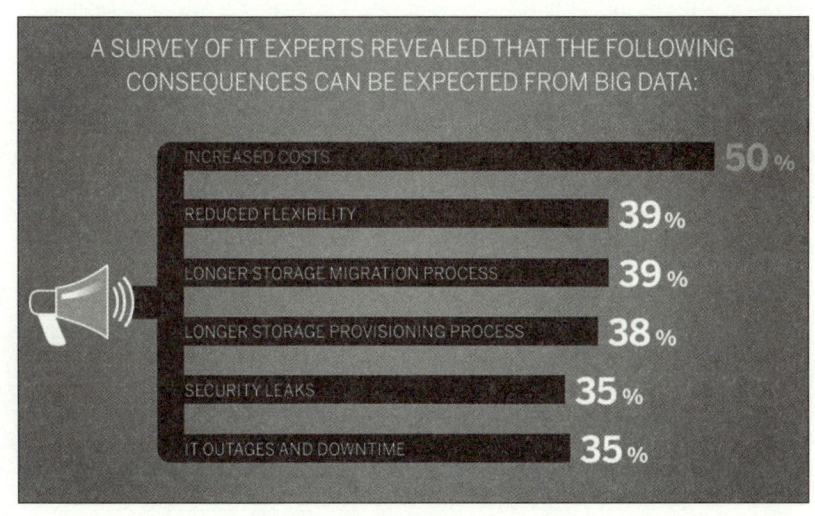

그림38 빅데이터의 경제적 이슈와 예상되는 결과 통계 참조 SAP blog

데이터는 무엇이고, 어떨 때에 적용하여 시스템을 구축하고 솔루션을 도입하는 것이 바람직한지 한 번 더 고민해야 한다는 의미이다. 빅데이터의 문제점으로 지적되고 있는 것은 유연성과 확장성이 빅데이터로 더 떨어지는 것이 아니냐는 의견이다.

데이터 축적과 분석, 데이터 활용에 이르기까지 데이터 처리에 들어가는 프로세스는 점점 더 길어질 것으로 보는 예상이 39%나 된다. 또한, 데이터 이관과 데이터 프로비저닝에 관한 프로세스도 복잡하고 길어질 것으로 보는 예상도 많다.

이외에, 빅데이터는 모든 데이터의 허브와 같은 역할을 해서 장애나 서비스 중단 등 서비스 운영에 관한 위험도가 높아질 것이라는 의견도 있다. 개인정보뿐 아니라 회사 경영에 심각한 영향을 끼칠 수 있

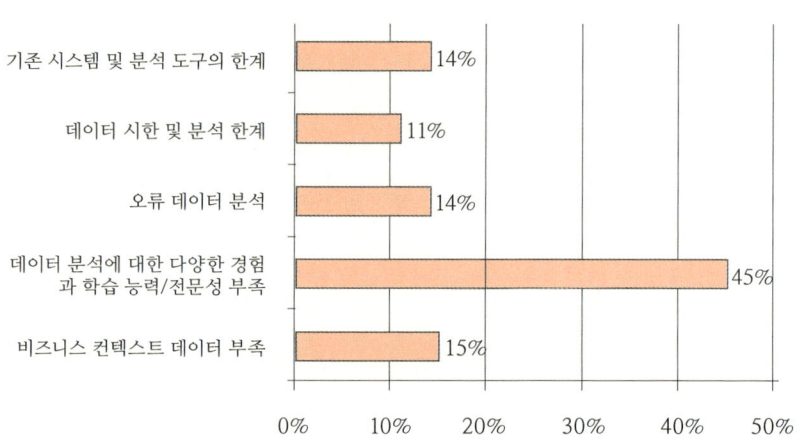

그림39 실패와 원인 분석 통계. 참조 GigaOM Pro

는 데이터도 한곳으로 모이기 때문에 보안에 관한 위험과 위협도 증가할 것이라는 우려이다.

g. 실패 원인과 이유

최근 빅데이터 프로젝트를 수행했던 전문가들에게 빅데이터 분석과 시스템 구축의 실패 원인이나 장벽이 무엇인지에 대해 물어보았다. 45%의 압도적인 답변 내용이 데이터 분석에 관한 다양한 경험과 학습 능력과 전문성의 부족을 들었다. 즉, 빅데이터가 더 이상 솔루션과 시스템 문제나 기술 문제가 아니라 어떤 데이터를 어떻게 분석해서 데이터에 관한 분석 결과를 어디에 활용할 것인지가 관건이라는 이야기이다. 앞으로 성공적으로 빅데이터 프로젝트를 수행하기 위해서는 빅데이터를 다양한 관점에서 분석하고 분석된 데이터의 패턴을 바탕으로 다양한 비즈니스에 활용하는 능력이 필요하다. 이런 능력을 보유하고 있는 사람이 바로 데이터 과학자이다.

그 밖의 답변으로 비즈니스 컨텍스트 데이터 부족으로 인한 분석과 활용의 제한을 들 수 있으며, 오류 데이터 분석, 기존 시스템과 분석 도구가 가지는 한계와 데이터의 시한과 분석의 한계를 들 수 있다. 빅데이터 프로젝트의 성공을 단순히 솔루션과 인프라 기술적 측면에서만 접근하지 말아야 한다. 이제는 데이터에 관한 본질적인 연구와 다양한 시도와 실험이 요구된다.

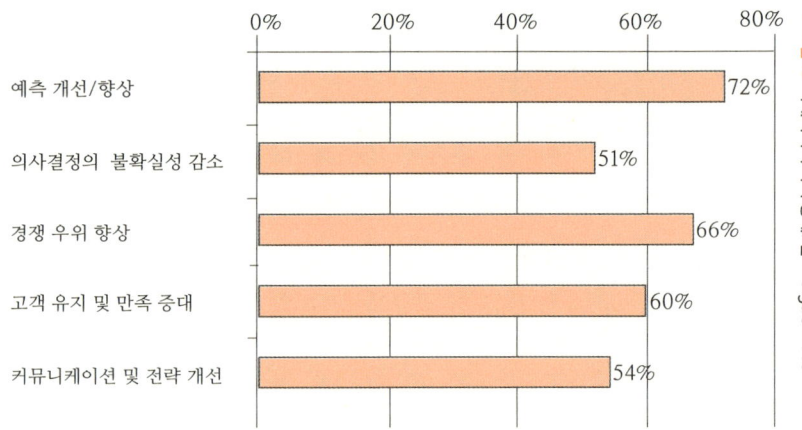

h. 데이터의 가치는?

데이터가 가지고 있는 가치는 매우 다양하다. 빅데이터를 통해 사람들이 기대하고 있는 데이터의 가치 또한 다양할 수밖에 없다. 빅데이터의 핵심 가치는 지난 데이터의 분석과 앞으로의 상황을 데이터를 통해 시뮬레이션하여 다가올 상황을 예측하여 방지하거나 개선 및 향상하는 데에 있다. 또한, 의사결정 상에서 불확실한 부분에 대해 구체적인 데이터를 기반으로 신뢰성 있는 의사결정을 할 수 있도록 한다.

또한, 고객 중심 경영에서 빅데이터가 빠질 수 없다. 최근 소셜 네트워크에서 고객의 목소리와 반응이 중요해지고, 고객이 점점 더 영리한 전문가가 되기 시작하면서 고객의 데이터를 무시할 수 없기 때문이다. 그래서, 데이터 분석을 기반으로 기업의 핵심 역량을 쌓아 간다면 앞으로 다른 기업과의 경쟁에서 우위에 설 수 있을 것이다.

Insight 19 ▶ 빅데이터는 어떻게 분류하는가

인터넷의 데이터는 전자상거래에서 발생하는 소비자의 구매 데이터, 구글과 빙, 네이버 등의 검색 사이트에서 발생하는 검색 데이터, 소셜 네트워크에서 발생하는 다양한 데이터, 그리고 개인과 그룹이 가지는 관심성 데이터, 그 밖에 위치 데이터와 콘텐츠 데이터, 와일드카드 데이터 등으로 분류할 수 있다.

구매 데이터 : 이 데이터는 본질적으로 무엇을 산 사람에 관한 정보이다. 구매하지 않았더라도 구매 단계에서 벌어지는 다양한 소비자 구매 행동도 로그로 남기 때문에, 장바구니와 같은 쇼핑카트 등도 해당한다.

검색 데이터 : 검색 질의의 키워드를 기반으로 한 쿼리 데이터와 검색하고자 하는 의도의 원본 데이터베이스이다. 검색 과정에서 원하는 여러 데이터를 찾고 확인하는 행위 등이 이에 해당한다.

소셜 데이터 : 소셜 기반의 관계 형성 그래프뿐만 아니라, 개개인의 신원 데이터이다. 또한, 사람들이 관계 안에서 상호 작용하는 방식과 모든 행동을 의미한다. 최근에는 이런 데이터가 액티비티 피드^{Activity Feeds} 형태로 저장되고 공유되고 있다.

관심 데이터 : 이것은 일반적으로 사용자와 그룹이 특정 데이터나 콘텐츠에 보이는 관심의 표시라고 할 수 있다. 관심 데이터는 콘텐츠와 관련된 사람들이 어떻다고 선언하는 관심을 표현하는 것이고, 이를 통해 다른 사람과 공유

하는 정보와 기회를 제공한다.

위치 데이터 : 사람과 특정 장소에 관한 위치 데이터뿐만 아니라, 얼마나 자주 그 위치에 방문했는지에 관한 데이터와 기타 연관 데이터이다. 위치 기반의 상호 연계와 다양한 서비스들이 제공될 수 있는 기반 데이터다. POI^{Point of Interest} 정보는 관심 데이터와 위치 데이터의 두 가지 속성을 모두 가진다.

콘텐츠 데이터 : 콘텐츠 데이터는 일반적인 텍스트에서 최근에는 동영상 이미지 등과 같은 멀티미디어, 전자책, 게임 등과 같이 계속해서 진화하고 있다. 콘텐츠 사업자가 제공하는 콘텐츠와 관련된 다양한 데이터가 이에 해당한다.

와일드 카드 데이터 : 데이터로 분류되지 않는 데이터로서 큰 영향을 미치는 데이터를 의미한다. 예를 들어 마이크로소프트는 응용프로그램이나 OS와 소비자가 상호작용하는 방식을 알고 있다. 운영 체제 업데이트나 어떤 문제가 발생할 때, 전송하여 로그를 분석하고 데이터를 통해 문제를 해결한다. 글로벌 언어 서비스를 하는 구글이 웹을 통해 데이터를 집계하고 분석하여 더 정확한 번역 서비스를 하기 위해 노력하는 것과 같다.

다음 표는 아마존, 애플, 이베이 등 최근 인터넷과 모바일 등에서 이러한 데이터의 점유율과 확보 측면으로 순위를 매긴 것이다. 페이스북과 구글, 마이크로소프트 등이 Top 3에 속한다.

Company	Purchase	Search	Social	Interest	Location	Content	Wldcrd***	Uus#	Engmt	Score
Amazon	75	5	0	15	0	5	8	125	5	70625
Apple	40	5	5	10	35	5	8	191	8	177248
eBay	75	5	5	10	0	5	6	135	6	90720
Facebook	5	10	60	15	10	0	7	590	10	690300
Google	5	45	10	10	20	10	9	972	6	670680
Microsoft	15	35	5	15	15	15	8	725	7	583625
Twitter	0	10	10	55	10	15	5	253	6	168498
Yahoo	0	30	5	30	5	30	5	484	4	211024
Payment*	70	0	10	10	10	0	7	972	3	320760
Carriers**	40	10	5	15	25	5	9	972	3	326592

그림41 글로벌 빅데이터 보유 현황, 참조 Microsoft

데이터의 다양한 확장 모델

기본적으로 데이터의 타입과 종류가 구조화된 데이터와 비구조화된 데이터, 또는 정형, 비정형 데이터로 구분된다. 빅데이터로 데이터가 확대되는 과정은 데이터가 모여서 군집을 이루는 유형에 따라 다양하게 나눌 수 있다.

첫째 링크 데이터$^{Linked\ Data}$는 소위 우리가 얘기하는 데이터 간의 연결^{Mapping}을 의미하며, 웹서비스에서 서비스간의 매쉬업$^{Mash-up}$으로 화학적인 연결이 일어나듯이 데이터 간의 연계와 연결을 통해 새로운 데이터가 만들어지는 것을 의미한다. 데이터 간의 조합으로 다양한 계층 레이어^{Layer}가 데이터들을 종속시켜 의미 있는 데이터가 생성된다. 가장 대표적인 것으로 지도 위의 좌표 데이터와 좌표 데이터에 매핑되는 다양한 컨텍스트 정보를 들 수 있다. 그리고 데이터 간의 합과 차로 발생하는 결과 데이터값의 연계 등이다.

둘째, 최근 빅데이터로서 주목받고 있는 소셜 데이터^{Social Data}이다. 소셜 네트워크의 핵심은 단순한 기능과 메뉴로 간결한 커뮤니케이션을 할 수 있도록 해주는 것이다. 이러한 서비스는 글로벌하게 대량의 데이터를 만들어 내는데, 대부분이 텍스트이고 최근에는 동영상과 이미지, 링크 정보까지 공유하게 되면서 데이터가 점점 더 증가하고 있다. 소셜 네트워크에서의 공유와 연계는 데이터를 단순히 생성하는 것이 아니라 SNS상에서 유통되어 소비될 수 있도록 한다. 빅데이터로서 가장 많은 프로젝트를 진행하는 소셜 데이터 중 대표적인 것이 소셜 평판 분석이다. 기업이 소셜 네트워크로 캠페인과 프로모션을 하게 되면서 소셜 데이터를 분석하게 되었는데, 단지 자사의 브랜드에 관한 평판을 분석에 그치는 것이 아니라 경쟁사와 트렌드까지 분석하게 되었다. 또한, 기업뿐 아니라 각국의 정부가 테러와 범죄 예방 등을 위해 글로벌하게 소셜 네트워크를 모니터링하고 관리하고 있어서 이와 관련된 모델과 서비스가 늘어나는 추세이다.

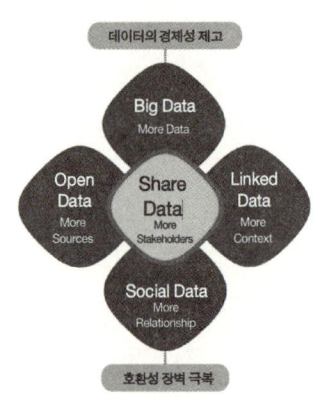

그림42 데이터의 확장 모델 by정우진 참조 Gartner

셋째는 글로벌하게 정부 및 각 사회단체에서 진행하고 있는 오픈 데이터$^{Open\ Data}$이다. 오픈 데이터 프로젝트는 정부 보유 데이터 중 시민을 위한 데이터 즉 공공 데이터를 오픈하는 것이다. 스마트폰의 보급률이 높아지면서 앱 서비스가 늘고 그러면서 시민을 위한 앱들이 늘어나고 여기에 또 정부가 공공 데이터를 오픈하면서, 분석 서비스를 제공하는 파트너와 스마트폰 앱 등을 개발하는 소호$^{Soho\ :\ Small\ Office\ Home\ Office}$ 개발자 및 중소 개발사들이 하나의 생태계를 이루게 되었다. 또한, 이런 프로젝트는 공공 데이터뿐 아니라 정부에서 잠자고 있는 데이터를 개방해 활성화함으로써 다양한 분석을 통해 통찰력을 얻을 수 있는 계기를 마련해 주었다. 대표적인 예로 미국 인구 조사국이 인구 데이터, 취업률, 교육 등 다양한 분야의 데이터를 오픈하여 기업과 사회 단체들이 활용할 수 있게 한 것을 들 수 있다.

넷째는 공유 데이터$^{Shared\ Data}$이다. 공유 데이터는 데이터의 위치 변화와 데이터의 이동이 없는 상황에서 데이터 간의 공유로 발생하는 데이터를 의미한다. 공유 데이터는 빅데이터와 링크 데이터, 오픈 데이터 등을 상호 공유하는 환경을 만드는 것을 의미한다. 공유 데이터의 핵심은 데이터의 중복성을 제거하고 공유된 데이터의 진본과 이력 등을 관리할 수 있는 체계이다. 데이터 공유를 위한 플랫폼은 오픈API 기반으로 하며, 데이터의 출입과 읽기, 쓰기, 수정 등을 관리한다.

마지막으로 일반적인 빅데이터이다. 스마트폰의 보급이 늘어나듯이 모든 디바이스와 시설 등에 스마트폰과 같은 운영 체계가 설치되고 데이터가 발생하여, 이런 기기들이 늘어나면서 데이터도 급증하게 되었다. 대표적인 것이 첨단기술이나 제조산업의 생산장비 데이터와 물류나 RFID 센서 기반의 데이터들이다. 이뿐만 아니라 최근에는 3D 영화나 미디어 서비스에서 디지털화가 가속화되면서 데이터 볼륨이나 데이터 자체 사이즈가 엄청나게 증가하여 대용량의 스토리지가 필요하게 되고, 미디어 서비스 제공을 위해 대규모의 컴퓨팅 파워가 요구되고 있다.

Insight 20 ▶ 기업의 빅데이터 활용 목적은 무엇인가

데이터 중심의 기업과 분석적 기업으로 전환하려는 기업들은 빅데이터를 분석하고 분석된 데이터를 더 효율적이고 생산적으로 관리하기 위해 데이터 분석을 가시화하고 있다. 그리고 전사적으로 데이터를 관리하고 총괄하기 위해 통합 시스템을 구축하기 시작했다.

　기업이 빅데이터를 활용하려는 가장 큰 목적은 기업 경영에 새로운 통찰력을 얻어서[Gain Insight] 이 통찰력을 바로 실행[Take Action]하는 기업 환경을 만들려는 것이다. 데이터를 단순히 분석하는 데 그치는 것이 아니라 이해하고 실행하려는 변화는 실제 기업 내에 모든 데이터를 관리하고 모니터링[See Everything]하겠다는 의지로 보인다. 바로 여기서 드러나지 않은 채 감춰진 다크 데이터[Dark Data]를 분석 범주 내에 포함하

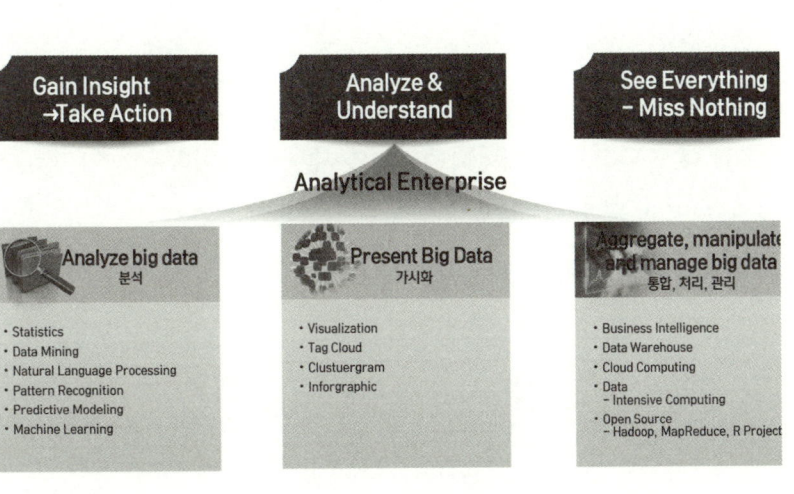

그림43 분석적 기업으로 진화 - 정우진

여 시스템 안으로 끌어들임으로써, 경영에 있어서 위험과 실수를 하지 않겠다는 Miss Nothing 것이 주된 목적이다.

최근 데이터 분석 기술자와 데이터 과학자, 그리고 전사 데이터 총괄 책임자를 부사장급 등으로 선임하여 공격적으로 빅데이터 프로젝트를 진행하고 있는 기업들이 늘어나고 있다.

분석 분야에서는 일반 통계나 데이터 마이닝뿐 아니라 자연어 분석, 패턴과 알고리즘 설계, 예측 모델과 기계 학습 Machine Learning 시스템 도입을 서두르고 있다.

데이터 분석 가시화 작업으로는 기존의 비즈니스 인텔리전스 환경을 개선하고, 데이터로부터 얻어진 통찰력 Insight 을 더 쉽고 빠르게 전달하기 위해 인포그래픽이나 클러스터그램과 같은 새로운 데이터 표현 방식을 도입하고 있다.

시스템 측면으로는 데이터베이스와 데이터 웨어하우스가 점점 진화하고 있고 클라우드 컴퓨팅의 도입과 하둡과 같은 오픈소스의 플랫폼 도입이 활발하다.

위키백과의 빅데이터 정의

빅데이터(Big data)란 기존 데이터베이스 관리도구의 데이터 수집·저장·관리·분석의 역량을 넘어서는 대량의 정형 또는 비정형 데이터 세트 및 이러한 데이터로부터 가치를 추출하고 결과를 분석하는 기술을 의미한다.

다양한 종류의 대규모 데이터의 생성·수집·분석·표현을 그 특징으로 하는 빅데이터 기술의 발전은, 다변화된 현대 사회를 더욱 정확하게 예측하여 효율적으로 작동케 하고, 사회 구성원마다 개인화된 맞춤형 정보를 제공·관리·분석 가능케 하며, 과거에는 불가능했던 기술을 실현시키기도 한다.

이같이 빅데이터는 정치·사회·경제·문화·과학 기술 등 전 영역에 걸쳐서 사회와 인류에게 가치 있는 정보를 제공하며, 그 중요성 또한 부각되고 있다.

2012년, 세계 경제 포럼(다보스 포럼)은 떠오르는 10대 기술 중 그 첫 번째로 빅데이터 기술을 선정하면서 국제 개발의 새로운 가능성을 여는 핵심기술로 지목하였다. 대한민국 지식경제부 R&D 전략기획단도 IT 10대 핵심기술 중 하나로 빅데이터를 선정하는 등, 최근 세계는 빅데이터를 주목하고 있다.

http://goo.gl/uJkkM

Insight 21 to 30

세계 데이터의 90%는 지난 2년 동안에 만들어졌다.
그리고 그 데이터의 80%는 구조화되지 않았다.

90% of the world's data was created in the last two years.
And 80% of that data is unstructured.

@IBM Watson

Insight 21 빅데이터를 처리하는 프로세싱 아키텍처

기존 데이터 처리 프로세스와 다르게 빅데이터는 「4V」라는 그 특성에 맞게 새로운 프로세싱 아키텍처를 가진다. 기본적으로 실시간 데이터를 처리하면서 바로 통합 분석하는 데이터 프로세싱이 가능해야 한다. 이벤트를 관리하면서 데이터 쿼리와 분석, 트랜잭션을 통합적으로 처리할 수 있어야 하는데, 실시간 데이터를 중간에 캡처하고 분석 데이터와 함께 다시 데이터를 병행해서 처리하는 것이 핵심이다.

데이터 관리에 있어서 실시간 데이터 스트리밍 관리와 비정형 데이터의 데이터베이스화, 그리고 분산 파일 처리 시스템도 관리해야 한다. 데이터의 증가와 감소에 따라 병렬 분산 파일 관리가 되어야 하기에 새로운 관리 체계가 필요하다. 이러한 데이터 관리에 맞는 인프라는 가상화 기반의 탄력적이고 분산 확장 가능한 서비스가 되어야 하며, 클라우드 컴퓨팅 형태를 통해 이용한 만큼 요금이 부과되어 경제적인 데이터 스토리지를 활용할 수 있어야 한다. 또한, PaaS[Platform as a Service]와 같은 표준화된 플랫폼이 제공되어야 한다.

빅데이터는 클라우드 컴퓨팅과 밀접한 연관이 있을 뿐만 아니라, 최근에는 클라우드 컴퓨팅 사업 프로바이더들이 앞다퉈 빅데이터 서비스를 제공하는 것이 특징이다. 예를 들면 구글의 빅 쿼리[BigQuery], 마이크로소프트의 애저 기반의 하둡[Hadoop on Azure], 세일즈포스닷컴[Salesforce.com]의 데이터베이스닷컴[database.com] 등이다.

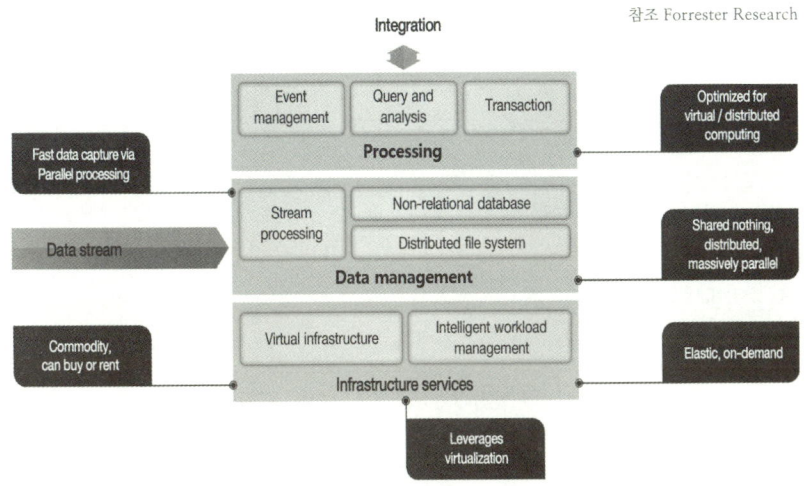

그림44 빅데이터 아키텍처 프로세스

기업들도 빅데이터 아키텍처 도입을 위해 다양한 벤더의 솔루션을 검토하고 있지만, 무엇보다 솔루션과 기술을 검토하기 이전에 빅데이터 아키텍처에 관한 근원적 고민과 기반 환경에 관한 다양성을 연구하고 적합성을 검토하는 것이 우선일 것이다.

빅데이터를 처리하는 가장 기본적인 아키텍처 구성 요소는 소셜, 시스템 로그, 텍스트, 멀티미디어 등 다양한 데이터를 모으는 데이터 수집 영역과, 데이터를 특정 공간에 배치하고 특정 데이터만을 추출, 분산 병렬 및 맵리듀스 등을 담당하는 데이터 저장 서비스 영역, 데이터 마트와 큐브 등과 같은 다차원 분석을 하는 데이터 분석 영역, 그리고 분석된 데이터를 다양하게 보여주는 데이터 가시화 영역, 마지막으로 이런 제반 처리를 담당해주는 인프라 영역, 이렇게 5가지로 구분한다.

Insight 22 빅데이터는 어떤 라이프 사이클을 가지나

빅데이터를 도입해 구축하고 활용하고 적용하기 위해서는 빅데이터의 기본적인 라이프 사이클 체계에 대해 이해해야 한다. 라이프 사이클은 데이터 관리^Manage, 데이터의 가치화^Enrich, 분석을 통한 통찰력^Insight 의 단계로 구분된다.

그림45 빅데이터 라이프 사이클
참조 Microsoft

먼저 빅데이터 관리에 대해 살펴보자. 앞서 아키텍처에서도 논의되었지만, 빅데이터의 관리는 어떤 데이터이던 데이터의 볼륨이나 규모와 관계없이 관리되는 것을 목적으로 한다. 모든 관리가 통합된 형태로 모니터링되고, 데이터의 보안뿐 아니라 서비스에 관한 보안도 적용되고 강화된 상태에서 제공되어야 한다.

관리되는 데이터의 특성은 크게 3가지로 나눌 수 있는데 가장 일반적인 관계형 데이터로 RDBMS^(Relational Data Base Management System)와 같은 데이터베이스에서부터 단순 테이블 스토리지까지 다양하다. 여기에는

최근 급증하고 있는 구조화되지 않은 데이터도 포함된다. 기본적으로 비정형 데이터를 관계형 데이터로 변환하거나 추출하는 것도 있지만, 무엇보다 비정형 데이터만을 위한 관리 체계가 요구되는 것이 지금의 현실이다. 관계형이든 비정형 데이터이든 상관없이 실시간 스트리밍 데이터에 대한 관리도 필요하다.

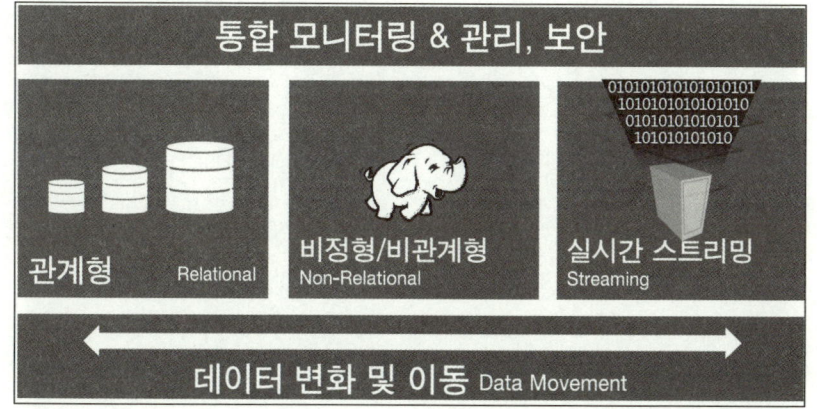

그림46 빅데이터 통합 관리 및 모니터링 체계

지금까지의 데이터 관리는 최종 저장과 축적된 데이터를 추출하는 것이 관리의 기본이었지만, 이제는 계속해서 발생하는 데이터를 저장하고 필요한 데이터는 캡처해서 실시간으로 관리해야 한다. 이런 컨셉으로 나온 것이 복잡 이벤트 처리인 CEP$^{Complex\ Event\ Processing}$이다. 빅데이터 관리의 핵심은 이러한 변화무쌍한 데이터를 얼마나 잘 관리하느냐인데, 대표적인 사례로 한때 인터넷 최대 기업이었던 야후$^{Yahoo!}$를 들 수 있다. 야후는 정형・비정형 데이터를 빅데이터적으로 관리한 선구적인 인터넷 기업으로 꼽힌다.

구조화되지 않은 상태에서 엄청나게 증가하는 웹로그와 불특정하게 발생하는 로그 분석을 통해 만들어진 프로토타입 패턴을, 24TB 규모의 데이터 큐브를 가지고 6PB의 하둡 클러스터로 구축하여 비즈니스 분석에 사용하였다. 6PB나 되는 비정형 데이터를 24TB의 관계

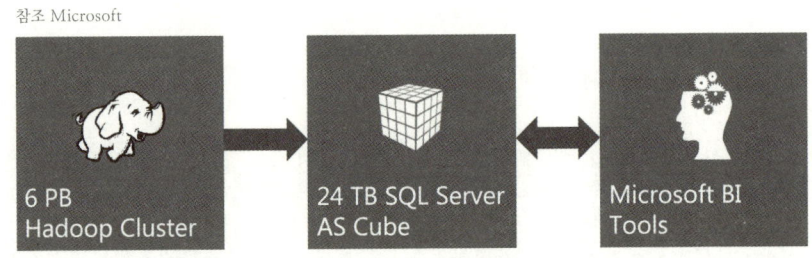

참조 Microsoft

그림47 야후의 빅데이터 프로세싱

형 데이터로 전환하고 다시 이것을 분석하는 관리 체계는 새로운 비즈니스 서비스와 고객 맞춤형 추천 엔진부터 다양한 서비스를 가능하게 했다.

데이터 관리 다음으로 데이터를 패턴화해서 알고리즘화하는 것이 데이터의 가치화^{Enrich}라는 라이프 사이클 과정이다. 이 과정은 데이터의 검색^{Discover}과 데이터의 조합^{Combine} 그리고 가치 데이터를 정제^{Refine}하는 과정을 거치게 된다. 데이터의 가치화는 빅데이터에서 가장 핵심적이고 중요한 라이프 사이클로서 일반적이고 평범한 데이터에서 진정한 가치 데이터를 만드는 과정이다. 이 과정을 통해 데이터의 가치 패턴과 새로운 알고리즘이 만들어지게 된다. 새로운 가치는 데이터에만 있지 않기 때문에 데이터와 관련된 모든 사항을 고려해야 한

데이터 연계를 통한 데이터 가치화

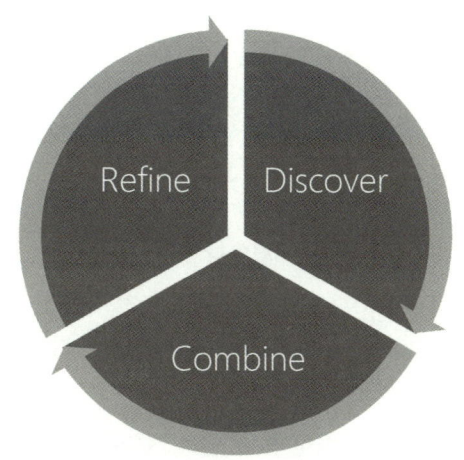

그림48 데이터 가치화 체계. 참조 Microsoft

다. 데이터는 결과 값을 나타내는 데이터도 있지만, 결과를 이루기 위한 원천 데이터부터 원천 데이터들이 모여서 하나의 결과 데이터를 만들기 위한 중간값들까지 다양할 수 있다. 새로운 데이터 가치는 데이터 간의 관계를 탐색하고 조합하며 새롭게 정제하여 데이터를 추출하는 연계 과정을 통해 창출된다. 이는 기존 비즈니스에도 많은 영향을 미치지만 새로운 비즈니스를 창출할 기회를 주기도 한다.

데이터 탐색 Discover Data

데이터를 탐색하는 절차는, 수집되고 집계된 데이터를 검색^{Search}하는 과정과 검색된 데이터 허브에서 추천된 데이터를 인지하고 표현하는 두 가지로 나뉜다. 상반된 방향이며 실제 추구하는 목적과 방식은 다르다. 먼저 데이터를 검색하는 과정은 무엇보다 대상이 되는 데이터를 수집하여 집계하는 것이 우선이다. 데이터 간의 연관성을 찾고 서로 관계를 찾기 위해서는 최대한 많은 데이터를 수집해야 한다. 인터넷상에 있는 공공 데이터와 소셜 데이터 등 다양한 데이터를 수집하는 것도 큰 일 중의 하나이다. 수집된 데이터의 군집에서 관계를 찾는 다음 단계는 다양한 시도와 노력이 요구된다. 데이터의 관계는 대비

되는 상반 관계와, 원인과 결과의 인과 관계 중 하나의 데이터에 포함되거나 부분 집합으로 되는 종속관계 등이다. 그다음 과정으로 데이터의 관계와 데이터의 군집에서 찾아진 결과에 대해서 해당 사용자에게 추천하여 새로운 데이터를 인지시키고 데이터 간의 맥락을 구체화하고 표현한다.

데이터 탐색 결과를 실제 활용하는 과정은 탐색된 데이터를 더 빠르게 파악하고 활용할 수 있도록 추천해 주는 것이다. 데이터 탐색 과정은 가장 기본적인 데이터의 가치를 파악하는 단계로 검색과 추천

과정에 관한 이해가 요구된다.

데이터의 조합 Combining

새로운 가치를 찾는 과정의 하나인 데이터 조합은 원천 데이터에서 관련된 데이터를 계속 확대해서 조합하는 과정과 데이터의 범주와 범위를 확대해 가면서 그 안의 다양한 관계 속에 새로운 가치를 찾는 과정 등 다양하게 활용할 수 있다. 최근의 데이터 조합 과정의 특징 중 하나는 데이터 범주의 경계와 영역을 넘어 $^{Cross-boundaries}$ 새로운 가치를 찾는 다양한 시도가 일어나고 있다는 것이다. 대표적인 예로 특정지역의 상품 판매에 관한 데이터 분석을 할 때 단순히 해당 제품의 판매만 분석하는 것이 아니라 경쟁사의 제품과 해당 판매점에 관한 전반적인 분석, 나아가 해당 상권과 지역의 인구, 유관 지역의 데이터와 시간대별 추이의 데이터 등 분석하는 가용 데이터를 점차 확대해 가는 것 등을 들 수 있다. 이러한 과정은 일반적으로 개별적인 데이터 $^{Personal\ Data}$를 체계화되고 조직화된 데이터 $^{Organizational\ Data}$로 만들며, 또

그림50 데이터의 조합, 참조 Microsoft

이러한 군집된 커뮤니티 데이터Community Data는 전체 데이터World Data 속에서 새로운 가치를 만들게 된다.

데이터 정제 Refine Data

데이터의 탐색과 데이터의 조합을 통해 새로운 가치를 찾아냈다면, 이 과정에서 데이터를 정제하여 체계화하는 것이 필요하다. 빅데이터에서는 데이터의 탐색과 조합 같은 작업이 수시로 발생하게 되는데 중요한 인사이트를 얻었던 과정에 대해서는 패턴화와 정형화 그리고 시스템을 통한 자동화를 해야 한다. 바로 이것이 데이터 정제 작업이다. 마치 원유의 기름에서 정제에 따라 다양한 제품이 나오는 것과 마찬가지다.

데이터 정제에서 가장 우선 요구되는 핵심은 데이터의 신뢰성Credible과 일관성Consistent이다. 복잡하고 변수가 많은 상황에서 데이터에 오류가 있으면 지속해서 신뢰성 있는 통찰력을 만들 수가 없다. 데이터가

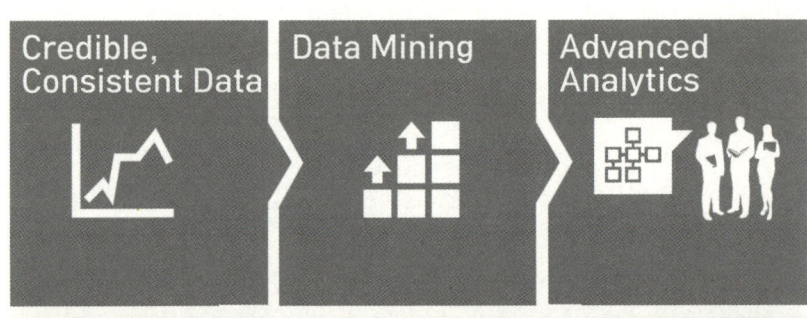

그림51 데이터 정제 과정과 중요성, 참조 Microsoft

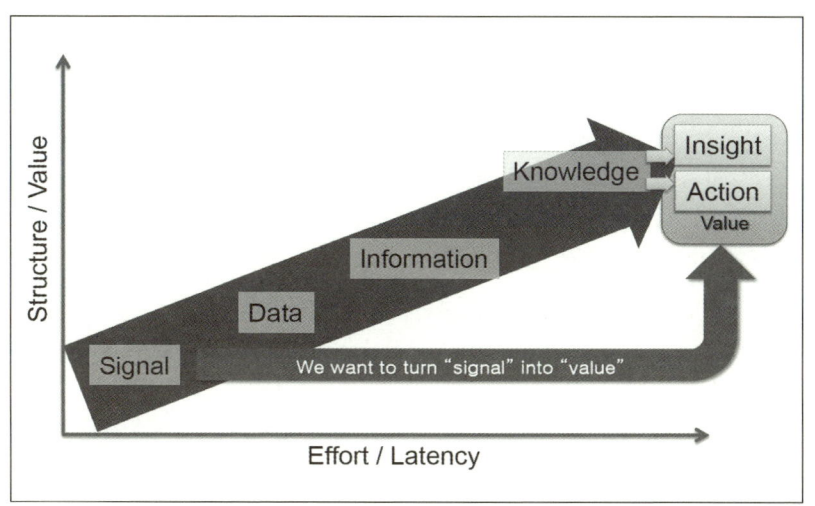

그림52 데이터의 진화와 발견. 참조 Microsoft

지속적이고 일관성이 있을 때에 정형화되고 패턴화될 수 있다. 다음으로 데이터 내에서 유용하고 가치 있는 데이터와 유관한 데이터를 추출하는 작업이 일어난다. 최근에는 비정형 데이터에서 바로 정형 데이터를 추출하는 예가 많아지고 있다. 대표적인 예가 소셜 네트워크상의 텍스트 데이터의 규칙과 통계를 위해 정형화하는 작업이다. 정제의 마지막이 데이터의 분석이다. 데이터 마이닝 이후 추출된 데이터를 분석 도구를 통해 좀 더 이해하기 쉽도록 해준다. 최근에는 그래프와 차트 뿐 아니라 다양하고 직관적인 시각적 도구를 제공한다.

데이터를 정제하는 과정은 데이터가 지식이 되어가는 과정에서 그 중요함을 알 수 있다. 원천 데이터의 생성은 하나의 신호 데이터^{Signal}에서 시작된다. 이러한 신호가 모여 데이터가 만들어지며 이 데이터가 모여서 의미 있는 정보^{Information}가 된다. 계속해서 이러한 정보들이 쌓이면 지식을 이루게 되고 이러한 지식은 비로소 통찰력과 실행을 가져다주는 가치를 만들어낸다. 작은 신호^{Singal}에서 가치를 만들고 찾기 위한 일련의 과정을 정제^{Refine}라고 볼 수 있다. 이러한 과정에서 데이터는 구조화되고 가치를 발견하게 되며, 노력과 반복된 작업들은 체계화되고 패턴화되는 것이다.

빅데이터에서의 통찰력 insight

빅데이터에서의 통찰력^{insight}이라 함은 데이터 내에서 이전에는 전체적인 연관이 없던 막연한 데이터가 새롭게 다른 데이터와 연관을 가지고 하나의 체계적인 맥락, 분절된 전체로서 파악되는 것을 말한다.

통찰은 다양한 경험과 노력에서 만들어지듯이 데이터 인사이트 또한 페타바이트 등 대규모 데이터에서 테라바이트급의 크기를 거쳐 기가바이트의 분석 단계에 이르기까지, 데이터 과학자$^{Data\ Scientists}$, 비

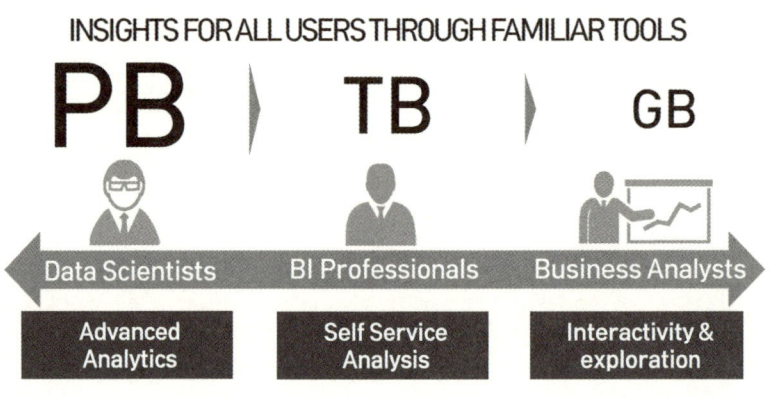

그림53 데이터 인사이트와 툴, 참조: Microsoft

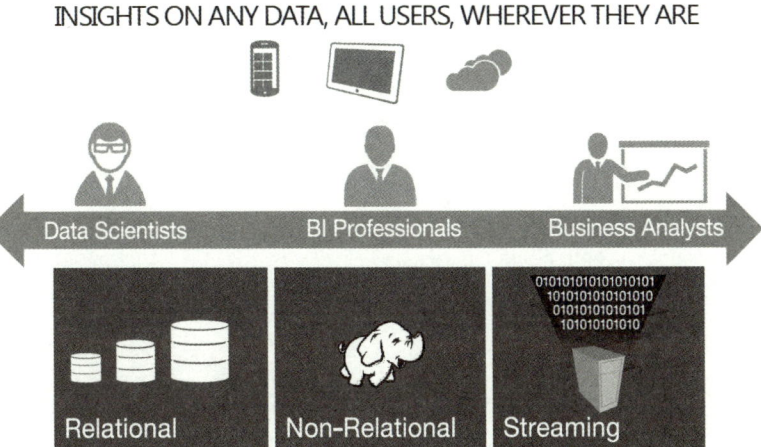

그림54 데이터 통찰력의 중요성. 참조 Microsoft

즈니스 인텔리전스 전문가^{BI Professionals}, 비즈니스 분석가^{Business Analysts}에게 같은 툴로 제공되어 다양한 통찰력이 나오도록 해야 한다.

최근 빅데이터 솔루션 업체들이 다양한 분석 툴을 제공하고 있지만, 정작 그 경험을 공유하여 일원화된 통찰력 있는 도구를 만들어 내는 주체는 데이터 전문가들이다. 도구는 도구일 뿐이다.

또한, 데이터 인사이트를 위해서는 데이터의 타입이나 종류와 관계없이 그리고 어떤 디바이스든 관계없이 클라우드 환경에서 다양하게 제공되어야 한다.

인사이트는 데이터의 융합과 통섭 과정에서 발생하는데, 어떤 단계에서건 인사이트가 나올 수 있는 상황이 생기게 된다. 스마트워크와 같이 스마트 인사이트를 위한 것도 필요하다.

Insight 23 ▶ 빅데이터는 데이터 관리의 새로운 패러다임인가

지금까지와는 다르게 빅데이터는 새로운 관리 방식과 운영 방식이 요구되고 있다. 기존에 단순히 데이터를 저장하고 데이터를 보여 주는 방식에서 이제는 데이터를 수집^{Aggregation}하고 통합하며^{Consolidation} 쉽고 빠르게 축적^{Storage}시키고 분석^{Analysis}할 수 있어야 한다.

그리고 다양한 방식으로 데이터를 보여주면서 직관적으로 이해될 수 있도록 표현해야 한다. 빅데이터는 데이터의 규모뿐 아니라 데이터 처리의 속도, 그리고 분석의 다양성 등 유연성과 확장성이 그 어느 때보다 필요하기 때문이다. 정형·비정형 데이터의 융합과 이에 따른 데이터의 접근성이 매우 중요하다. 빅데이터는 단순히 IT 솔루션적인 트렌드나 기술의 진화가 아니다. 데이터를 수집하고 통합하는 방식이 다양해지고, 축적과 분석하는 방법도 좀 더 현실적으로 개선되고 경쟁적으로 혁신적인 솔루션들이 더 많이 출시되는 것이다.

데이터는 더 이상 IT의 전유물이 아니다. 비즈니스 담당자인 현업들도 직접 관리하고 운영하여 비즈니스에 적용하는 새로운 패러다임

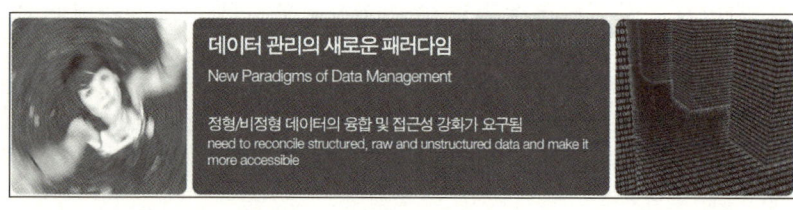

그림55 데이터 관리의 변화

이다. 가시화^{Visualization}만 하더라도 다차원 분석 그래프에서 동적이고 다양한 모션 차트와 3D까지 적용된 실제와 같은 데이터 표현 방식들이 등장하면서 좀 더 사용자 중심으로 전환되고 있다. 앞으로 소개될 차세대 빅데이터 플랫폼도 이런 방향성을 기본으로 하고 있다.

Insight 24 ▶ 차세대 데이터 플랫폼의 요구사항

예전의 데이터 접근 방식은 데이터를 체계적으로 잘 저장하고 관리하기 위해서 데이터의 속성과 데이터 간의 관계를 데이터베이스에 잘 설계하여 축적하는 것이었다. 특히 데이터를 보여주거나 찾기 위해 쿼리 속도가 필수였고, 정확하고 적합한 데이터를 제공하는 데이터의 정합성이 중요했다.

그래서 데이터베이스 어드민^{DBA:Data Base Administrator}이라고 하는 데이터베이스 관리자는 데이터베이스 구성을 위해 테이블 설계와 관계도 같은 문서를 작성하고, 데이터 간의 연결고리, 데이터베이스 검색, 성능을 위해 인덱스나 조인과 같은 형태를 고려하여 튜닝과 최적화 같은 작업을 하였다. 이러한 트렌드는 데이터베이스 솔루션에 따라 데이

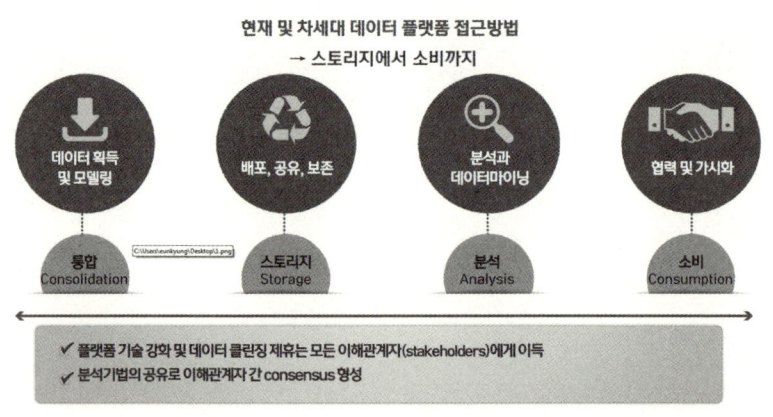

그림56 데이터 플랫폼 접근 방안

터 중심적으로 진행된 지극히 IT 중심적 트렌드였다고 할 수 있다. 그러나 최근 빅데이터에서 플랫폼은 그 접근 방식과 방법이 완전히 바뀌었다. 데이터를 획득하고 모델링하는 것은 기존의 축적 방식이 아닌 통합 모델링이 처음부터 요구되며, 스토리지는 데이터를 공유하고 일부는 보존하는 아카이빙 구조와 데이터 배포 구조가 필요하게 되었다.

데이터 분석은 데이터를 조합하거나 분해할 수 있고 다양한 분석 도구를 연계할 수 있어야 한다. 그리고 다양한 데이터 타입과 데이터 분석 결과를 사용자들이 활용하고 소비할 수 있도록 개방된 구조가 필요하다.

빅데이터 플랫폼은 모든 이해 관계자를 만족시키며 플랫폼이 성장하고 확대할 수 있어야 한다. 그러기 위해서는 데이터 관리부터 분석까지 이해 관계자들 간의 공유로 일관적이고 전체 합의가 이뤄지는 플랫폼 설계와 구축이 중요하다.

데이터 플랫폼의 특징

빅데이터 플랫폼의 특징은 3가지로 요약할 수 있다.

먼저 분석에 관한 부분이다. 언제 어디서나 데이터에 관한 경험과 데이터를 둘러싼 모든 것을 분석할 수 있어야 한다. 최근 비즈니스 인텔리전스의 방식도 변화하고 있는데 특히 셀프서비스 BI$^{Self-Service\ BI}$라

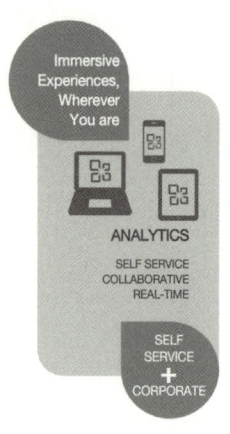 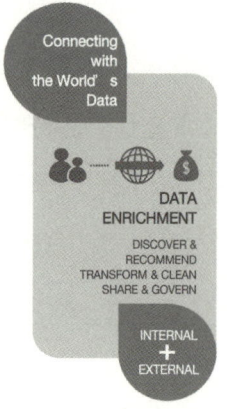 

그림57 데이터 플랫폼의 특성. 참조: Microsoft

고 해서 현업 스스로 데이터를 관리하는 것부터 데이터 분석 협업과 회사 차원의 경영지표^{Scorecard}에 입각한 경영 데이터 분석까지 다양한 분석 방식이 적용될 수 있어야 한다.

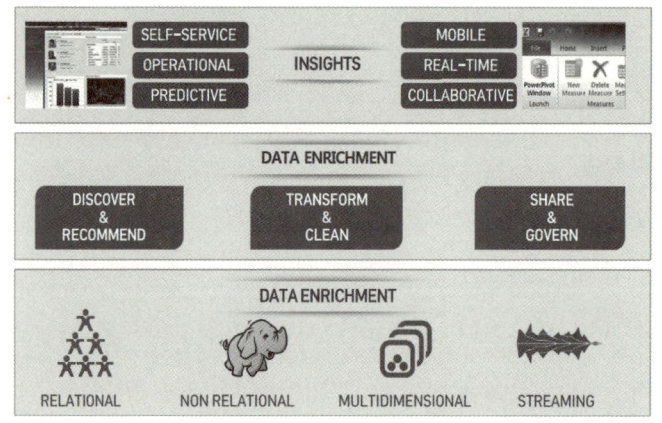 

그림58 데이터 플랫폼의 특성. 참조: Microsoft

다음으로 데이터 관리 운영 범위의 확대이다. 빅데이터 플랫폼의 관리 운영 범위는 내부^{Internal}에서 외부^{External}까지 확대되어 데이터 간 연계가 되어야 한다. 공공 데이터는 데이터를 빠르게 탐색하고 추천할 수 있도록 변환과 정제 작업이 가능하고 관리 범위 내에서 공유될 수 있는 플랫폼이다. 이제 데이터는 내부에 갇혀 있지 않고 외부까지 확대하여 공동 협업과 오픈 이노베이션이 가능하다.

마지막으로 데이터 관리 범위는 다양해지고 늘어난다. 정형화된 관계형 데이터베이스이든 비정형의 구조화되지 않은 데이터이든 통합 관리되어 운영될 수 있는 플랫폼이어야 한다. 기존 데이터베이스와 데이터 웨어하우스를 연계하고 확대하는 컴포넌트 단위별 플러그인 형태의 플랫폼 구조가 절실히 필요하다.

Insight 25 > 빅데이터 분석의 전략적 트렌드

최근 데이터베이스 업체들과 빅데이터 솔루션을 개발하고 있는 IT 벤더들의 공통적인 특성은 빅데이터의 생성Creation과 빅데이터의 인제스천Ingestion, 다이제스천Digestion, 비즈니스 인텔리전스까지의 과정을 부분적이거나 통합적으로 제공하는 것이다. 빅데이터 생성은 빅데이터 특성에 맞게 대용량 스토리지에 NoSQL 데이터베이스와 테이블, 정형과 비정형 데이터 저장, 그리고 실시간 배치에 의한 다양한 관리가 가능한 솔루션을 제공하고 있다. 기존의 IT 벤더들인 오라클, IBM, 마이크로소프트는 자사의 솔루션과 연계하고 통합할 수 있다고 홍보하고 있다.

데이터가 생성되고 축적되고 나면, 데이터를 분류하고 정형화하는 작업이 일어나게 되는데, 다양한 데이터 타입이 파생되고 확장되어야 해서 병렬 분산 처리가 가능한 하둡과 같은 솔루션의 도입이 필요하다. 다음으로 데이터를 기존 관계형 데이터베이스에 저장하고 기존 데이터 웨어하우스에 통합하여 기존의 분석도구를 활용할 수 있도록 한다. 그런 의미로 빅데이터는 새로운 기술이 아니라고 말하는 사람들이 많다.

기존의 전통적이고 주도적으로 끌고 왔던 벤더들의 솔루션을 중심으로 새롭고 다양한 데이터 솔루션을 통합하고 연계하며, 기존 분석 방식에 쉽고 유연하게 적용할 수 있도록 지원한다는 관점이다. 기존

그림59 빅데이터의 주요 핵심 전문 전략. 참조: Microsoft

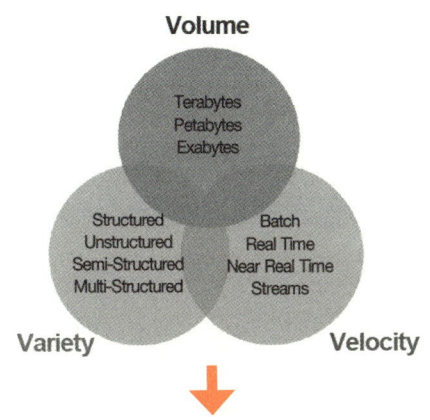

- Server Performance Counters
- Office and Windows Click Streams
- Social networking
- Call Center
- Documents/Web content
- Weather/GPS/Geo location

Big data Creation

- Distributed storage (HDFS)
- Parallel data Processing (MapReduce/Hive)
- Linear scale-out
- Proven Performance
- Built-in Replication
- Security

Ingestion/Digestion

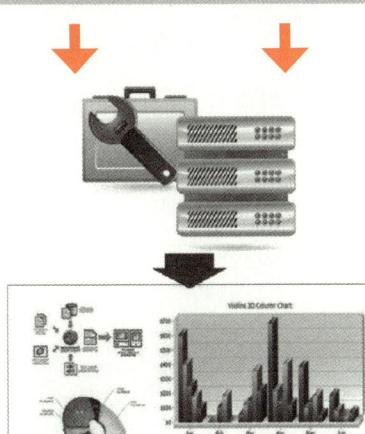

- Hardware Capacity Planning
- Virtualization opportunities
- Predictive performance bottleneck modeling
- Unusual server behavior detection

Business Intelligence

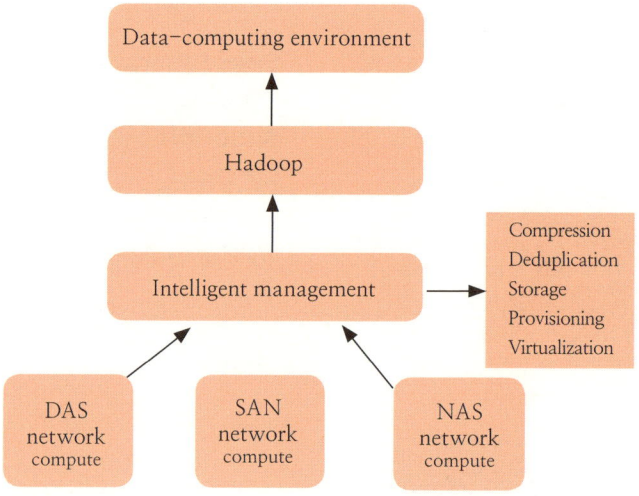

그림60 빅데이터의 핵심 체계; 참조 Forrster Research

의 데이터베이스와 데이터 웨어하우스, 그리고 BI 분석도구 업체들의 빅데이터의 이러한 마케팅 공세는 계속 이어질 것이다.

빅데이터의 No SQL 솔루션이 많이 있지만 가장 화두가 되고 있는 솔루션은 뭐니뭐니해도 하둡이라고 할 수 있다. 하둡은 오픈소스 소프트웨어/프레임워크[open-source software/frameworks]로 야후[Yahoo!]의 재정지원을 받아 2006년부터 개발되었으며 현재는 아파치[Apache] 재단에서 개발을 주도하고 있다. (O'Reilly Media, 2012)

하둡은 구글의 분산 파일 시스템[GFS] 논문 공개 후 본격적으로 개발되었는데 구글의 시스템과 대응되는 체계로 구성되어 있다. 구글에서 만든 분산파일 시스템인 GFS 기능은 하둡 분산파일 시스템[HDFS, Hadoop Distributed File System], 구글의 맵리듀스는 하둡 맵리듀스[Hadoop MapReduce],

구글의 빅테이블은 에이치베이스^{Hbase}로 각각 비교된다. 하둡은 대용량 데이터 처리 부문에 있어 사실상 표준으로 자리 잡은 기술이다. 하둡이 제공하는 분산파일 시스템^{HDFS}과 맵리듀스는 수 페타바이트에 이르는 대규모의 대용량 데이터를 경제적인 비용으로 빠르게 처리하고 분석할 수 있게 한다. 이러한 하둡을 도입하고 적용, 구축하기 위해서는 목적과 현실에 맞게 개발하고 시스템을 구축해야 한다.

또한, 하둡을 구성하는 다양한 인프라와 통합 관리되는 기능이 지원되어야 한다. 압축^{Compression}과 중복방지^{Deduplication}, 스토리지^{Storage}, 프로비저닝^{Provisioning}, 가상화^{Virtualizaiton} 등이다. 그래서 현재 대부분의 기업이 자체적으로 하둡을 도입하기보다는 하둡 기반의 다양한 관리 솔루션을 지원하는 업체들을 선택하고 있는 추세이다.

하둡 Hadoop

하둡은 빅데이터 기술 스택$^{Big\ Data\ Technology\ Stack}$으로 데이터 처리 프레임워크$^{Pocessing\ Frameworks}$이다. 주요 기능으로는 통합 프레임워크^{Integration}

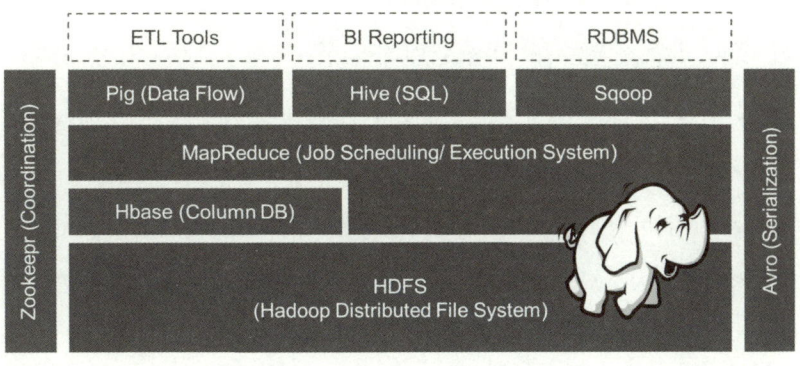

그림61 빅데이터의 주요 핵심 접근 전략.

Frameworks와 관리 프레임워크^{Management Frameworks}와 같은 기능을 한다. 또한, 데이터 모델링 프레임워크^{Modelling Frameworks}와 피그^{Pig}와 하이브^{Hive} 같은 개발 프레임워크 역할도 수행한다. 데이터 관리 프레임워크^{Data Management Frameworks}로 HDFS와 HBase가 있다. 현재 많은 기업이 도입하고 적용하여 성공적으로 운영하고 있다. 대표적인 기업으로 신용카드 업체인 비자, 글로벌 투자 은행인 제이피 모건, 그리고 영화와 애니메이션의 디즈니, 소셜 네트워크의 선두 주자인 페이스북, 링크드인, 트위터, 클라우드 컴퓨팅 호스팅 업체인 랙스페이스, 소셜커머스의 그루폰, 이 밖에 뉴욕타임스와 아마존 등이다. 기존의 전통적인 데이터 웨어하우스 업체인 오라클과 IBM도 하둡 기반과 연동될 뿐 아니라 하둡 기반의 유사한 대용량 데이터 처리 프로세싱 시스템을 출시하였다. 마이크로소프트는 SQL 서버 2012와 PDW에 연계하여 적용하였다.

하둡에서 가장 많이 나오는 맵리듀스^{Mapreduce}는 대용량 데이터를 빠르고 안전하게 처리하기 위한 분산 프로그래밍 모델이다. 맵리듀스는 맵과 리듀스로 나뉘어 단계별로 처리 작업을 할 수 있으며 개발자가 맵과 리듀스 함수를 직접 입력해야 한다. 각 단계는 입력과 출력을 하며, 데이터의 키와 값을 하나의 쌍으로 가지고 있고, 타입은 개발자가 선택한다. 다음 그림으로 맵리듀스를 더 자세히 이해할 수 있다. 두 개의 문장 how much wood would a woodchuck chuck, if a woodchuck could chuck wood.에서 단어의 개수를 세는 로직이다.

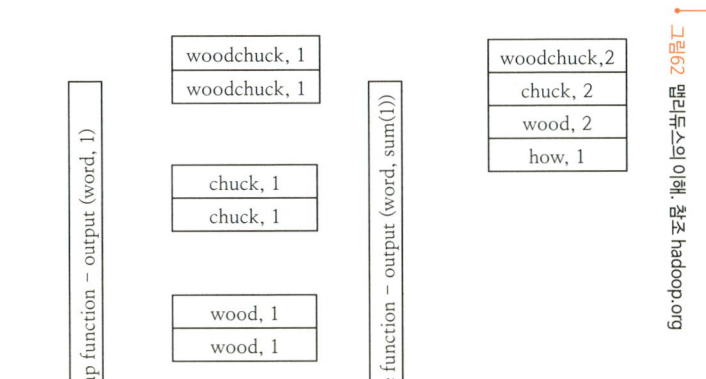

그림62 맵리듀스의 이해. 참조 hadoop.org

우선 맵함수를 통해 단어 개수로 분리한다. (word, 1) 그리고 나온 단어들을 같은 것끼리 묶어 놓는다. 다음으로 리듀스 함수를 통해서 단어별로 개수를 셈하게 된다. (world, sum(1)) 이렇게 분산 처리를 위한 맵리듀스는 자동화된 병렬 처리를 통해 빠르게 원하고자 하는 결과를 얻을 수 있다. 이러한 맵리듀스 작업은 대용량의 데이터를 병렬 분산 처리한다. 이 기능은 언뜻 기존의 관계형 데이터베이스[RDBMS]에서 할 수 없었던 대용량 데이터 분석 기능을 제공하는 것으로 보이지만, 단순 데이터가 아니라 전체 데이터 세트를 한 번에 처리하고자 할 때는 맵리듀스가 적합하고 관계형 데이터베이스는 지속해서 출입이 일어나는 데이터 세트에 맞는다고 볼 수 있다.

전통적인 관계형 데이터베이스와 맵리듀스를 비교해보면 재미있는 인사이트를 얻을 수 있다. 기본적으로 데이터 크기에서도 관계형 데이터베이스에서는 기가바이트에서 테라바이트이지만, 맵리듀스는

157

그림63 하둡과 일반 데이터베이스 비교.

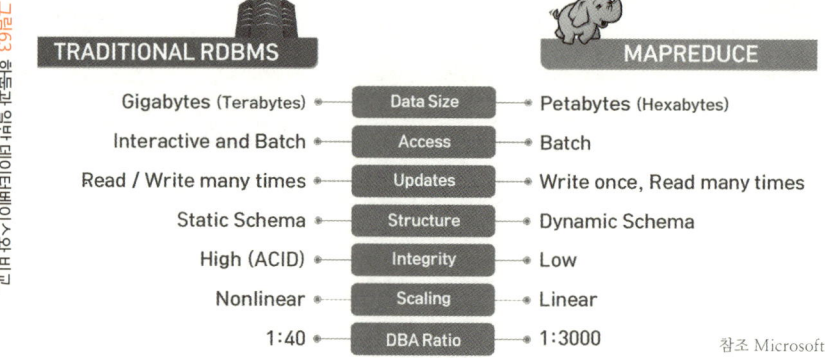

페타바이트와 헥사바이트로 대규모이다. 데이터 액세스도 관계형 데이터베이스는 대화형과 일괄처리를 지원하지만, 맵리듀스는 일괄처리를 지원한다.

업데이트 방식도 관계형 데이터베이스는 여러 번 읽고 쓰기를 하지만, 맵리듀스는 한번 쓰면 여러 번 읽기가 된다. 구조는 고정과 동적으로 비교되고, 무결성에서도 관계형 데이터베이스는 높지만, 맵리듀스는 낮을 수밖에 없다.

확장성에 관해 관계형 데이터베이스는 비선형적으로 증가하지만, 맵리듀스는 선형적으로 증가한다. 그래서 데이터를 관리하는 사람으로서는 관리자 한 명이 관계형 데이터베이스를 40개 정도 관리할 수 있다면, 맵리듀스는 3,000개 정도를 관리할 수 있어서 생산성과 효율성이 높다. 하둡의 주요 적용 패턴과 시나리오는 3가지로 요약된다.

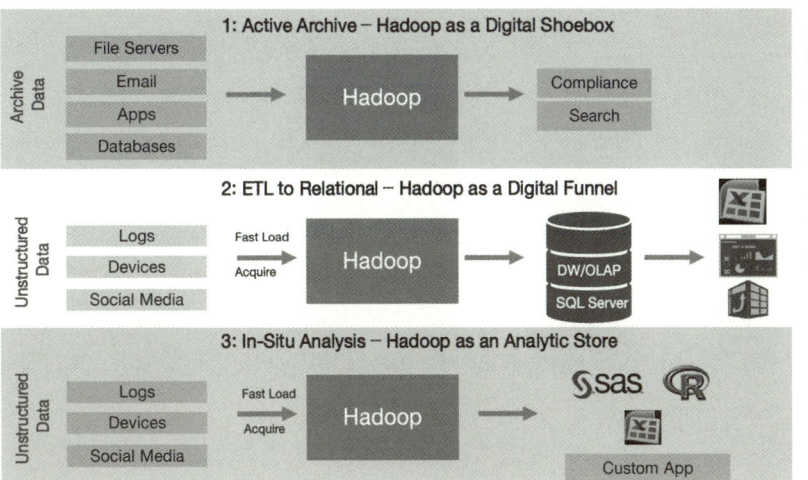

그림64 하둡의 일반 시나리오, 참조 Microsoft

첫째로 아카이빙 데이터, 즉 축적된 데이터에서 하둡을 활용하여 원하는 정보와 데이터를 규제하거나 검색할 때 많이 사용하는 것으로 최근에는 기업에서 임직원의 비리와 이슈를 밝혀내거나 사전에 예방을 목적으로 분석하는 시나리오이다. 다음으로는 로그 데이터, 디바이스와 소셜 미디어에서 발생하는 데이터를 하둡으로 분석하는 시나리오인데 분석 단계에서 기존의 데이터베이스와 데이터 웨어하우스를 이용하는 시나리오와 커스터마이징된 앱을 통해 바로 분석하는 시나리오 이렇게 두 가지가 있다.

하둡을 성공적으로 적용하기 위해서는 데이터 분석 방식과 패턴, 그리고 하둡이 가지는 특성을 잘 참조해서 시나리오에 맞게 준비하고 계획하는 것이 무엇보다 중요하다.

Insight 26 구글의 맵리듀스와 딜레마, 그리고 페이스북

구글의 빅데이터 담당자 피터 노빅$^{\text{Peter Norvig}}$은 이런 말을 하였다.

> We don't have better algorithms than anyone else. We just have more data.
> (우리는 다른 어떤 사람들보다 더 좋은 알고리즘을 갖고 있지는 않다. 다만 더 많은 데이터를 갖고 있다.)

페이지 랭크 기반의 검색으로 화려하게 글로벌 IT 회사의 반열에 오른 구글의 검색 서비스는, 2007년에는 하루에 13페타바이트$^{\text{PB/day}}$의 데이터가 생성되었지만 2008년에는 하루에 20페타바이트, 2013년에는 하루에 24페타바이트가 발생하는 등 데이터가 급증하고 있다. 이렇게 급속도로 데이터가 증가하고 팽창함에 따라 유연하고 빠른 확장성을 가지는 공통 표준의 하드웨어가 필요하게 되었다. 서버 한 대가 32GB 메모리에 12테라바이트 디스크 정도 규모인데, 이러한 서버들은 빠르게 프로비저닝되고 복제가 가능하며, 대규모의 분산 병렬처리가 가능한 맵리듀스가 적용되었다. 구글은 대용량 데이터 처리 기술을 통해 소비자에게 최적화된 검색 결과를 제공하는 인덱스 웹서버를 구축하고 있다. 세계 최고의 확장성 있는 페이지 랭크와 페이지 캐시를 구글 파일 시스템^{GFS}과 맵리듀스와 결합시킨 것이 구글의 핵심 기술이다.

세계 최대의 소셜 네트워크 서비스인 페이스북은 하루 21페타바이트 규모의 단일 규모로는 최대의 하둡 클러스터를 가지고 있다. 초창기에는 2,000대 서버에 16만 6천4백 코어와 6만 4천GB RAM으로 글로벌 서비스를 하였다. 한 대의 서버당 12테라바이트를 처리하였고 최대 24테라바이트를 처리할 수 있었다. 페이스북은 HDFS^{Hadoop Distributed File System}와 맵리듀스를 결합하여 BI 사용자들에게 하이브^{Hive}를 제공하였고, 스크라이브^{Scribe}를 개발해 여러 서버에서 실시간으로 스트리밍되는 로그 데이터들을 쉽고 빠르게 축적할 수 있게 하였다. 또한, 사진 이미지의 체계적 축적을 위해 헤이스탁^{Haystack}과 확장성있는 내부 데이터 검색을 위해 카산드라^{Cassandra}를 선택했다.

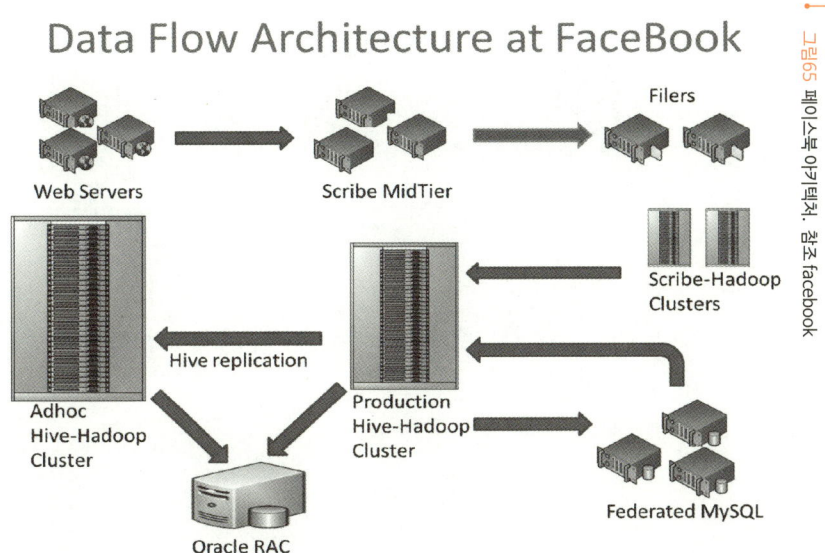

그림65 페이스북 아키텍처. 참조 facebook

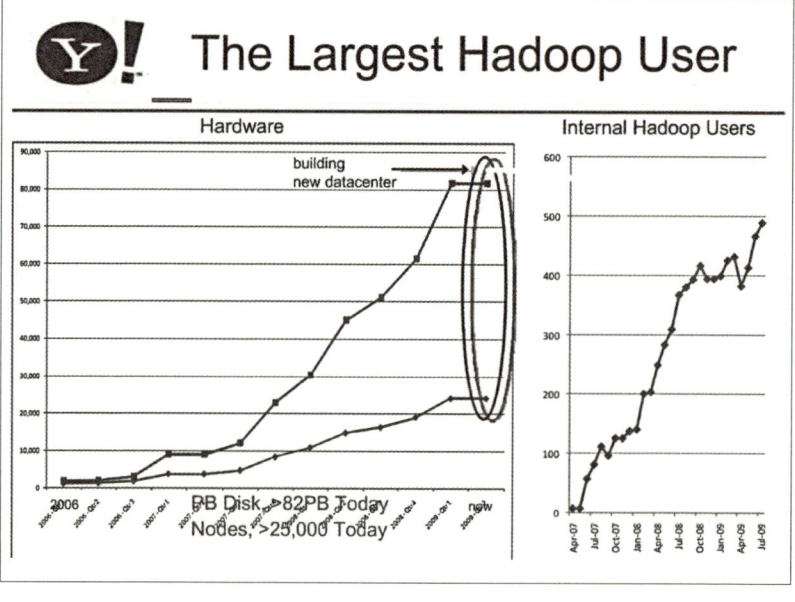

그림66 야후의 빅데이터 통계. 참조 yahoo

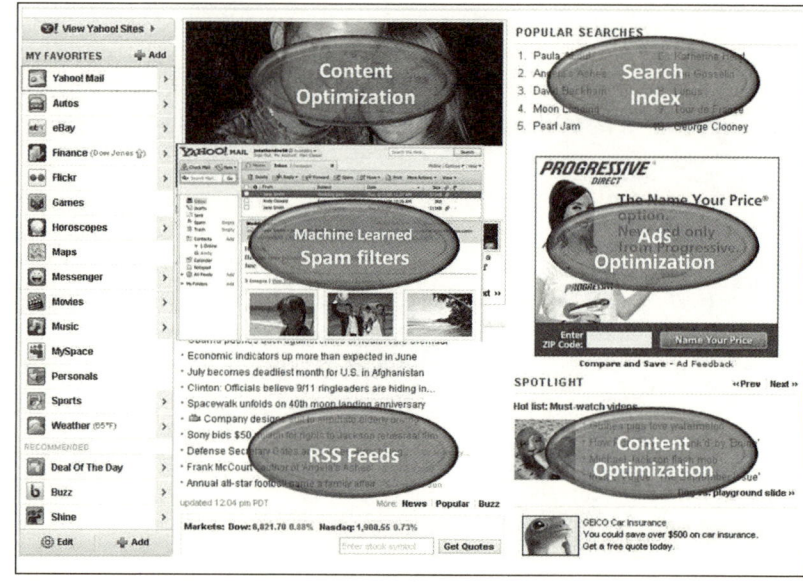

그림67 야후의 빅데이터 활용. 참조 yahoo

빅데이터를 말하다

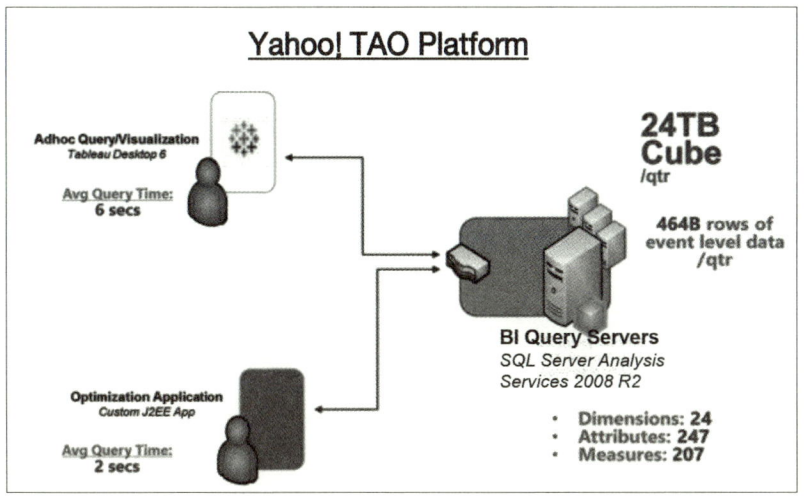

그림68 야후의 빅데이터 분석 결과, 참조: Microsoft

야후의 하둡 사례

야후는 월 방문자가 2억 명에 달하며 35억 명 이상에게 광고를 전달하고 매 분기당 500여억 열Rows의 데이터를 축적한다. 디스크 사이즈로는 매일 82페타바이트 이상이 처리되고, 데이터가 처리되는 분산되는 노드는 2만 5천 개에 달한다. 이런 규모의 웹사이트에서 콘텐츠 최적화와 검색 성능에 영향을 끼치는 검색 인덱스, 그리고 타겟팅된 광고나, 스팸 필터와 같은 서비스를 제공하기 위해서는 빠른 데이터 분석과 정확성이 요구된다.

그래서 야후는 세계 최고의 가장 큰 24테라바이트의 데이터 큐브를 구성하였다. 사용자에게 제공되는 평균 데이터 쿼리 속도는 6초이고, 애플리케이션 처리에 데이터 쿼리는 2초에 불과하다.

163

야후는 데이터 분석 시스템과 함께 검색 지원을 위한 하둡을 적용하였다. 3년 치의 로그데이터와 20단계의 맵리듀스가 적용되어서, 하둡 적용 전에 26일이 걸리던 분석이 20분 만에 처리되고, 관련 개발도 2~3주에서 2~3일로 당겨지게 되었다. 이러한 데이터 처리와 분석으로 야후는 최적의 검색과 광고 비즈니스를 성장시키고 최적의 운영 비용으로 효율적인 운영과 관리를 할 수 있게 되었다.

Insight 27 빅데이터 적용의 주요 패턴

최근 빅데이터 주요 적용 패턴은 5가지로 구분될 수 있다. 첫째로 데이터 탐사와 기계 학습 유형으로, 데이터 집합체가 가지는 반복되는 주요한 규칙을 찾아서 미래를 예측하고 사전에 새로운 방법을 모색하는 것이다. 대표적인 예로 기존 핵심 충성 고객을 유지하기 위해 고객들의 소셜 관계와 이력을 분석하여 사전 서비스를 제공하는 것이 있으며, 시장 환경을 미세하고 세부적으로 분석하여 상품과 서비스에 관한 다양한 가격과 가치를 제공하는 것이 있다.

패턴 Pattern	요약 Description	예시 Examples
데이터 탐사 및 기계 학습 Exploration and Machine Learning	데이터 셋에 대한 주기적인 반복과 미래 결과를 예측하는 패턴과 새로운 방법을 모색하는 것.	고객이탈 방지를 위한 소셜 관계 분석 마켓 미세-세부 분석 다양한 가격 시뮬레이션/분석
운영 환경적 예측 Operational Prediction	기존 운영 데이터 기반에 새로운 데이터 예측 모델링.	랭킹 검색 결과, 기존 의료 결과 기반의 의료 검진 추천
데이터 저장소의 오류 방지 Dirty ODS	데이터의 무결성과 일관성을 위한 데이터 액세스의 충분한 제한	운영 목적을 위해 고객의 통화 기록에서 생성된 표준 보고서
대량데이터운영, 데이터 추출 Bulk Data Operations and Extreme ETL	거대한 규모의 데이터에 일괄 작업은 병렬 처리 기술을 이용하여 실행	원천 이미지의 테라바이트에서 PDF 파일을 만들기, 거대한 규모의 대량 데이터 이동과 데이터 웨어하우스 작업이 빠르고 저렴하게
데이터 스트림 & 이벤트 분석 Data Stream and Event Analytics	빠르게 변화하는 복잡한 병렬 이벤트 등을 필터링, 데이터 정제 알고리즘보다 정교한 스트림 분석을 사용/처리	실시간 장비 모니터링 오류/장애 분석, 의료기기 모니터링, RFID 태그를 통한 실시간 물류 흐름 분석

그림69 빅데이터의 패턴 전략 및 예시, 참조 Forrester

둘째로 데이터 운영 환경의 예측 패턴으로 기존 운영 데이터를 기준으로 새로운 데이터가 발생하거나 나타났을 때 예측하여 대응하는 것을 의미한다. 랭킹 검색 결과에 따른 추천 서비스나 검색 결과에 따른 해당 검색 결과의 자동 이동 또는 리스트 보여주기가 이에 해당한다. 최근 의료계에서는 기존 의료 정보를 바탕으로 새로운 질병이나 유사 의료 정보를 게놈 정보나 DNA 정보 등과 연계해서 제공함으로써 짧은 시간에 대응하는 체계를 만드는 등의 시도를 하고 있다.

셋째로 데이터 저장소에 관한 일관성과 신뢰성을 유지하기 위해 충분히 접근을 제한하면서 데이터 리포트를 제공하는 경우이다. 예를 들면 고객사의 콜센터에서 운영 목적을 위해 고객의 통화 기록에서 발췌한 데이터 리포트를 표준화하여 제공하는 것 등이다.

넷째로 대량 데이터 운영과 필요 데이터 추출에 관한 유형이다. 데이터 관리와 운영은 그대로 진행을 하면서 병렬 처리 기술을 이용하여 실행하는 것을 말한다. 테라바이트에 해당하는 원천 이미지를 활용하여 PDF 파일을 만들어야 할 경우, 거대한 규모의 대량 데이터 이동과 데이터 웨어하우스 등의 프로세싱이 빠르고 저렴하게 운영되는 경우이다.

마지막으로 실시간 데이터 스트림과 이벤트 분석이다. 다양한 이벤트들이 빠르게 변화하면서 복잡하게 이벤트들이 발생하게 되는데 발생과 처리가 병렬로 필터링되는 것을 의미하며, 대표적인 사례로 제조 업종에서 실시간 생산 장비에 관한 모니터링을 하면서 오류와 장애를 분석하고 바로 조치하는 사례와, 의료기기에 관한 모니터링과 RFID 태그를 통한 실시간 물류에 관한 흐름 분석을 통해 더 빠른 업무 처리를 지원하는 사례 등이 있다.

5가지의 사례가 최근에는 여러 가지로 합쳐지면서 더 다양해지고 있는 것이 추세이다. 빅데이터 솔루션을 제공하고 있는 업체를 분류해보면 위의 유형에서 드러나듯이 업체별 주요 기술에 대해 자세히 알 수 있다. 제공 업체별 기술 분류는 파일과 데이터베이스를 관리해주는 솔루션 제공 업체, 빅데이터 분석, 통합과 연계를 제공하는 업체, 데이터 웨어하우스와 통합하여 하드웨어와 일체형으로 어플라이언스를 제공하는 업체, 기존 BI 솔루션과 통합하여 빅데이터까지 가

그림70 기술에 따른 업체 예시, 참조 Forrester

빅데이터 기술 Technology	업체 Examples
빅데이터 파일 & 데이터베이스 관리	Cassandra, Google, hadoop (hotonworks, cloudera, MapR) Microsoft, Vmware 등
빅데이터 분석	IBM, LexisNexis, hadoop (hotonworks, cloudera, MapR) Microsoft
빅데이터 통합 및 연계	Hadoop Pig and Hive, IBM, Informatica, LexisNexis
데이터웨어하우싱과 통합 어플라이언스 DW Appliance	EMC/Greenplum, IBM/Netezza, Teradata/Aster Data
기존 BI와 빅데이터 통합/연계	MicroStrategy, Tableau Software, Microsoft
스트림 프로세싱 및 분석	Apache S4, IBM, SAP, StreamBase, Tibco

능하도록 제공하는 솔루션 업체, 마지막으로 실시간 스트림 프로세싱 및 분석 업체로 나뉜다. 최근에는 전통적인 데이터베이스 솔루션 업체와 새로운 빅데이터 업체가 합종연횡하여 통합되고 연계된 형태로 제공하는 것이 트렌드이다.

Insight 28   클라우드와 빅데이터와의 관계

데이터의 규모가 방대해지고 데이터의 타입과 종류가 다양해지면서 현재의 스토리지 아키텍처에서 많은 변화가 시작되고 있다. 특히 클라우드 컴퓨팅 도입이 활발해지고 인프라부터 플랫폼까지 변화가 오면서 빅데이터의 인프라와 플랫폼에도 많은 변화와 영향이 일어나고 있다. 여기서 클라우드 컴퓨팅과 빅데이터의 관계를 알 수 있다.

현재의 데이터 스토리지 아키텍처는 구조화된 데이터에 관계형 데이터베이스 기반으로 제한되어 있고 필요하면 관리 도구에 의해 원하는 작업을 할 수 있다. 데이터 규모는 몇 기가바이트에서 수 테라바이트까지 처리할 수 있으며, 분산 확장$^{Scale-Out}$ 구조가 아닌 자체 증설$^{Scale-up}$ 형태이다. 빅데이터는 데이터의 종류나 타입과 관계없이 자동화된 관리 체계로 운영되고, 페타바이트 이상 제타바이트까지도 관리가 가능한 형태의 데이터 운영과 관리가 가능한 아키텍처이다.

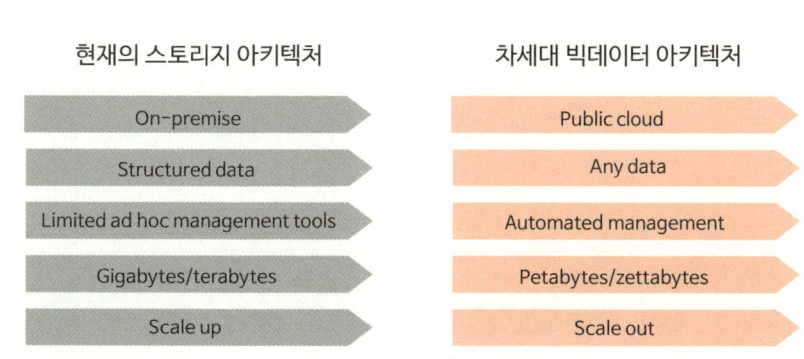

그림71 빅데이터 아키텍처의 고려사항 비교

참조 Forrester

가장 큰 특징은 분산 확장이 가능한 구조에 있다. 클라우드 컴퓨팅은 빅데이터의 특성에 적합한 아키텍처를 가지고 있기에 최근에는 퍼블릭 클라우드와 프라이빗 클라우드 제공업체들이 빅데이터 클라우드 솔루션을 제공하고 있다. 무엇보다 클라우드 컴퓨팅의 확장성과 경제성이 빅데이터에 필요하게 된 것이다. 빅데이터는 서비스의 재료이자 원천이라고 한다면 클라우드 컴퓨팅은 플랫폼이자 인프라이다.

결론적으로 최근 플랫폼은 클라우드 컴퓨팅을 기반으로 빅데이터를 활용하여 디바이스를 매개로 한 서비스를 제공하고 있다. 클라우드와 빅데이터, 스마트 디바이스 3가지가 지금은 어떻게 보면 서로 다른 주제와 대상인 것 같지만, 결국 하나로 귀결된다. 이전의 단일 서비스 기반에 한정된 플랫폼에서, 클라우드 환경과 빅데이터를 처리할 수 있고 다양한 디바이스와 브라우저에서 쉽고 빠르게 서비스를 제공하고 운영할 수 있는 플랫폼으로 전환되고 있다.

| Insight 29 | 마이크로소프트의 빅데이터 솔루션 |

 마이크로소프트는 기본적으로 디바이스에 센서 기반의 데이터와 인터넷 웹 크롤링을 통한 다양한 데이터를 보유하고 있고, 기업에도 빅데이터를 수집하고 분석할 수 있도록 기존 데이터베이스와 데이터 웨어하우스를 통합하여 제공하고 있다.

 특히 비정형 데이터와 구조화되지 않은 데이터에 대해, 분산처리 파일 시스템인 하둡을 퍼블릭 클라우드인 애저(Azure)에서 서비스형 인프라인 IaaS와 함께 제공하고 있다. 그리고 윈도우 서버와 윈도우 가상화에서 하둡을 설치형으로 구축하여 제공한다. 하둡의 단점 중 하나가 오픈소스 기반의 프레임워크이기 때문에 운영체계부터 설치와 관리까지 누구도 기술지원을 하지 않아 자체적으로 운영해야 한다는

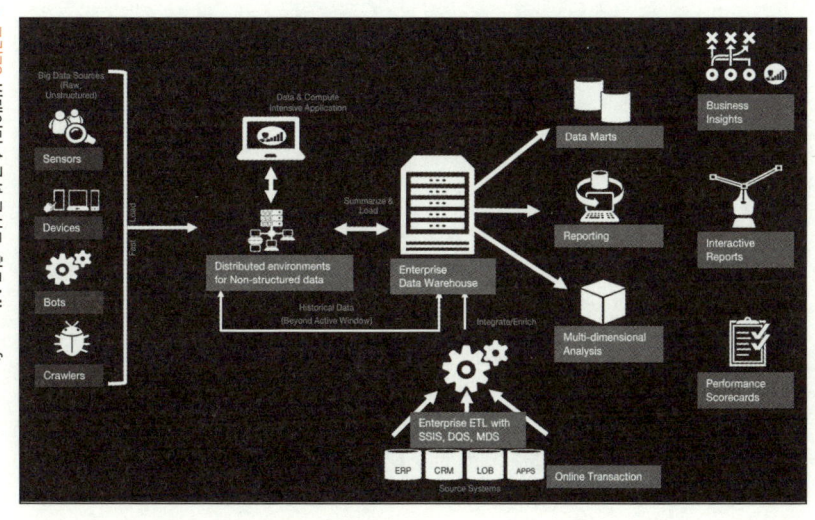

그림72 빅데이터 솔루션 구성도, 참조 Microsoft

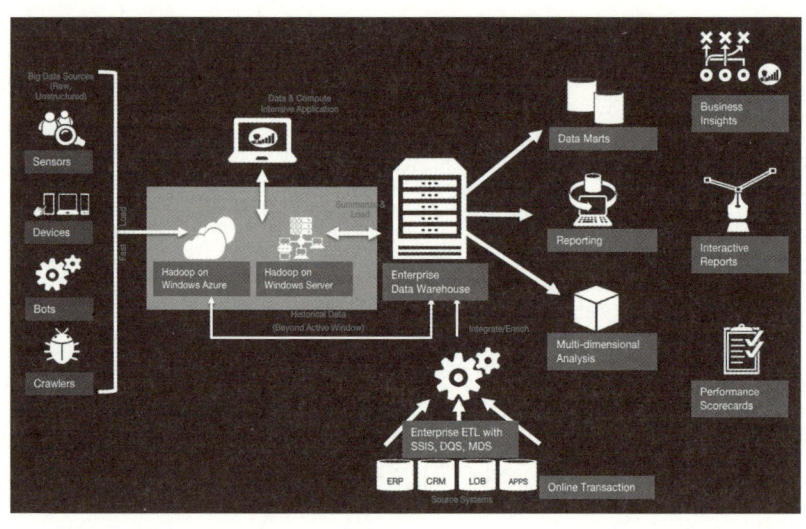

그림73 빅데이터를 위한 하둡 지원 체계 및 구성. 참조 Microsoft

것인데, 마이크로소프트는 자사의 운영체계와 플랫폼을 결합하여 관리와 운영이 쉽고 편하도록 했다.

마이크로소프트는 또한 자사의 데이터베이스인 SQL 서버와 데이

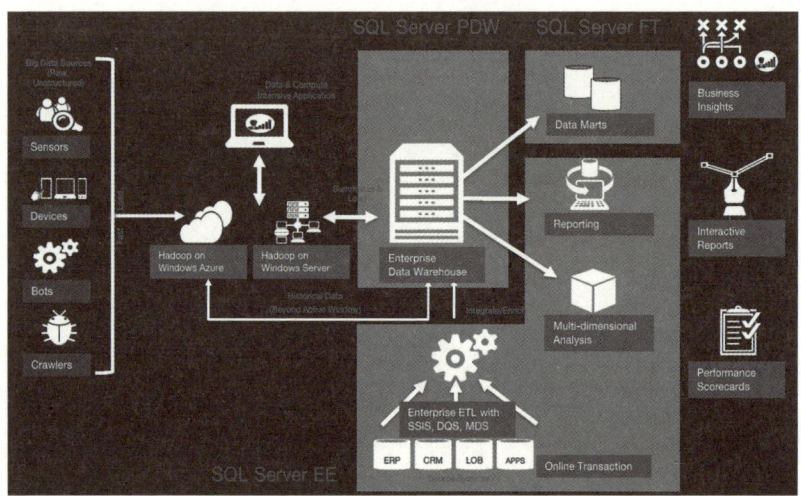

그림74 빅데이터 솔루션 구성. 참조 Microsoft

172 　　　　　　　　　　　　　　　　　　　　　　　　　빅데이터를 말하다

터 웨어하우스인 PDW$^{Parallel\ Data\ Warehouse}$와 하둡을 유연하게 통합, 연계할 수 있도록 하고 있다. 기존에 비즈니스 인텔리전스^{BI}나 데이터웨어하우스로 관리하던 정형 데이터뿐만 아니라 하둡을 통해 관리하던 SNS 등 비정형 데이터까지 하나로 통합하여 빅데이터 추출 및 분석에 활용할 수 있게 해준다.

이렇게 함으로써 하둡에서 추출된 데이터와 기존 데이터를 활용하여 더 새롭고 혁신적인 데이터 관리와 분석을 할 수 있도록 하고, 새

그림75 데이터 관리 및 마스터 데이터, 통합 서비스 점탁, 참조 Microsoft

로운 비즈니스 인사이트와 인터랙티브한 다양한 리포트를 제공하며 다양한 협업을 통해 데이터를 관리하고 활용할 수 있게 한다.

마이크로소프트는 신뢰성 있고 일관성 있는 데이터 관리를 위해 전사 정보 통합 관리 체계 기반^{Enterprise Information Management (EIM)}의 통합 도구 솔루션과 데이터의 품질을 관리하는 데이터 퀄리티 서비스를 제공한다. 지식 정보 기반에 데이터 클린징과 매칭이 되며, 자체적 서비스를 가동하여 SQL 서버에서 SSIS^{SQL Server Integration Service}와 통합이 가능하다. 마스터 데이터 서비스는 사용자 중심의 편리한 엑셀 UI를 통해 데이터와 차원 관리가 가능하며, 쉽고 빠른 데이터 로딩을 통해 기준 정보 관리가 단순해지도록 하였다. 통합 서비스는 데이터 배포와 관리가 하나의 단일 기반으로 통합되고, 향상된 사용자 경험을 제공한다.

	SQL Server	Fast Track	PDW
Product Type	Software: SQL Server EE	Reference Architecture: SQL Server EE + Ref HW	Appliance: SQL Server PDW + HP/ Dell + Mission Critical Service
Position	OLTP Database	OLAP Data Mart	OLAP Enterprise DW
Architecture	SMP	SMP	MPP
Scale	10s of TB	5~40TB	5~600TB

그림6 솔루션 및 제품 비교, 참조 Microsoft

마이크로소프트의 빅데이터는 엔드 투 엔드$^{End-to-End}$ 솔루션과 서비스를 제공해서 퍼블릭 클라우드 애저^{Azure} 기반의 하둡과 윈도우 서버 기반의 하둡을 연계한다. 온라인 트랜잭션 프로세싱 기반의 SQL 서버와 기존 사례 기반의 아키텍처와 인프라를 참조하여 제공하는 패스트 트랙$^{Fast\ Track}$, 데이터 웨어하우스인 PDW$^{Parallel\ Data\ Warehouse}$를 하드웨어 벤더와 최적화된 아키텍처 형태로 고도의 병렬 프로세싱이 가능하도록 MPP$^{Massively\ Parallel\ Processing}$ 아키텍처로 제공한다.

　빅데이터는 하둡을 구축하고 도입했다고 다 되는 것이 아니기 때문에 고객으로서는 하둡과 연계 가능한 관계형 데이터베이스와 데이터 웨어하우스의 고려도 중요하다.

Insight 30 ▶ 마이크로소프트 빅데이터 솔루션의 차별화

빅데이터의 목적은 데이터를 잘 수집하고 관리해서 인사이트를 얻는 것이다. 기존의 비즈니스 인텔리전스와 잘 통합하여 연계된다면 빅데이터에서도 훌륭한 분석과 인사이트를 얻는 것이 가능하다.

빅데이터 솔루션은 퍼블릭 클라우드나 기존 서버, 프라이빗 클라우드 기반의 가상화에서도 설치될 수 있어야 하며 무엇보다도 안정적인 운영 체계에서 제공되어져야 한다.

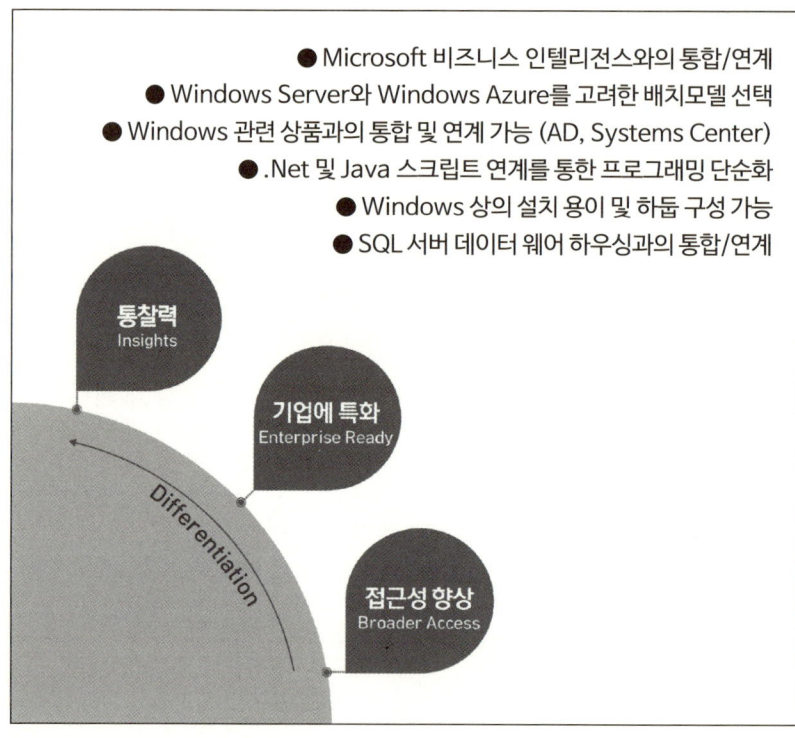

그림77 빅데이터 주요 핵심 및 차별화 전략: 참조 Microsoft

마이크로소프트의 빅데이터 솔루션을 통해 빅데이터가 앞으로 가야할 방향을 조심스럽게 엿볼 수 있다. 마이크로소프트의 빅데이터 솔루션은 개발자가 아닌 비즈니스 현업 담당자나 관리자를 위해 하이브 드라이버 Hive ODBC Driver 로 엑셀과 쉽고 빠르게 연계 Hive Add-in for Excel 되며. 엑셀의 파워피봇 서비스와 통합이 되어 하둡의 데이터를 엑셀 상에서 쉽고 빠르게 분석하고 그래프와 차트로 표현할 수 있다. 또한, 하둡을 위한 자바스크립트 프레임워크가 제공되며 SQL서버와 PDW를 연계하는 하둡 커넥터가 제공된다.

일반 기업의 입장에서 하둡을 개발하고 구축하는데 많은 노력을 들이지 않고 기존 데이터베이스와 데이터 웨어하우스를 활용하고 비즈니스 인텔리전트까지 활용할 수 있어서 더욱 빠르게 빅데이터 플랫폼을 도입하고 구축할 수 있을 것이다.

Insight 31 to 40

데이터를 가지고 있다면 데이터를 살펴보고,
우리가 가지고 있는 모든 정보를 마이닝하자.

If we have data, let's look at data.
If all we have are opinions, let's go with mine.

Peter Norvig Chief Scientist of Google

Insight 31 ▶ 빅데이터 추진 전략과 접근 방안은 무엇일까

빅데이터의 본질은 기존 데이터 처리 방식의 근원적인 변화에 있다. 특히 데이터 수집 방식과 모델링, 그리고 축적과 저장 방식, 분석과 데이터 마이닝, 마지막으로 활용하는 방식에서의 변화이다.

이러한 변화는 무엇보다 데이터를 보는 관점과 방식의 차이에서 나오는 새로운 비즈니스가 그 핵심이다. 그동안 간과했던 데이터에 관한 새로운 인식과 통찰력이 요구되고 있는 것이다. 따라서 빅데이터 비즈니스와 빅데이터 서비스를 구축하기 위해서는 먼저 빅데이터를 활용한 비즈니스 모델과 시나리오 수립이 전제되어야 한다.

빅데이터는 IT가 중심이 되어 비즈니스를 전환하는 패러다임인 것은 분명하다. 그러나 빅데이터 기술만을 검토한다면 기술과 도구를

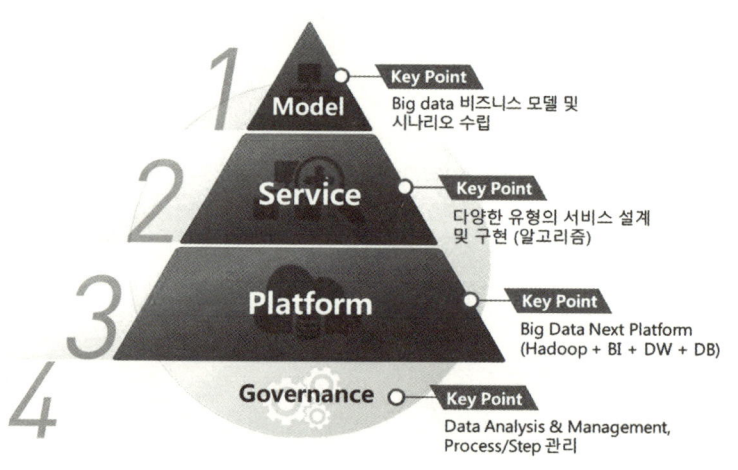

그림78 빅데이터 접근 전략 및 방안 - 정우진

무엇을 어떻게 쓸 것인지 검토만 하다가 끝날 수밖에 없다. Business before Technology – 기술 이전에 비즈니스라는 얘기다. 빅데이터도 바로 핵심은 비즈니스 모델과 시나리오에 있다. 빅데이터는 그동안 생각하지 못했던 혁신적인 데이터 비즈니스 시나리오를 가능하게 한다. 감히 생각조차 할 수 없었던 아이템에 대해서 솔루션과 기술을 제공하기에, 이제는 무한한 상상과 혁신적인 빅데이터 비즈니스 모델과 시나리오를 준비해야 한다.

빅데이터 비즈니스 모델과 시나리오가 만들어졌다면 이러한 모델과 시나리오에 맞는 설계가 필요하다. 설계는 기존의 데이터베이스 설계뿐 아니라, 데이터와 데이터 간의 관계 데이터를 분석하고 찾아내는, 그리고 데이터를 정제하여 다시 가공해서 실제 서비스에 반영하는 데이터 로직 등이 해당된다.

여기서 핵심은 이러한 모델과 시나리오를 바탕으로 서비스를 설계하고 구현하는 알고리즘이다. 「데이터가 먼저냐 알고리즘이 먼저냐_{More data vs. Better algorithm}」라는 논쟁이 일어나고 있을 정도로 알고리즘은 최근 빅데이터의 가장 화두이자 트렌드이며, 따라서 그에 관한 연구와 적용이 활발해지고 있다. 특히 새로운 비즈니스에 맞게 비즈니스 모델 특허로 등록되기 때문에 전 세계적인 특허 싸움도 예상된다.

인터넷 비디오 스트리밍 서비스 업체인 넷플릭스_{Netflix}는 계속해서 증가하는 데이터도 문제였지만, 복잡한 알고리즘_{Sophisticated Algorithm}이 더 문제였다. 넷플릭스는 알고리즘을 단순화하고 추가 확장되는 데이터를 처리하게 되면서 더욱 성장하게 되었다.

구글 페이지랭크^{PageRank}의 경우, 링크 정보와 앵커텍스트 정보가 결합한 페이지랭크가 더 나은 검색 결과를 보여준다. 데이터를 많이 수집하는 것도 중요하지만, 최적화된 알고리즘에 관한 설계가 빅데이터 성공에 가장 중요하다.

비즈니스 모델과 시나리오를 결정하고 이에 적합한 알고리즘과 데이터 로직을 설계한 후 다음 단계로 빅데이터 플랫폼을 도입하고 구축해야 한다. 비즈니스 모델과 시나리오, 그리고 알고리즘을 결정한 이후에는 플랫폼 선정이 그렇게 어렵지 않을 것이다. 다만 플랫폼을 선정할 때 당장의 비즈니스 요건과 상황에만 맞추지 말고 앞으로의 데이터 규모와 변화되는 비즈니스 요건과 서비스, 그리고 성능 등을 고려해야 한다. 플랫폼을 선정한 후, 구성하는 프레임워크와 제반 솔루션에 관한 다양한 검토와 성능 테스트 등을 통해 부문별 솔루션을 선정한다.

빅데이터 플랫폼 기반의 운영 환경과 개발 환경 등을 제공할 때 최종 비즈니스 담당자가 사용하게 될 분석 도구와 비주얼라이제이션 서비스도 플랫폼에 적합해야 한다. 최근 빅데이터의 특성 중 하나는 다양한 분석과 수시로 바뀌는 데이터 대시보드이다. 유연하고 확장된 사용자 경험과 인사이트를 제공하는 플랫폼의 설계가 필요하다.

이 밖에 데이터 분석과 관리, 프로세스 관리 등 관리 차원에 거버넌스 체계가 있어야 한다. 빅데이터는 데이터 탐색과 추출, 데이터 조합, 데이터 분석 리포트 등이 변화무쌍하게 발생하게 된다. 그리고 다양한 알고리즘이 시스템에 적용되고 반영되기 때문에 이러한 전반적인 패턴을 정형화하고 시스템화하는 작업을 해야 한다. 이것은 관리 기준과 운영 통제에 따라야 하기에 데이터 거버넌스 체계가 요구된다. 무엇보다 데이터를 통해 경영진이 의사결정을 하고 고객에게 비즈니스 서비스를 제공하기 때문에 데이터의 무결성, 신뢰성, 정합성, 그리고 일관성 등이 보장되어야 한다.

빅데이터의 성공적인 추진과 실행을 위해서는 4가지 전략과 방안이 단계별로 우선 수립되어야 하며, 각각의 핵심 사안들은 전략적 일관성 확보와 상호 연관 관계를 고려하여 정의되고 설계되어야 한다.

Insight 32 > 빅데이터의 다양한 비즈니스 활용 시나리오

빅데이터는 대규모의 데이터 거래량 처리와 분석이 요구되며 매우 복잡하고 광범위한 데이터베이스의 로직과 도식이 필요하다. 다량의 정형·비정형 데이터를 수집하고 분석함과 동시에 엄청난 수의 사용자가 접속하여 웹 애플리케이션을 사용하기 때문에 대용량의 데이터 관리가 요구되기도 한다.

비즈니스 활용 시나리오로 생각해 볼 수 있는 것에는, 새로운 고객을 확보하고 기존 충성 고객을 유지하기 위해 고객의 온·오프라인 행동을 분석하여 고객 맞춤형 서비스를 제공하는 시나리오가 있다.

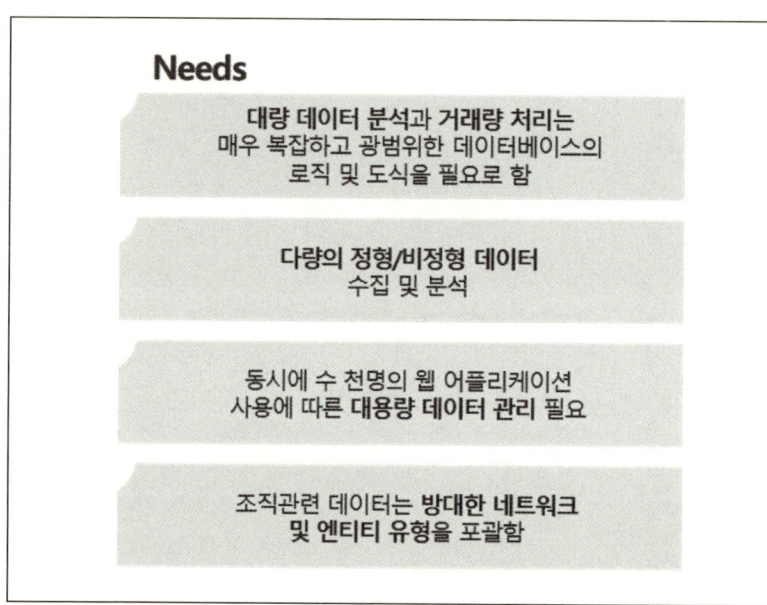

그림79 빅데이터 주요 니즈와 활용 시나리오 - 경우진

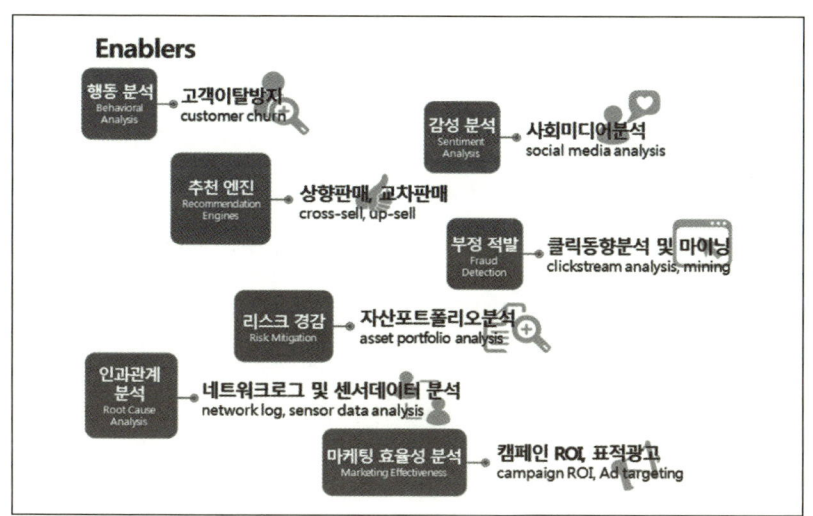

소셜 네트워크에는 감성 분석을 통해 소비자들이 브랜드와 상품, 서비스에 관한 긍정적인지 부정적인지 어떤 반응을 하는지에 관한 분석이 있다.

온라인 쇼핑몰에서 활용할 수 있는 것으로는 방문 고객에게 사전 관심상품 리스트를 제공해서 상향판매(up-selling)를 유도하거나, 동일 상품을 구매한 다른 사람의 구매 리스트를 제공하는 교차판매(cross selling) 엔진 등이 있다.

인터넷에서 클릭스트림을 분석하고 로그 데이터를 마이닝해서 악의적 부정과 인터넷 범죄자들을 찾아낼 수도 있으며, 금융 업종에서는 자산 포트폴리오를 짤 때 다양한 데이터와 시장 데이터를 기반으로 위험을 줄여주는 역할을 할 수 있다.

제조와 유통 업종에서는 네트워크상에서 발생한 로그와 센서 기반의 데이터를 통해 제조 공정상에서의 불량 원인을 빠르게 찾아낼 수도 있다.

타켓 마케팅을 위한 광고 대상자 추출, 그리고 마케팅 투자와 실행에 관한 투자 대비 효과 분석은 어느 업종에서나 공통으로 가능한 시나리오이다.

빅데이터의 활용 시나리오는 업종별로 다소 차이는 있지만, 목적과 동인은 유사하다. 이러한 다양한 사례에 기반한 빅데이터 적용 시나리오는 더욱 다양해질 것이다. 빅데이터의 시작은 모델과 시나리오를 만드는 것임을 잊지 말아야 한다.

Insight 33 ▶ 빅데이터의 산업별 활용 분야

금융업에서는 몬테카를로 시뮬레이션^{Monte Carlo Simulation}이라 하여 데이터의 분석을 통해 확률변수의 미랫값을 예측하는 수치적 접근 방법이 있고, 자금 세탁 방지^{AML : Anti-Money Laundering}와 시장 트렌드 분석과 같은 다양한 적용 분야가 있다.

언론과 미디어 분야에는 통화 내역 기록이나 통신 활용 데이터 등을 분석하여 고객의 사용 패턴 분석을 통해 통신 장비의 효율적 배치와 장비 투자에 관한 적정성을 도출해 낸다.

또한, 웹로그 분석을 통해 웹 광고의 효용성 극대화와 매출을 신장하는 과학적 근거를 만들고, 검색이 가능하도록 멀티미디어와 경험

그림81 업종별 활용 시나리오1 - 정우진

187

기반의 다양한 데이터를 축적하여 라이브러리화할 수도 있다.

소매 업종은 고객의 구매 행동과 온·오프라인의 상품 배치 등의 상관관계를 분석하고, 개인에게 맞춤형 캘린더와 이메일을 발송하여 방문율과 구매율을 높이는 전략도 가능하다.

공공분야에서는 국가 차원의 다양한 데이터를 취합하여 국가 기밀과 관련된 스파이 활동이나 테러, 해킹 등을 사전에 방지할 수도 있다.

그림82 업종별 활용 시나리오2 - 정우진

온라인 게임이나 소프트웨어 업종에서는 불법 소프트웨어 설치와 불법 미디어 파일 유통, 그리고 게임 아이템에 관한 불법 거래 등 온라인 게임상에서 발생하는 다양한 부정을 탐지할 수 있다.

의료업에서는 지금도 한창 진행 중인 유전자 연구와 임상실험과 임상 추적 분석 등 의료에 필요한 다양한 데이터와 연관 자료를 검색과 매칭해 주는 것이 가능하다.

산업별 활용 분야에 관한 공통점은 잠재적인 데이터와 새로운 데이터의 가치를 계속해서 발견하고 유지하는 것이다. 데이터에서 그치는 것이 아니라, 새로운 정보 형태로 발전시키고, 정보를 가공해 데이터를 검출하고 품질을 유지하며 데이터를 공급해 유통을 가능케 해야 한다. 적합한 알고리즘이 설계되어 데이터 가치를 생성하는 순환고리가 최적화되어 시스템화되면 성공적인 시나리오가 되는 것이다.

빅데이터의 산업 활용 분야의 큰 특징은 기존의 비즈니스 모델의 한계에 그치는 것이 아니라 무한한 발전 가능성을 내포하고 있다는 것이다. 그리고 단순히 늘어나는 데이터를 관리하고 분석하는 것이 아니라 새로운 인사이트를 얻어내고 산업별로 발전된 가치와 풀지 못했던 문제나 이슈 등을 해결해 주는 열쇠 역할을 한다. 앞으로는 산업별 시나리오 연계와 학습된 내용을 바탕으로 융합과 교류를 통한 통섭이 일어날 것이다. 이제는 데이터가 산업의 핵심 가치가 될 것이다.

Insight 34 ▶ 빅데이터를 활용한 신규 비즈니스 모델 개발

새로운 가치를 발견하고 인사이트를 얻기 위해 모델을 개발해야 하는데 막상 무언가를 만든다는 게 멀게만 느껴지고 쉽지 않다. 이럴 때는 가장 먼저 회사 내의 유관 데이터를 모아서 데이터의 특성과 목적을 파악할 필요가 있다.

일반 기업이 가지고 있는 데이터에는 크게 고객 정보, 상권 정보, 거래 정보가 있다. 고객정보는 고객의 기본 정보에서부터 고객 관련 최근 이력 데이터가 포함되어 있다. 상권 정보는 해당 지점이나 해당 지역의 다양한 시장 정보이다. 다음으로 거래 정보는 고객의 온/오프라인 거래 데이터와 상품의 판매와 재고 정보 등이다. 흩어져 있는 이런 데이터 집합군들을 모아서 활용하면 다양한 시나리오가 가능할 것이

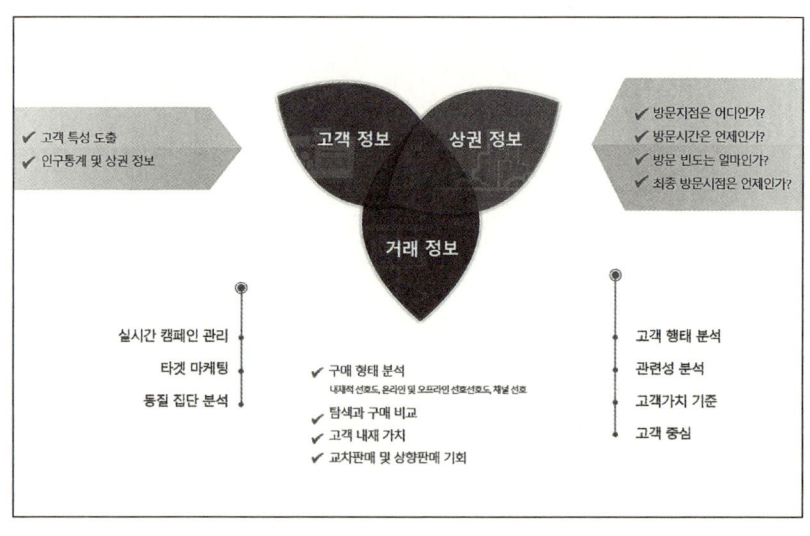

그림83 업종별 활용 시나리오3 - 정우진

다. 예를 들면 실시간 캠페인을 한다면 시간대별로 맞춤형 고객 캠페인이 가능하다. 상권 정보에서 고객의 연령대와 경쟁사와 해당 상권의 시장 특성과 결합한다면 해당 지역에 맞춤형 상품과 서비스를 특화된 형태로 제공할 수 있을 것이다. 무엇보다 고객의 구매 행동이나 거래 주기, 주로 구매하는 관심 상품 등을 분석한다면 고객별 일반 정보가 아닌 고객별 구매 기호와 특성을 파악할 수 있게 된다. 그러면 고객의 관리 항목 데이터와 범주도 늘어나게 될 것이다.

기존에 데이터화하지 않은 아날로그성 신호나 표현, 비정형 데이터 등도 관리화할 수 있도록 구조화된 데이터의 경우, 이러한 데이터를 통합하고 연계하기가 쉽지 않다는 게 문제이다. 고객 정보는 고객 담당 CRM 팀이 담당하는 경우가 많고, 상권 정보와 같은 시장 정보는 마케팅팀이, 고객 구매 정보는 해당 영업팀이 관리하는 경우가 많다.

이렇게 운영과 관리의 주체가 분명한 조직이 있기 때문에 기본적으로 자신의 데이터와 정보를 제공하지 않으려 한다. 그래서 최근에는 전사의 데이터를 담당하고 비즈니스를 만들 수 있도록 권한을 부여한 전사 조직의 형태로 빅데이터 팀을 꾸리는 경우가 많다. 여기에 또 다른 쟁점이 있다. 고객 정보는 고객의 개인정보 보호법에 따라 고객의 동의가 필요한 경우가 많고, 고객 정보를 함부로 분석할 수도 없는 것이 현실이다. 빅데이터를 추진하고 있는 조직에서 가장 많은 장애물로 얘기하는 것들이 이러한 것이다. 그래서 추진하기 전에 이러한 사전 제약사항과 한계를 분명히 확인하고 가야 한다.

빅데이터 모델링에서의 기본은 연관성과 가능성이 있으면서도 잠재적인 데이터를 최대한 많이 모으는 것이다. 그런 다음 분류를 하고 새롭고 다양하게 매핑^{mapping}과 매칭^{matching}을 해보도록 한다.

빅데이터 비즈니스 모델 1 - 신용카드 사용행태 분석에 따른 고객 분석

신용카드 거래는 다양한 데이터 모델이 가능하다. 우선 카드와 단말기에서 여러 가지 정보가 발생하고, 결제와 구매 행위에서 많은 정보가 취합된다. 카드 금융사는 고객 세분화와 고객 유지율 증대를 위한 관리뿐 아니라 위험이나 신용도 분석, 불공정 거래 추적 등 다양한 관리 데이터를 보유하고 있다. 이것을 바탕으로 불법 복제 신용카드에

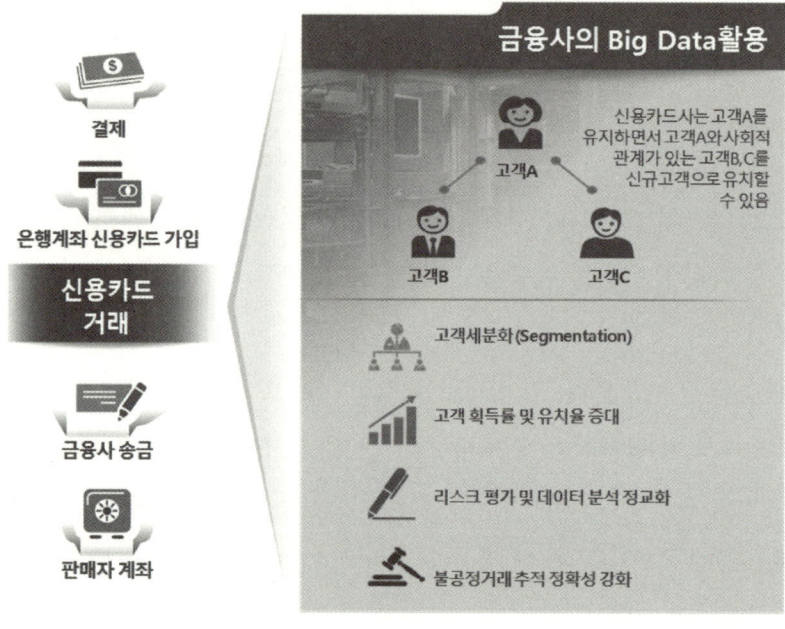

그림84_신용카드에서 빅데이터 활용 예시 - 정우진

관한 단속과, 분실 카드와 도난 카드 이용 내역 실시간 추적 등 다양한 데이터 분석과 시나리오를 통한 비즈니스 모델이 가능하다.

또한, 국내에서는 개인 부채 문제가 심각해져서 국가 차원에서 신용카드 한도, 현금서비스, 그리고 신용 등급 정보 등의 관리를 강화하고 있다. 물론 반대로 신용카드 이용고객과 구매자도 다양한 정보와 스마트한 서비스를 받을 수 있지만, 그동안 신용카드 폐해가 많았던 것도 사실이고 카드를 통한 부실과 부정이 아직도 존재해서 이 분야에 다양한 빅데이터 비즈니스 모델이 나올 여지가 많다.

통신사와 스마트 디바이스 제조사들은 최근 앞다투어 스마트폰 통합 결제 앱 서비스 등을 개발하고 있는데, 이런 스마트 디바이스 앱은 더 많은 구매 데이터와 분석 환경을 제공할 것이다.

최근 스타벅스는 신용카드도 현금도 필요 없는 「이름만으로」 커피를 주문하고 결제하는 모바일 결제 시스템을 준비 중이다. 더 이상 지갑에서 신용카드를 꺼내어 결제하지 않아도 되고 영수증을 확인하고 포인트 등을 챙기지 않아도 된다. 매장에 들어가면 고객 스마트폰의 정보가 매장 계산대의 포털 시스템에 확인되고 고객 프로파일 확인을 통해 고객 이름과 사진이 뜨면서 이름만 대면 결제를 완료하는 시스템이다. 이를 위해 스타벅스는 모바일 결제 업체인 스퀘어^{Square}와 전략적 파트너 제휴를 맺었다. 2012년에는 고객들이 스마트폰에 저장된 바코드를 직원에게 제시하는 것만으로도 대금을 결제하는 시

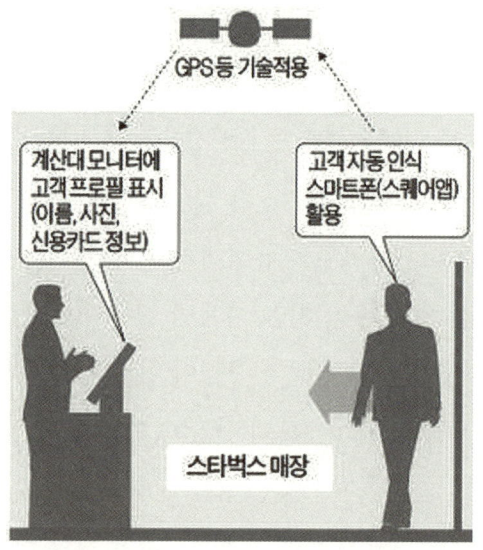

참조 http://www.hankyung.com/news/app/newsview.php?aid=2012080989451

스템을 구축했다. 현재 스타벅스의 앱은 자사가 판매하고 있는 선불카드로만 결제하는 한계점이 있으나 스퀘어 앱과 결합하여 개발되면 선불카드뿐 아니라 신용카드나 직불카드로도 결제할 수 있다.

현재 스타벅스의 앱은 전 세계에서 1만 7,650개 매장 중에 1만 4,000개 매장 약 80%가 적용되어 있는데 이 매장들에서 1주일에 100만 건 이상이 활용되어 엄청난 고객 거래 데이터가 쌓이고 있다. 만약 새로운 앱이 나오게 되면 그 데이터의 양은 더 늘어날 것으로 예상한다.

스타벅스에는 다른 브랜드의 커피점과 비교했을 때 없는 것이 있다. 대기 고객에게 음료를 찾아가라는 RFID 알림 장치이다. 스타벅스는 고객의 이름을 불러주면서 커피를 기다린 고객에게 배려와 이해심을 전달한다는 취지이다.

이런 지금의 체계를 모바일 결제가 바꾸지는 않을 것이다. 고객을 인지하고 고객에게 추천하고 단골손님들을 더 대우하는 결과를 낳을 것이다. 그리고 혁신적인 고객들에게는 좀 더 차별화되는 서비스를 제공할 것이다. 이러한 모바일 결제 시대로의 전환은, 커피라는 단순한 음료 제품의 영향에서 확대되어 산업 전방위적으로 적용될 가능성이 높다.

현재도 신용카드 인증으로 공인인증서와 다양한 결제 단계를 거치는 것을 불편해하는 고객들이 많고, 무엇보다 외국에서 사용할 수 없는 신용카드가 더 많아서 여행자들에게 많은 불편함을 준 것이 사실이다. 이제는 결제라는 하나의 서비스로 글로벌 고객을 상대하고 거래해야 하므로 이에 따른 빅데이터 플랫폼과 같은 준비가 필요하다.

빅데이터 비즈니스 모델 2 - 의료기록 모니터링에 의한 고객 건강관리
의료 진료에 관한 패러다임이 바뀌고 있다. 의술의 발전으로 고치기 힘든 병은 줄어들고 점점 더 개인의 지병이나 건강 관리로 무게 중심이 이동하고 있다. 건강 검진과 사전 예방 등이 더 중요해지고 있다. 그러다 보니 꼭 병원을 가거나 진료를 안 받더라도 담당 의사가 원격으로 진료할 수 있고, 기본적인 검사를 위한 의료 장비가 디지털화되고 초소형화 되면서 일부는 환자가 휴대용으로 가지고 다닐 수도 있게 되었다. 그래서 언제 어디서나 자신의 건강에 대해 체크할 수 있고 위급할 때에는 해당 정보가 병원에 있는 의사에게 통보된다.

이러한 개인의 건강과 의료 진단 관련 정보는 병원에만 필요한 것은 아니다. 제약 회사나 의료 보험 관련 회사 등에도 필요하게 되고 이러한 의료 정보들이 모이게 되면 병에 관한 정보뿐 아니라 치료와 건강 관리에 관한 다양한 정보도 얻을 수 있게 된다. 페이션츠 라이크 미 닷컴 patientslikeme.com 이라는 사이트는 희소병 환자들의 커뮤니티 사이트로서 회원들의 정보를 활용한 헬스케어 비즈니스를 제공한다.

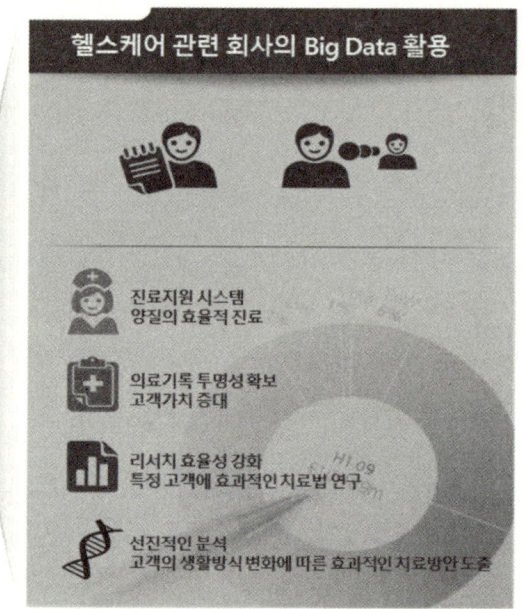

페이션츠 라이크 미Patientslikeme는 개인의 질병과 건강 관련 정보를 공유하게 되는데 단순히 병에 관한 정보와 치료 정보만 공유하는 것이 아니라 식습관과 운동 습관 그리고 체질까지도 공유하게 되어 질병 치료에 관한 모든 정보를 비교할 수 있다. 무엇보다 환자와 환자 가족들이 다양한 경험을 공유하면서 배울 수 있고, 최신 정보를 습득할 수 있다.

페이션츠 라이크 미는 치료 약에 관한 효과도 제약사와 공유할 수도 있어서 환자들뿐 아니라 제약사에도 이바지한다. 이 사이트에 가입된 멤버 수는 2011년 기준으로 10만 명을 넘어섰으며, 건강 질환 분야health condtion도 1천2백 개를 넘었다. 이렇게 개인의 의료 정보와 건강 정보가 공유되고 공개되어 협업하는 시대에는 그만한 정보를 담고 처리하고 관리하는 플랫폼이 필요하다. 이것이 빅데이터가 발전할 수밖에 없는 이유이다.

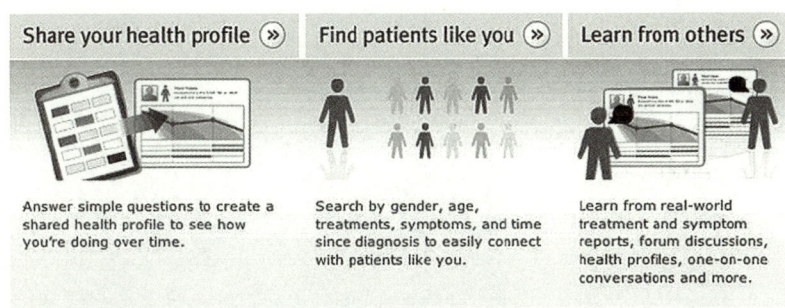

그림87 Patientlikeme의 비즈니스 프로세스
참조 patientlikeme.com

빅데이터 비즈니스 모델 3 - 정교한 지능형 전력망 데이터 분석

한여름이나 한겨울이면 언제나 예비 전력량 때문에 우리나라뿐 아니라 전 세계에서 이슈가 되고 있다. 특히 일본은 지난 3.11 대지진 이후 원자력 발전소를 더이상 짓지 않기로 했고, 독일도 현재 원자력 발전소를 점점 줄여가기로 했다. 이러한 상황에서 일반 가정에서 사용되는 전력량은 늘어나고 사용 요금도 오르는 것이 현재 추세이다.

낭비되는 에너지를 방지하고 실제 사용량과 전자 제품에 관한 전력 효율을 관리하는 다양한 스마트 그리드 디바이스와 솔루션들이 등장하고 있다. 주택은 태양열 에너지와 지열 등 다양한 그린 에너지 주택이 늘어나면서 실제로 집에서 전력을 저장하고 관리하는 스마트

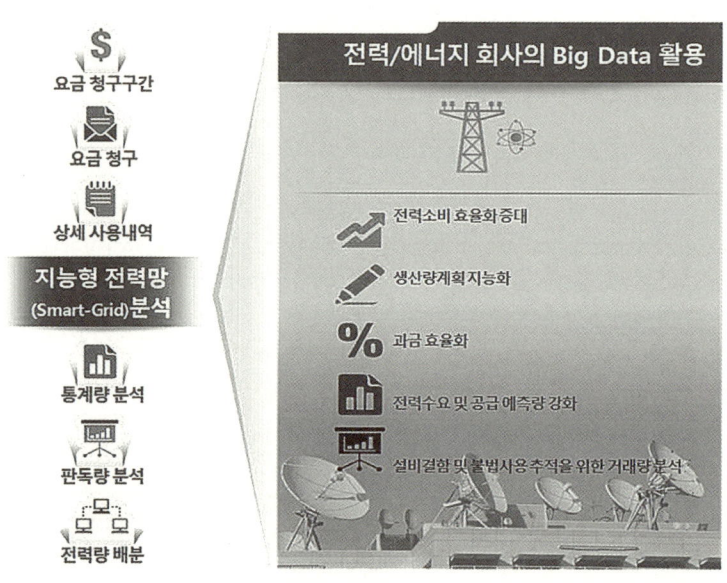

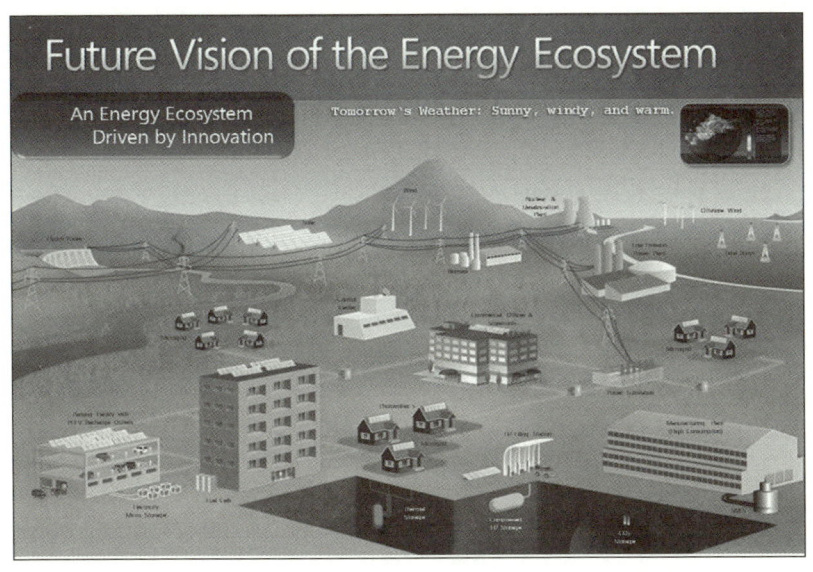

그림89 스마트 에너지 에코 시스템. 참조 Microsoft

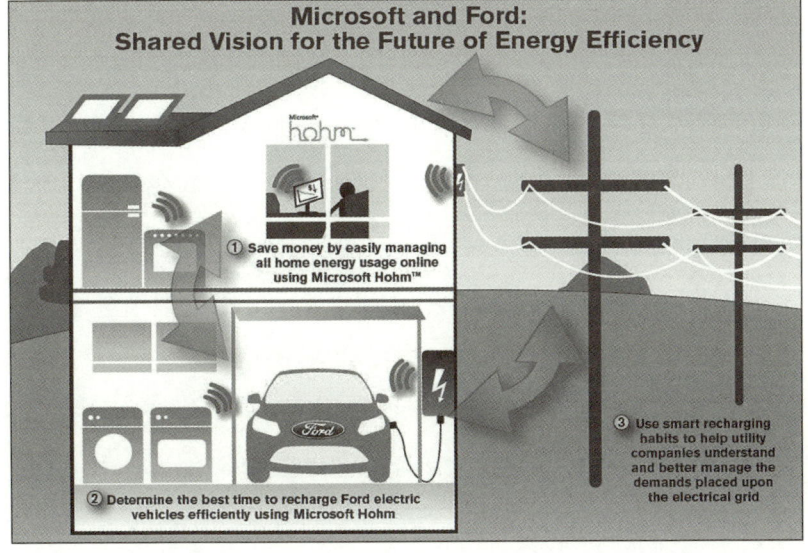

그림90 스마트홈 구성도. 참조 Microsoft

주택이 늘어나고 있다. 집안 내에 다양한 전력과 에너지 관련 데이터가 늘어나게 되면 전력/에너지 회사가 관리해야 할 데이터도 증가할 수밖에 없다. 지금까지는 사후 대응 방식이었다면, 앞으로는 사전 인지와 사고 방지 방식으로 전환될 것으로 보인다. 따라서 전력/에너지에 있어서 빅데이터는 중요할 수밖에 없다.

스마트 그리드 사업은 스마트 시티, 유비쿼터스 시티와도 연관성이 있다. 전력과 에너지에 관한 에코 시스템과 플랫폼이 요구되는데 결국 현실계에 있는 모든 전력/에너지를 이용하는 디바이스와 공공시설들은 디지털화되어서 다량의 데이터를 생성하게 될 것이며, 원격에서 모니터링과 관리를 할 수 있도록 컨트롤 디바이스 시스템으로 바뀔 것이다.

최근 들어 스마트 그리드에 관한 혁신과 변화를 급속도로 앞당기고 있는 것은 단지 전력회사만이 아니다. 자동차 업계에서 하이브리드 차량^{Hybrid Electric Vehicle}에 이어 전기차^{Electric Vehicle}에 관한 연구와 보급이 활발히 이뤄지면서 집에서 차량용 충전 서비스를 할 수 있도록 스마트 홈 그리드와 연계된 새로운 서비스 모델을 준비하고 있다. 차량용 전기 충전도 급속 충전이 가능해지고 저비용 구조가 필요해져서 스마트 그리드와의 연계는 당연할 수밖에 없다. 빅데이터 측면에서 전기 차량의 충전 정보와 가능 거리 그리고 집에서 충전된 전기 사용량과 충전 가능 용량 등은 중요한 정보이다. 앞으로 전 세계 차량이 하이브리드와 전기 차량 또는 차세대 에너지 차량으로 전환된다면, 발생할

데이터의 규모만 하더라도 어마어마할 것으로 예측할 수 있다.

빅데이터 비즈니스 모델 4 – 커넥티드 카 빅데이터 시나리오

빅데이터는 텔레매틱스^{Telematics}와 관련하여 자동차 업계에서도 화두이다. 특히 기존의 판매정보와 생산정보 등 일반 정보에서 고객 차량용 정보를 수집하기 시작하고, 서비스나 대외 차량 관련 정보도 연계되면서 새로운 개념의 데이터 관리 체계도 만들어지기 시작했다.

VRM$^{Vehicle\ Relation\ Management}$ 또는 VCRM$^{Vehicle\ Customer\ Relation\ Management}$이라고 해서 차량과 고객 관련 모든 데이터를 통합해서 데이터 웨어하우스를 구축하고 데이터 간의 관계와 분석을 통해 새로운 차량 관련 정보를 얻어내고 있다. 특히 차량 정보는 기존의 생산과 판매에만 활

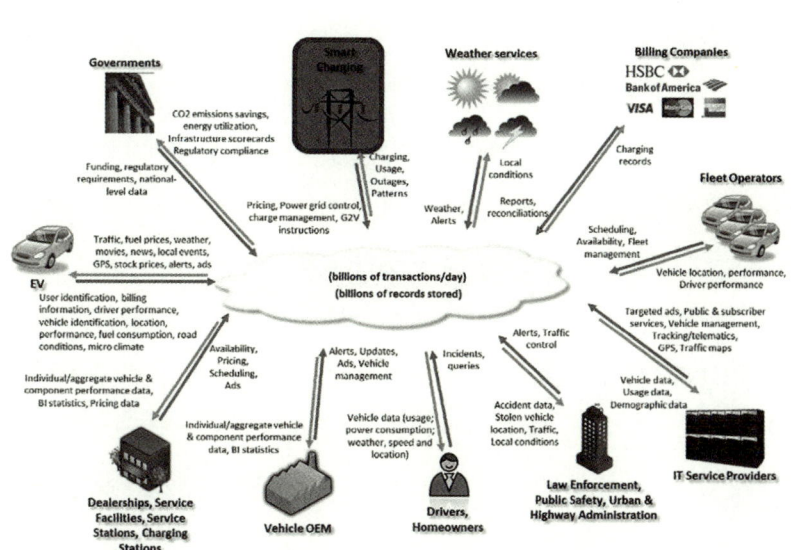

그림91 차세대 텔레매틱스 생태계, 참조 Microsoft

용되는 것이 아니라 연구 개발, 마케팅, 차량 서비스 센터, 나아가 보험사나 정부 공공 기관에 이르기까지 그 범위도 확대되고 있다. 최근에는 차량 내에 텔레매틱스가 장착되면서 고객 맞춤형 서비스와 내비게이션을 비롯한 다양한 멀티미디어 서비스가 제공된다.

차량에서 생성되고 연계되는 다양한 데이터가 늘어나면서 클라우드 기반의 대용량 저장 공간 인프라가 요구되기 시작하고, 이러한 데이터를 어떻게 활용할 것인지 자동차 업계에서 고민하기 시작했다. 그런데 차량의 신제품 라이프사이클은 3년~5년 정도로 IT의 라이프 사이클을 따라잡을 수 없으므로, 텔레매틱스는 단말만 제공하고 플랫폼 형태로 가기 시작했다. 대표적인 사례가 다임러 벤츠의 스마트 카이다.

다임러는 e모빌리티 프로젝트를 통해 전기차^{Electric Vehicle}의 텔레매틱스 플랫폼을 클라우드 기반 위에 구축하였다. 전기차와 기존 가솔린 차량의 가장 큰 차이인 주유 방식이 차량 전기 충전 방식으로 바뀌면서, 현재 충전 상태와 충전 배터리의 가용량 등을 사전에 운전자에게 정보로 제공해야 하는데, 이렇게 충전에 관한 데이터베이스가 차량 판매 대수와 함께 늘어난다면 데이터가 엄청나게 쌓일 것으로 예상한 다임러는 클라우드 컴퓨팅 기반의 데이터베이스를 구축하였다.

이것으로 충전 정보뿐 아니라 충전소 위치 정보와 충전소까지의 거리 시뮬레이션, 충전소까지 최적 경로 등 다양한 가공 데이터의 제

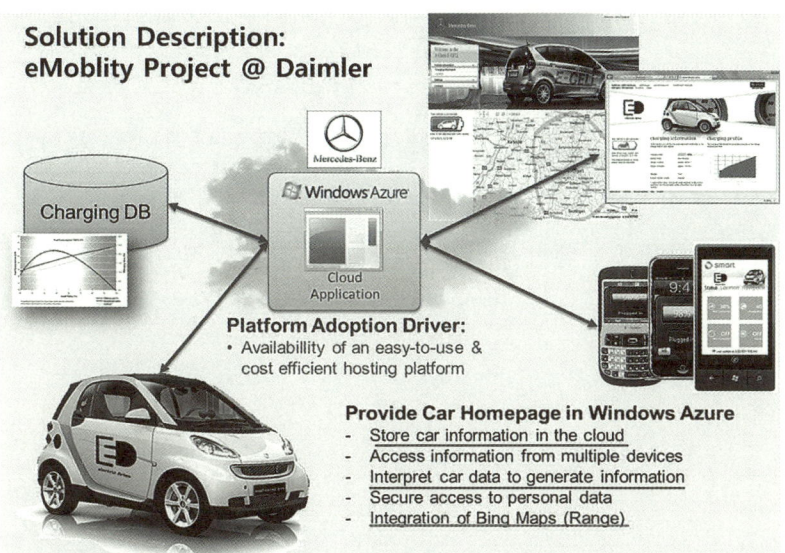

그림92 전기차 텔레매틱스 사례, 참조 Microsoft

공이 가능하게 되었다. 자동차의 전기 차량으로의 전환은 기존 차량 IT 체계도 바꿀 정도로 큰 변화를 몰고 왔다. 앞으로 차량에 컨버전스 서비스가 속속 도입되면서 차량에서의 빅데이터 플랫폼 사례는 점점 더 많아질 것이다. 차량의 안전과 사고 예방, 차량 운전자에게 사전에 다양한 정보 제공하기 등 활용 사례도 다양해질 것으로 예상된다.

자동차 분야에서 빅데이터는 차량 IT 시스템이라고 해서 VRM$^{\text{Vehicle Relation Management}}$(차량 연계 정보 관리) 시스템 또는 VCRM$^{\text{Vehicle and Customer Relation Management}}$(차량과 고객 관리) 시스템 분야에 집중되어 있다. 차량 유지 보수와 관련된 정보를 즉각적으로 제공하거나 고객의 운전 습관$^{\text{Driving Style}}$과 관련해 실시간으로 피드백을 제공하여 고객이 자동차 수명을 연장할 수 있는 운전 습관을 가지도록 유도하고, 특정 운전 습관^{Driving Style}을 지닌 고객을 대상으로 새로운 차량을 개발할 수도 있게 된다. 또한, 다양한 차량 데이터 패턴 분석을 통해 특정 값 이상일 경우, 경고 및 리콜 자동화 등의 역할을 하기 때문에 자동차에서 빅데이터는 앞으로 최고 핵심 경쟁력이 될 것이다.

Insight 35 ▶ 빅데이터를 활용한 사례들

빅데이터 사례1 - 아바타와 픽사

2010년 영화계에는 일대 획기적인 사건이 발생한다. 환상적으로 높은 완성도의 3D 영화 「아바타^{Avatar}」가 흥행 신기록을 세운 것이다. 영화 평론가들은 하나같이 영화는 아바타 이전과 이후로 나뉜다고 말하였다.

아바타의 감독 제임스 캐머런은 훗날 인터뷰에서 아바타 영화에 관한 아이디어와 생각은 15년 전부터 있었지만 정작 그때에는 영화를 구현할 기술이 없었는데 최근 IT 기술이 급격하게 발전하면서 영화 제작이 가능해졌다고 했다. 그러면서 엄청난 규모의 영상 제작에 들어가는 데이터와 이를 수용하는 스토리지에 관한 얘기를 하였다. 실제 아바타는 당시에는 상상도 할 수 없고 예측도 안 되는 데이터 스토리지가 필요했고, 이러한 데이터를 3D화해서 작업하는 데이터 처리 컴퓨팅 파워도 요구되었다.

영화가 제작되고 나서 최종적으로 작업에 들어간 데이터가 최소 2PB라는 말이 나왔다. 당시만 하더라도 1TB의 스토리지 공간은 하드디스크 가격으로 환산하면, 개인 PC에 들어가는 디스크는 수백만 원이었으며 기업용은 수천만 원에 달했었다. 이러한 디스크의 무려 2,048배나 해당하는 금액이 필요했으니 영화 제작비에서 데이터 스토리지 비용이 차지하는 부분이 엄청났다는 것을 알 수 있다. 문제는 스토리지 공간에만 있었던 것은 아니다. 3D 실사뿐 아니라, 다양한 SF 특수 효과 처리 등 여러 단계에 걸쳐 렌더링 작업이 필요하였다. 이런 작업은 당연히 대단위의 컴퓨팅이 요구되기에 스토리지 못지않은 서버 컴퓨팅 파워가 있어야 한다. 그래서 결국 클라우드 컴퓨팅을 도입하게 된 것이다. 아마도 미디어 업종에서 클라우드와 빅데이터성 플랫폼을 적용한 첫 사례가 아닌가 생각된다.

이후 3D 영화와 3D 애니메이션 영화들이 봇물 터지듯 나오게 되는데, 대표적인 회사가 픽사^{PIXAR}이다. 픽사는 자사의 렌더맨 스튜디오^{RenderMan Studio} 솔루션을 클라우드에 적용하고, 3D 영상과 특수 효과를 처리하기 위한 대용량 스토리지도 클라우드를 통해 쉽고 빠르게 공급받았다. 앞으로 영화계는 영화 제작에서부터 다양한 분야에 빅데이터와 클라우드가 결합한 사례가 늘어날 것으로 예상한다.

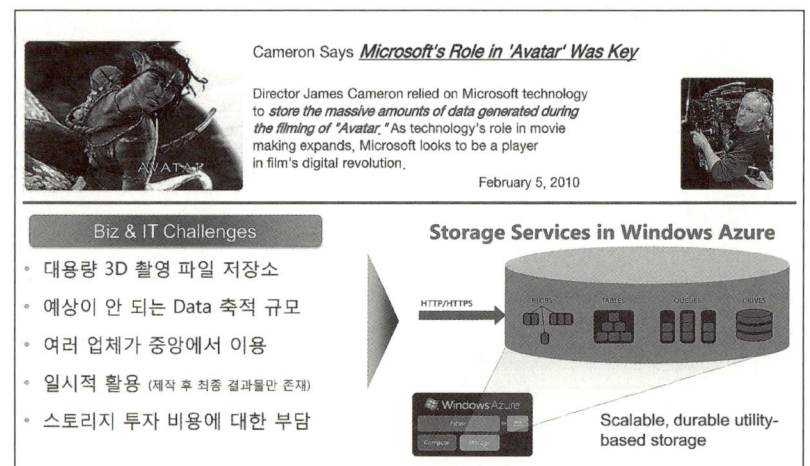

그림93 영화 아바타 사례, 참조: Microsoft

빅데이터 사례2 – 클라우트 KLOUT

기업과 개인에게 소셜 네트워크를 통한 다양한 분석 리포트를 제공해 주는 회사가 늘어나고 있다. 주로 제공되는 서비스는 통계 서비스로, 접근해서 읽고 본 사용자 수와 실제 반응을 나타낸 사용자 그룹에 관한 분석, 그리고 댓글을 남긴 사람들의 긍정과 부정 등 감성 분석 등이다. 이러한 서비스들은 우후죽순으로 생겨났는데, 그 중에서 가장 공신력 있고 기업들에게 인정받고 있는 소셜 네트워크 영향력 평가 서비스로는 클라우트 www.kolut.com 가 있다.

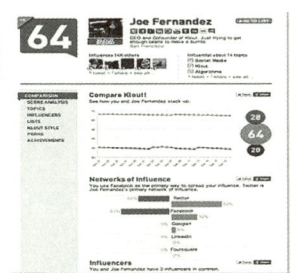 

그림94 Klout 사례, 참조 Microsoft

클라우트는 트위터, 페이스북, 링크드인, 포스퀘어, 유튜브 등과 같은 소셜 네트워크나 미디어 사이트에서 브랜드와 제품, 서비스에 관한 통계를 분석하고 최근 고객들의 토픽, 소셜 그래프와 타겟팅 정보를 추출하는 서비스를 제공한다. 일반 고객과 기업 브랜드 고객, 파트너가 원하는 다양한 형태의 정보를 주고 이에 상응하는 수입을 올린다.

이렇게 다양한 소셜 네트워크와 미디어 사이트에서 엄청난 규모의 데이터를 탐색하고 모아서 분석해야 하기에 클라우트는 대용량의 분산 병렬 파일 시스템이 필요하고, 데이터를 분석하는 다양한 서비스가 필요하다.

클라우트의 주요 이슈는, 15개의 주요 사이트에서 120TB의 데이터 스토리지가 필요하고 매일 20만 건의 사용자 인덱스가 추가되고 1억 4천만 사용자가 인덱싱된다는 것이다. 매일 10억 건의 소셜 네트워크상의 이벤트를 처리해야 하며 매달 300억 건의 API가 호출되고

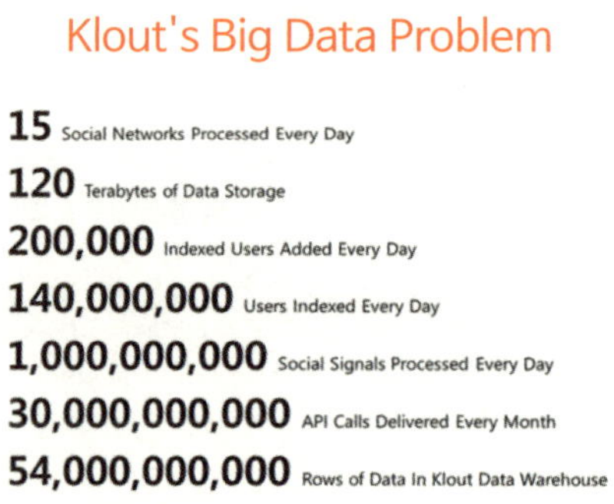

Klout's Big Data Problem
15 Social Networks Processed Every Day
120 Terabytes of Data Storage
200,000 Indexed Users Added Every Day
140,000,000 Users Indexed Every Day
1,000,000,000 Social Signals Processed Every Day
30,000,000,000 API Calls Delivered Every Month
54,000,000,000 Rows of Data In Klout Data Warehouse

Requirement
Businesses Innovation
Process 3 billion signals a day to measure and rank online user influence

Cloud Connectivity
Connecting across 15 social networks via the Cloud for Data and API access

그림95 Klout 사례, 참조 Microsoft

540억 건의 데이터 웨어하우스에 데이터 열이 존재한다. 여기에 비즈니스 요구 사항으로 3억 건의 온라인 사용자의 영향력을 랭키 분석할 수 있어야 하고, 15개의 사이트에 데이터와 API가 접속하고, 인터페이스를 해야 하는 요구사항이 있었다.

이러한 환경에서 클라우트는 아래와 같은 빅데이터 아키텍처를 갖

는 플랫폼을 구축하게 된다. PIG/Hive를 채택하고 데이터 웨어하우스와 MongoDB 등 다양한 데이터베이스를 구축함으로써 API를 처리하는 역할을 하게 된다. 분석에는 SQL 서버의 분석^{Analysis} 서비스를 별도로 구성하여 활용하게 된다. 이러한 복잡다단한 구조는 이슈와 비즈니스 요건을 최적의 환경에서 쉽고 빠르게 처리할 수 있도록 해준다.

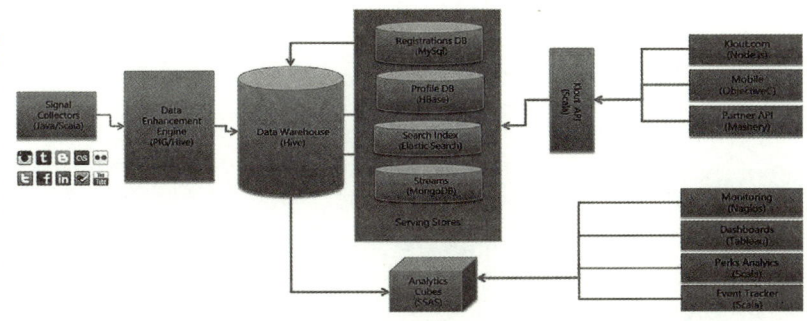

그림96 Klout 사례, 참조 Microsoft

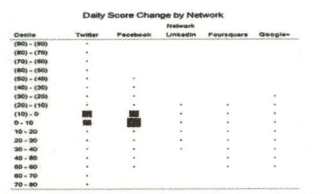

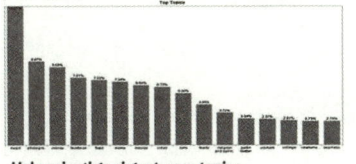

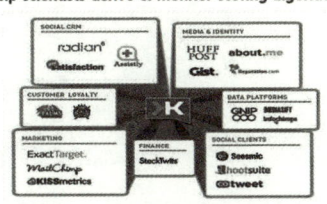

그림97 Klout 사례, 참조 Microsoft

클라우트의 소셜 평판 서비스로 기업들은 브랜드의 영향력을 확인할 수 있으며, 또한 데이터 과학자들이 모니터링과 필요한 인사이트를 전달하는 알고리즘을 만드는 데 이 서비스가 도움이 된다. 그리고 사용자의 토픽을 도출하고 파트너들에게는 다양한 서비스와 데이터를 연계하여 소셜 평판 서비스 생태계를 만들어 비즈니스가 원활하도록 한다. 클라우트와 유사한 서비스로는 훗스위트 닷컴[www.Hootsuite.com] 등이 있으며 앞으로도 빅데이터를 활용한 소셜 평판 서비스가 계속 늘어날 것으로 보인다.

빅데이터 사례3 - 마이애미 주정부

대한민국 서울에는 다산 콜센터라는 시민을 위한 서비스가 있다. 무엇이든지 물어보면 답을 찾아주는 서비스인데, 미국의 마이애미시에도 이와 비슷한 서비스를 운영하고 있다. 바로 마이애미311[Miami 311]이다.

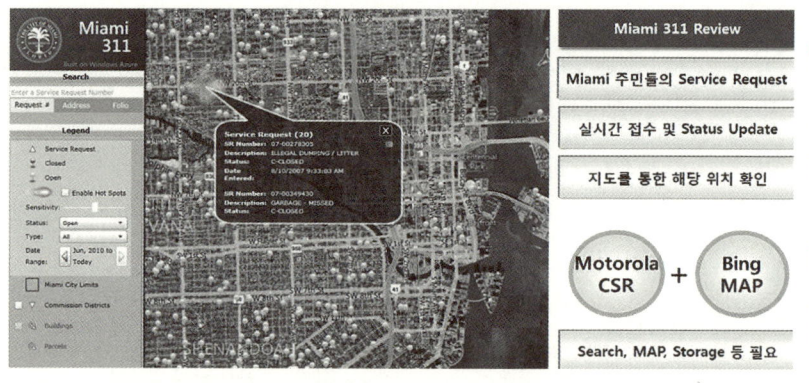

그림98 마이애미 주정부 사례, 참조 Microsoft

마이애미에서 이 서비스를 처음 기획했을 때 무엇보다 신경 썼던 부분은 진행 상태에 관한 확인과 실제 발생하여 조치할 때까지의 과정을 다시 전화하지 않더라도 확인할 수 있도록 온라인 웹서비스와 결합하는 부분이었다. 투명한 시 정부의 관리를 보여주려 했으며 실제 일어나는 다양한 일들을 인터랙티브하게 시민에게 보여주려고 했다.

매일 발생하는 신고 건수와 콜 녹음 등 상당히 많은 데이터가 축적되면서, 이러한 것들을 외부와 연계하고 오픈해야 하는 필요 때문에 빅데이터 플랫폼이 요구되었다. 그래서 모토로라의 콜센터 서비스인 CSR과 마이크로소프트의 빙맵BingMap을 결합하여 데이터와 위치정보 검색 등을 통해 빠르고 정확한 정보를 제공하게 되었다. 이것 역시 퍼블릭 클라우드에 빅데이터 플랫폼을 구축한 사례이다.

빅데이터 사례4 - 런던 지하철맵 사례
2005년 영국 런던에서는 동시 다발적 지하철 테러가 일어났다. 이후

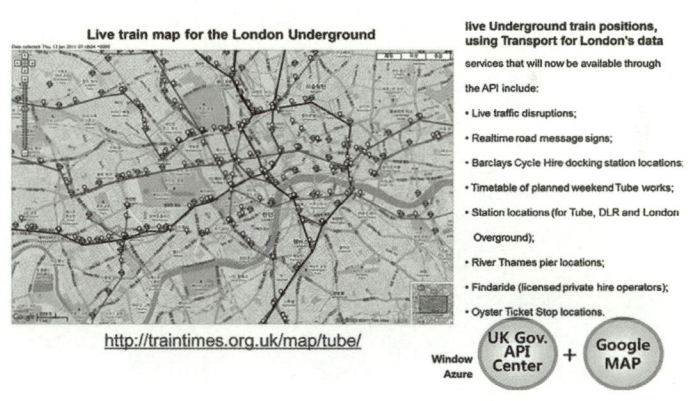

그림99 런던 지하철 사례. 참조 Microsoft

영국 정부에서는 지하철에 관한 다양한 정보를 오히려 투명하게 실시간 개방하고 스마트폰 앱과 결합하여 시민들에게 제공하고 있다. 문제는 이렇게 지하철 운행 정보와 같은 공공 데이터와 관련 정보를 개방하게 되면 연계 데이터$^{\text{Linked data}}$도 늘어날 뿐 아니라 매쉬업 데이터$^{\text{Mash-up data}}$도 늘어나게 된다는 것이다. 또한, 데이터뿐 아니라 접속자도 증가하게 되고 연결되는 웹서비스도 증가해서 영국 정부에서는 클라우드 환경을 구축하게 된다.

공공 기관의 데이터 개방은 단순히 데이터만 개방하는 것이 아니다. 데이터를 개방함으로써 다양한 데이터가 만들어지고 새로운 가치 데이터와 서비스가 양산되면서 데이터 중심의 생태계가 만들어진다. 최근 공공 기관은 오픈 데이터의 일환으로 정부가 가지고 있는 데이터를 하나둘씩 개방하기 시작했다. 오픈 데이터는 공공 데이터로서 현재 활용도는 떨어지는 게 사실이다. 그러나 영국 지하철 사례에도 보이듯이 데이터의 목적과 가치만 충분히 전달된다면 앞으로 더

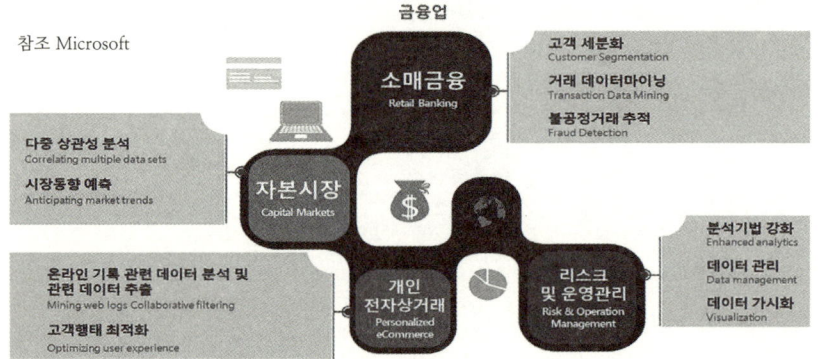

그림100 금융업 빅데이터 활용 사례

많은 훌륭한 사례가 나올 것이다. 또한, 정보를 공유 가능한 포맷으로 변경하여 보급한다면 데이터 분석이 훨씬 효율적일 것이다. 공공의 개방 데이터는 또 다른 성격의 빅데이터 플랫폼이다.

빅데이터 사례5 – 금융권

빅데이터는 어느 업종보다 금융권에서 가장 큰 화두이다. 소매 금융 쪽에서는 고객 세분화와 거래 데이터의 마이닝, 불공정한 부정 거래에 관한 추적 등의 시나리오가 나오고 있다. 채권이나 주식시장에서는 다중 상관성 분석과 시장에 관한 동향을 예측하여 투자를 극대화하려고 한다.

최근 가장 많이 빅데이터에 접근하려는 분야는 위험 관리와 운영 관리 부문이다. 분석기법을 강화하고 데이터 관리와 데이터 가시화를 개선함으로써 잠재적 위험을 사전에 파악하려고 하고 있다.

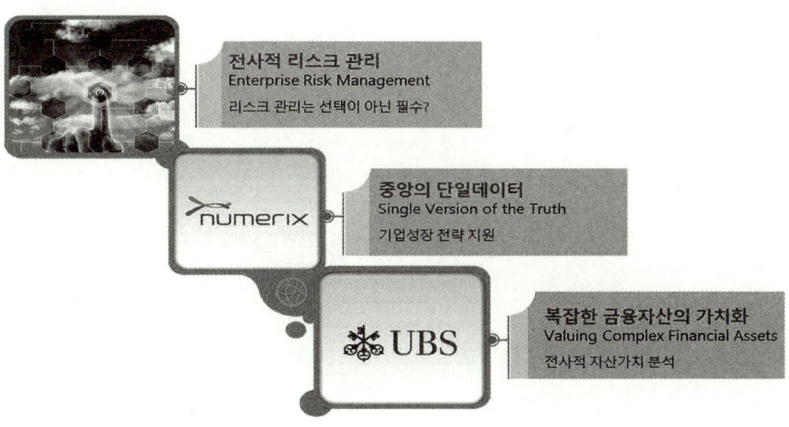

그림101 UBS의 빅데이터 사례, 참조 Microsoft

글로벌 금융 위기에서 재정 위기까지 최근의 글로벌 위기로 인해 빅데이터는 더욱 빠르게 활성화되었다. 위기 극복을 위해 빅데이터는 절실한 도구가 되었고, 앞으로 글로벌 경제 이슈 해결과 지속적 동반 성장이라는 두 가지 숙제를 해결해 줄 유일한 솔루션이다.

금융권의 빅데이터 적용 예를 보자. US뱅크는 개인의 온라인 뱅크 거래를 통해 개별 기업의 특성을 고객의 행태 분석으로 도출하여 예측하고 분석할 뿐 아니라, 캠페인 관리, 크로스 채널 최적화 등에 적용하였다. 그 결과 순익이 300% 증대하였으며 예측 분석을 통해 40%의 비용 감소 효과를 낳았다. 글로벌 투자 금융사인 UBS^{Union Bank of Switzerland}는 복잡한 금융자산 관리를 효과적으로 하기 위해 데이터를 중앙 집계하여 단일화하고 위험 분석을 신속하게 하여 위험 관리와 자산 포트폴리오 분석 부문에 적용하고 있다.

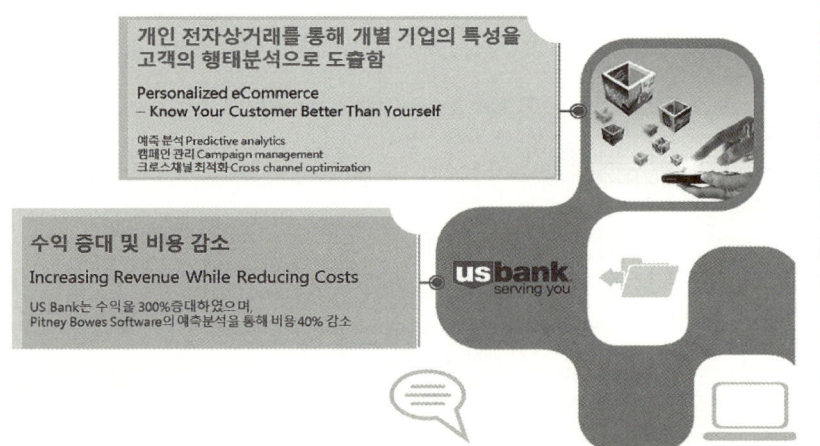

그림102 US뱅크의 빅데이터 사례. 참조 Microsoft

Insight 36 ▶ 빅데이터의 다음 여정 – 데이터 가시화

현재 빅데이터의 가장 우선순위는 이전부터 지금까지의 데이터 히스토리 분석과 예측, 데이터 보고에 관한 표준화이다. 다음 단계는 데이터 시각화, 시뮬레이션과 시나리오 개발이다. 그러므로 앞으로 단기적인 목표는 데이터 가시화Visualization에 있다. 그리고는 시뮬레이션과, 시나리오라고 말하는 알고리즘의 개발이다.

새로운 인사이트를 통해 가치 창출의 우선순위가 바뀌는 것이다. 물론 경영진을 비롯한 의사결정권자들에게 빅데이터는 도구라기보다 효율적 경영과 실패와 손해를 방지하기 위한 근거와 사전 예측 결과를 제공해주는 리포트에 불과하다. 그러다 보니 더 직관적이고 명확하게 데이터를 보여주는 표현이 요구된다.

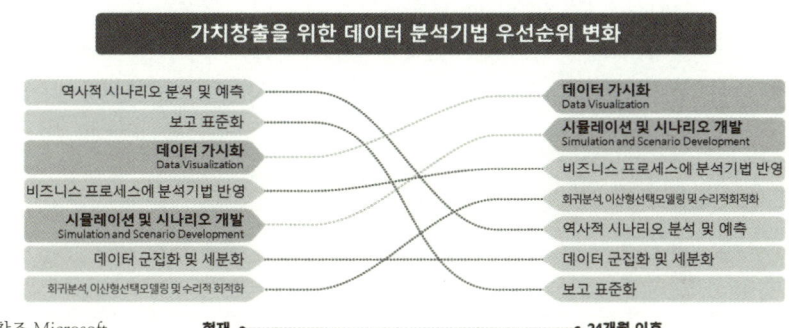
참조 Microsoft

데이터의 가시화는 다양한 그래프와 차트뿐 아니라 시계열 분석과 모션이 들어간 무브먼트 등 인터렉티브가 강화된 형태가 늘어나고 있다.

빅데이터 분석에는 기존의 일반적 데이터 분석 체계와는 다른 몇 가지 특성이 있다. 우선 의사결정의 속도에 가장 큰 영향을 받는다. 데이터 처리의 복잡도, 트랜잭션 데이터의 크기, 데이터의 구조, 데이터 분석/처리의 유연성, 동시 분석 프로세싱 수 등이다. 이러한 다양한 영향의 변화로 데이터 분석의 방식과 패러다임은 변화할 수밖에 없다.

그렇다면 빅데이터를 어떻게 분석하고 어떻게 하는 것이 맞는 것인가? 최근 기업들은 앞다퉈 모든 경영 환경의 지표가 되는 데이터들을 수집하고 분석하여 지능적 데이터 분석 리포트를 제공하는 비즈니스 인텔리전스^{BI : Business Inteligence} 환경을 구축하였다. 경영 환경 특성상 정형화된 BI에서 이제는 다양한 의사결정 지원을 위한 다이나믹^{Dynamic}한 BI 서비스 기반의 협업 의사결정 체계가 요구되고 있다. 전략적 비즈니스 기반과 규제, 위험 관리, 그리고 일관성 있는 관리, 혁

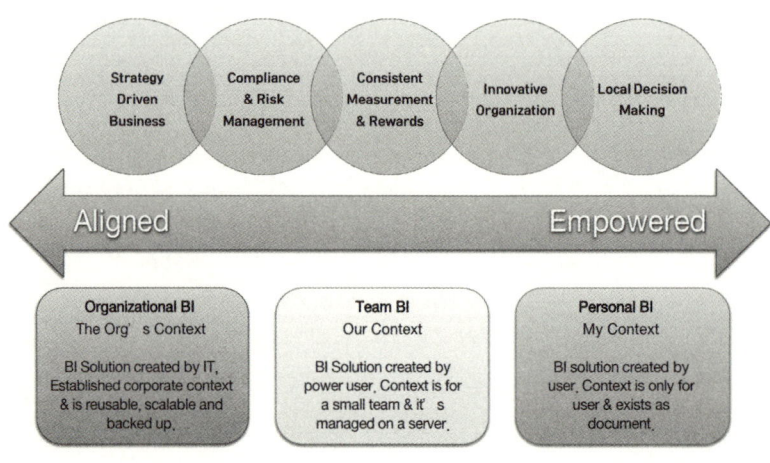

그림104 데이터 분석의 구성과 역할 모델. 참조 Microsoft

신적인 조직과 의사결정의 세밀화 등은 BI를 회사와 팀, 그리고 개인으로 세분하였고, 부문별 역할과 내용도 다를 수밖에 없다. 개인의 데이터 분석이 팀에 영향을 주고, 팀이 회사에 영향을 주게 된다.

회사 차원의 BI는 기존의 팀과 개인의 BI를 포함하고 팀과 개인의 합으로 종속 관계를 갖게 된다. 거시적 지표와 성과를 회사의 BI가 보유하고, 저조하거나 향상되었을 때 브레이크 다운&드릴 다운$^{Break-down\ \&\ Drill-down}$으로 검토한다.

팀의 BI는 팀마다 맡은 역할과 목표에 따라 다를 수 있고, 조직 개편에 따라 자주 바뀔 수 있다. 개인의 BI는 다양한 데이터와 업무에 따라 고정된 형태의 반복된 BI도 있지만 수시로 바뀌는 비정형 보고 형태의 BI가 많다. 개인의 BI가 모여서 팀의 BI가 만들어지기 때문에 협업을 통한 BI가 필요하게 된다.

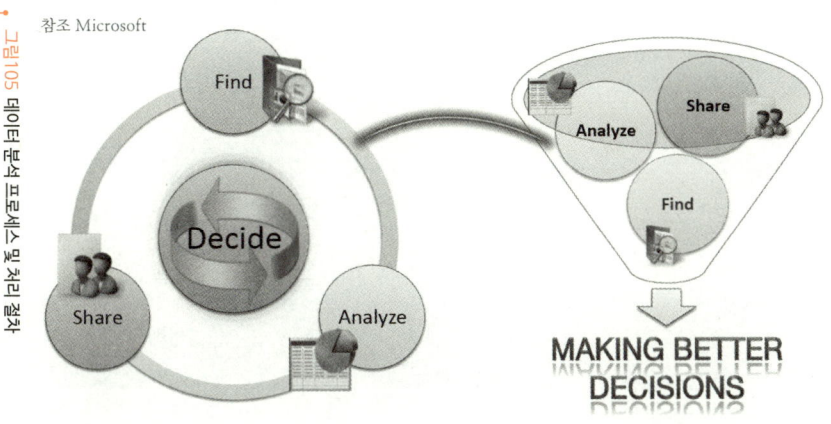

참조 Microsoft

그림105 데이터 분석 프로세스 및 처리 결차

올바른 의사결정을 위해서는 데이터를 분석하고 가공해서 이를 관계있는 모든 사람과 공유하고, 다시 평가하고 보완해서 새로운 결과를 도출한 후 새로운 데이터와 함께 분석해서 공유하는 체계를 가지게 된다. 이렇게 분석과 공유, 인사이트 찾기의 반복되는 라이프 사이클을 통해 의사결정이 이루어지는데, 빅데이터가 되면서 이러한 체계는 더 많아지거나 복잡해지고 많은 시간과 노력이 요구된다.

그래서 어떻게 하면 쉽고 빠르게 빅데이터를 분석하여 새로운 비즈니스 인사이트를 찾고 의사결정을 할지, 그리고 비즈니스에 적용할지가 빅데이터 분석에서 라이프 사이클이 중요성을 가지는 이유이다. 여기서 핵심은 공유와 협업인데, 빅데이터와 같이 다양한 분야와 다양한 전문가들이 참여하는 프로젝트나 업무는 협업이 더 많이 필

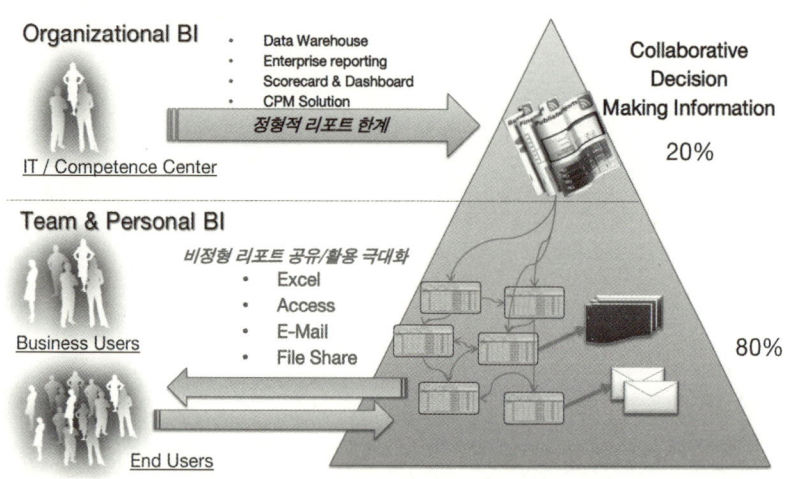

그림106 데이터 분석의 방식과 유행 변화. 참조 Microsoft

요하고 협업의 강도와 규모는 점점 더 커질 것이다.

빅데이터에서 협업 기반의 의사결정 시스템이 필요한 이유는 기존 BI 시스템이 가지고 있는 정형적 리포트에는 한계가 있기 때문이다. 데이터 분석 업무는 다양한 분석과 개인의 예측과 판단이 가미된 비정형 리포트들이 점점 증가하고 있다. 데이터와 결과 리포트를 공유해 비교하고 분석하며 협업과 회의를 통해 결정된 사항을 통합 관리하여 신속하고 올바른 경영진의 의사결정을 지원하는 요즘 체계에 빅데이터가 도입되면 이러한 현상은 더욱 뚜렷해질 것이다. 개인이 혼자서 결정하고 추진하는 업무는 점점 줄어들고, 개인의 업무 결과는 여러 사람과의 공유와 협업으로 나오게 되고 그 결과에 따라 다시 업무가 결정되는 형태로 업무 패러다임이 진화되고 있는 것이 요즘 트렌드이다.

빅데이터에서 인사이트를 찾는 업무의 대부분이 비정형 데이터를 여러 유형과 형태로 분석하고 다시 또 계속해서 수정하고 보완해야 하기 작업이기 때문에 기존의 정형적이고 프로세스화된 분석 및 리포팅 체계와는 맞지 않다. 빅데이터 분석에서 핵심은 효율성과 생산성을 얼마나 향상하고 개선하느냐이다. 그래서 데이터 분석에 관한 다양한 자료를 잘 공유하고 유통하며 원활히 협업할 수 있게 하는 것이 중요하다.

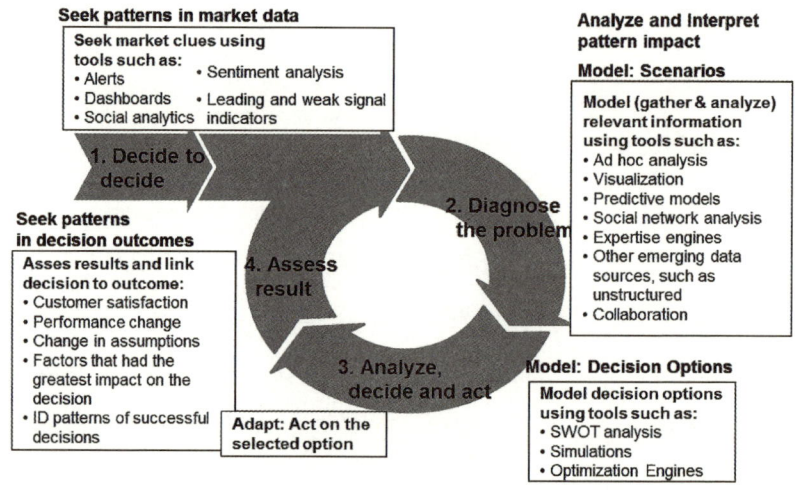

IT 시장 전문 조사 기관인 가트너^{Gartner}는 협업 기반의 또는 협업적인 의사결정^{CDM : Collaborative Decision Making}을 4단계 프로세스와 단계별 시나리오로 정의하였다. 이 시나리오에서는 의사결정의 질을 향상시키고 협업 환경에서의 의사결정을 지원하기 위한 패턴 기반의 전략^{Pattern-Based Strategy}을 강조하고 있다.

개별 단계에서 패턴이 결정되고 수정되며 보완의 과정을 거치게 되는데 결국은 빅데이터에서 인사이트와 의미 있는 데이터를 발굴하기 위한 일련의 과정이며, 협업을 어떻게 효율적으로 적용하고 활용하느냐가 관건이다.

1단계 - 결정을 위한 결정 단계 Decide to Decide
의사결정권자가 반드시 어떠한 결정을 내려야 하는지 먼저 결정해야 하는 단계로서, 시장 데이터에서 패턴을 찾는 과정이 이에 해당한다. 경고나 주의 같은, 주로 이벤트의 발생으로 결정되는 경우가 많다. 감성 분석과 문제점을 알리는 신호 등을 찾는 것이다.

2단계 – 문제를 진단하는 과정 Diagnose the problem

의사결정권자가 상황을 분석하고 문제의 근원 또는 사업기회를 확인해야 하는 단계로서, 정보의 취합과 분석이 필요한 단계이다. 데이터 가시화나 예측모델, 데이터 검색 엔진, 그리고 다양한 원천 데이터를 활용하여 유관 정보를 발굴하여 모델링하는 것을 의미한다.

3단계 – 분석, 결정 그리고 실행 Analyze, decide and act

브레인스토밍과 주어진 선택 가능 옵션을 분석하여 결정한 후 실제 도입하는 단계이다. SWOT 분석과 시뮬레이션, 최적화 엔진을 통해 모델에 대해 의사결정 옵션을 수립하고, 실제로 데이터를 실행하여 선택된 모델의 옵션이 적용되어 동작할 수 있도록 한다.

4단계 – 결과 평가 Assess result

의사결정권자가 자신이 내린 결정에 관한 효과를 평가하는 단계이다. 고객 만족이나 결과에 관한 변화, 가정 단계에서의 변화, 의사결정에 가장 중대한 영향을 끼친 것, 성공적 결정의 패턴에 관한 인증 등을 통해 의사결정의 결과 패턴을 계속해서 찾아가는 과정이다.

Insight 37 ▶ 비즈니스 인텔리전스 시맨틱 모델

셀프서비스 비즈니스 인텔리전스$^{Self-Service\ BI}$와 함께 데이터 분석 모델도 변화되고 있다. 이제는 단순히 데이터를 취합해서 분석하는 것이 아니다. 취합 및 분석 과정 중에서 데이터 분석의 반복적인 인사이트를 얻는 결과 패턴을 비즈니스 로직과 쿼리화 할 수 있고, 이를 바탕으로 데이터에 관한 수집과 접근을 모델링하는 것이다. 바로 여기서 빅데이터의 핵심인 알고리즘이 모델링화되는 것이다.

이러한 알고리즘은 개인의 BI와 개인이 모인 팀 단위, 그리고 회사 단위의 BI가 결합하여 이들 간에 새로운 관계 속에서 만들어지고 발견된다. 빅데이터의 알고리즘은 단위 데이터 분석의 알고리즘과 군집된 데이터 집합 군의 알고리즘이 계층을 이루면서 복잡다단하게 얽혀있는데, 이제는 데이터를 분석하는 사람들도 쉽게 데이터 모델링을 통한 알고리즘을 만들 수 있도록 해야 한다.

지금까지 데이터 모델링은 데이터 관리자만 이용하였고, 분석 설계 컨설턴트들이 전담하여 모델링하였다. 그러나 최근에는 데이터 과학자들이 분야별 업종 전문가들의 데이터 분석을 하기 시작하면서 기존 IT 전문가들만이 사용하던 데이터 분석과 모델링 도구에서 벗어나 일반인들도 사용하는 도구까지 나오게 되었다. 빅데이터의 가장 큰 특징 중 하나가 데이터의 민주화이다. 이제는 데이터를 모두가 분석할 수 있고 볼 수 있는 세상으로 바뀐 것이다. BI 시맨틱^{Semantic} 모델

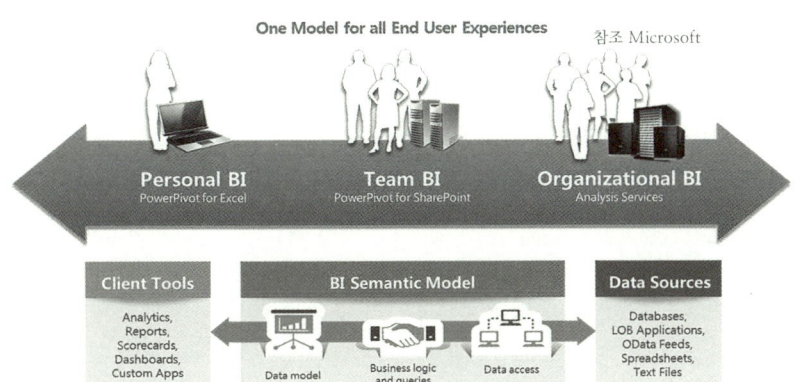

그림108 다양한 분석환경 지원을 위한 시맨틱 모델.

은 바로 이러한 데이터 분석과 설계 환경의 새로운 접근 모델이다.

마이크로소프트는 오피스 엑셀^{Excel} 기반의 데이터 취합과 집계 서비스를 제공하고, 엑셀의 기능인 파워 피봇$^{Power\ Pivot}$을 통해 데이터를 분석하고 분석된 데이터의 모델링을 자동으로 확정하여 모델링한다. 그리고 이러한 데이터 분석 리포트와 모델이 웹에 자동 공유 게시되는 환경과 라이프 사이클을 제공한다. 엑셀 사용자는 이제 직관적인

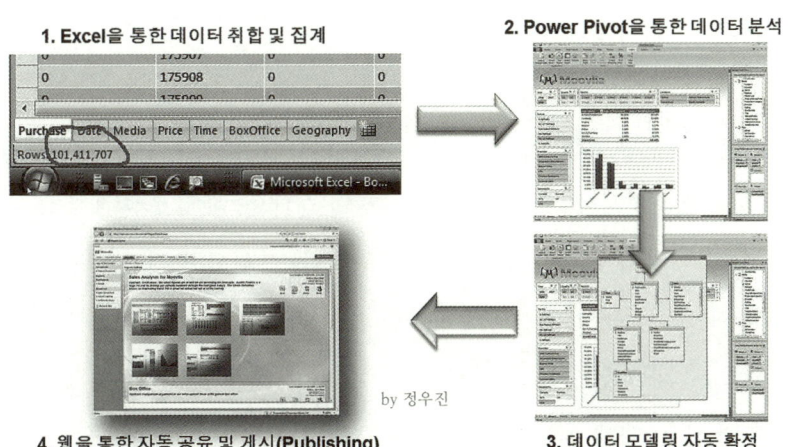

그림109 차기 주도적 데이터 분석 BI에 대한 체계.

데이터 탐색, 경향 분석과 한눈에 들어오는 차트 작성 기능을 제공하여 강력한 데이터 탐색과 분석을 할 수 있게 된다. 최종 사용자가 지능형 제안 기능을 활용하여 데이터와 피봇 테이블을 빠르게 그릴 수 있도록 지원하고, 시간별 차원 또는 측정값 변화를 보여주는 경향 차트를 쉽게 만들 수 있다. 사용자에게 친숙한 엑셀에서 쿼리 드릴 업, 드릴 다운과 크로스 드릴과 같은 작업 또한 가능하다.

미국 최대 소매 백화점 메이시스의 BI 사례

상품을 구매하려는 소비자^{Buyers}와 상품을 제공하는 공급자^{Vendors} 그리고 상품을 잘 팔리게 기획하고 마케팅하는 기획자^{Planners}가 있고 브랜드별 매장^{Stores}이 있는 곳이 백화점이다. 백화점 비즈니스의 핵심은 고객이 원하는 물건을 그 수량에 맞게 제때 공급하고 판매하는 것이다. 결국은 과잉 재고를 피해야 하고, 캠페인과 프로모션을 통해 신규 상품과 할인 상품을 수량과 일정에 맞춰 잘 기획해야 한다. 그래서 최적의 판매 기간에 매출을 높이고 그에 따른 순익을 높이는 것이 중요하다.

미국 최대 백화점 메이시스$^{Macy's}$는 판매 데이터를 통해 구매자의 기호와 구매 패턴을 분석하고, 기획자의 캠페인, 프로모션에 따른 판매 실적과 실제 고객 반응 등을 분석하였다. 그리고 공급자의 공급 물량과 재고, 상품 사이클의 데이터를 같이 파악하였다. 이런 정보들을 기반으로 재고를 줄이고 제품을 적기에 공급하고, 재고 상품을 아웃렛이나 할인 캠페인과 프로모션으로 회전시켰다.

그림110 메이시스 백화점의 데이터 분석 활용 사례

미국에서 캠페인과 프로모션은 철저히 구매자의 소비 패턴과 제품의 공급 사이클에 맞춰져 있다. 소비자들이 구매 의사결정에 점점 영악해지고 있기에 마케팅 전략은 점점 더 고도의 데이터 분석을 요구한다. 저성장이 지속되는 요즘, 구매자를 끌어오고 소비에 가치를 부여하는 아이디어는 바로 쇼핑 생태계의 빅데이터에 있다.

글로벌 유통 소매 업체의 스마트 앱$^{Smart\ App}$이나 빅데이터 관련 프로젝트들은 대부분 구매 고객의 행동이나 구매 패턴, 그리고 매장의 상품 진열이나 캠페인/프로모션 관련이다. 어떻게 보면 구매 과정이 비정형인데다가 구조화되어 있지 않기 때문에 최대한 정형화·구조화해서 맞춤형으로 생산적인 서비스를 제공하려고 한다. 결국, 모바일 온라인과 오프라인 매장이 연계되고, 모든 과정이 데이터화되어야 하는 선결 조건이 있다. 고객 중심의 쇼핑 서비스를 바탕으로 이러한 것이 하나 둘씩 가시화되고 있으며, 빅데이터는 바로 고객의 의사결정에서부터 구매까지의 모든 방식과 행동을 구조화할 것이다.

Insight 38 > 빅데이터 프로바이더들의 사업 사례

1. 서비스형 클라우드 - 구글 빅쿼리

시스템과 서비스 자체가 빅데이터라고 할 정도로 이 분야의 대가인 구글이 서비스형 클라우드인 빅쿼리 서비스를 2012년에 런칭하였다. 빅쿼리는 본격적으로 하둡을 제공하는 기존 IT 벤더들과 경쟁하게 되었다. 구글 빅쿼리의 특징은 사이트에도 나와 있다-『단지 클릭만으로 수 테라바이트의 데이터를 분석할 수 있다.』 빅쿼리는 퍼블릭 클라우드 서비스로 제공되기 때문에 하드웨어 인프라와 소프트웨어에 투자하지 않고도 대규모의 데이터를 바로 분석하여 비즈니스 인사이트를 얻을 수 있다.

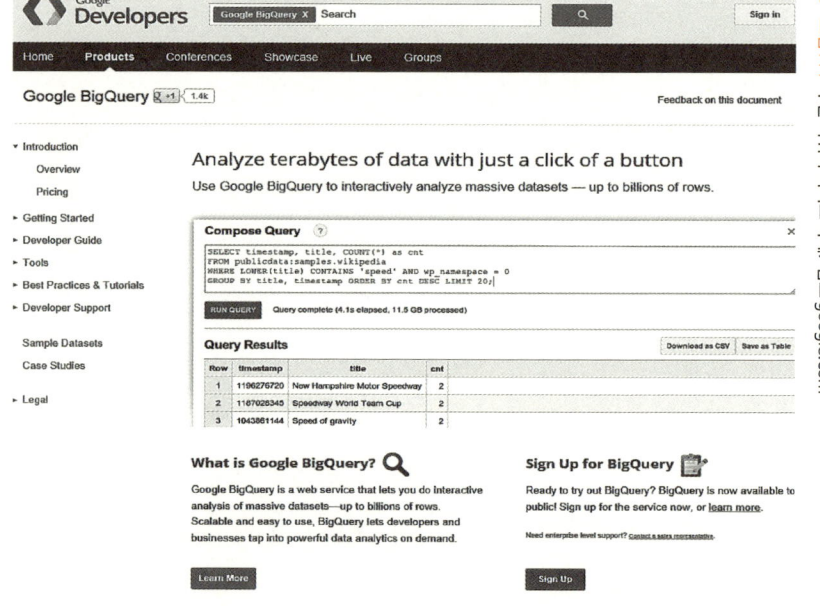

그림111 구글 빅쿼리 서비스 사례, 참조 google.com

빅쿼리는 초당 수십억 단위의 행^{rows} 데이터를 처리할 수 있고, 수조 단위의 레코드와 테라바이트 규모의 데이터를 검색하고 분석할 수 있다. 그리고 데이터 처리와 분석 기반의 애플리케이션 서비스를 개발할 수 있도록 지원한다. SQL과 유사한 구글의 클라우드 SQL 쿼리 언어로 데이터 질의를 보내 최대 70테라바이트의 데이터를 읽을 수 있고, 결과 데이터와 분석 데이터를 구글의 클라우드 스토리지에 저장할 수도 있다. 빅쿼리는 맵리듀스 아키텍처를 이용해 수십만 개 쿼리를 신속하게 처리하며, 대용량 테이블 검색에 병렬 아키텍처가 적용되어 있다.

구글 빅쿼리의 가장 큰 장점은 하둡에서 시스템 관리와 클러스터 관리에 노력을 들일 필요없이, 구글 클라우드 컴퓨팅을 활용하여 바로 이용할 수 있다는 것이다. 즉, 빅쿼리 서비스는 구글의 클라우드 서비스와 결합하여 다양한 빅데이터 처리 애플리케이션을 만들 수 있어서, 새로 사업을 시작하는 스타트업이나 대규모 투자를 할 수 없는 중소기업, 일회성이나 일시적 프로젝트 성격의 데이터 분석을 요구하는 기업에게 적합하다. 구글의 지도서비스나 모바일 앱과 연계되면 전 세계 고객에게 서비스를 제공할 수 있다. 빅쿼리는 클라우드적인 측면에서 서비스형 데이터인 DaaS$^{Data\ as\ a\ Service}$라고 할 수 있다.

2. 데이터 마켓플레이스 - 팩추얼 닷컴

빅데이터 사업 유형 중 빅데이터를 개방하고 공유하거나, 플랫폼과 함께 제공하여 다양한 앱과 서비스를 만들 수 있는 생태계와 이에 따르는 마켓플레이스를 만드는 것이 유행이다. 이 중의 하나인 팩추얼 닷컴$^{Factual.com}$은 글로벌 장소와 제품 관련 정보를 제공하는 데이터 마켓플레이스이다.

팩추얼 닷컴은 위치와 장소에 관한 데이터 정보를 제공한다. 지역의 비즈니스가 잘 발달되어 있고 많은 사람들이 선호하는 50개국의 글로벌 장소 데이터 6천5백만 건을 제공하는데, 예를 들자면 호텔, 병원, 레스토랑 등의 장소 데이터이다. 이러한 데이터는 최근 가장 많이 장소 정보를 제공하고 있는 포스퀘어^{foursqare}와 옐프^{yelp}, 그리고 페이스북^{Facebook}, 트위터^{Twitter} 등 50여 사이트에서 제공하는 것과 같은 데

그림112 팩추얼의 빅데이터 활용 사업 사례. 참조 factual.com

이터로, 팩추얼^{factual}의 플레이시스 크로스워크 데이터$^{Places\ Crosswalk\ Data}$ 서비스로 확인된다. 그리고 리졸브^{Resolve}로 실시간 데이터 정제와 문제 해결을 지원한다. 글로벌 제품 정보$^{Global\ Products}$는 전 세계적으로 가장 인기가 있는 65만 건의 소비자 패키지 제품 정보를 제공한다. 제품 정보를 텍스트 검색으로 확인할 수 있고, 수천 가지 제품의 구성 성분이나 조합에 관한 데이터도 찾을 수 있다. 이러한 제품 정보는 아마존이나 월마트와 같은 40개가 넘는 사이트에도 있는 같은 제품으로 프로덕트 크로스워크$^{Products\ Crosswalk}$를 통해 확인된다. 데이터 마켓 플레이스에서 제공하는 데이터 API는 실시간으로 가장 빠른 검색과 필터링, 실시간 데이터 쓰기와 같은 서비스가 가능하다. 이렇게 팩추얼 닷컴은 모바일 앱과 서비스, 그리고 기업용 데이터 판매, 모바일 광고 등을 목적으로 하는 데이터 마켓플레이스이다.

3. 소셜 데이터 플랫폼 - 데이터시프트 닷컴

데이터시프트 닷컴$^{datasift.com}$은 트위터, 페이스북, 유튜브, 플리커와 같은 소셜 미디어 분석을 기업에 제공해주는 빅데이터 플랫폼 업체이다. 데이터시프트는 복잡합 소셜 데이터에서 의미 있는 가치 데이터를 추출해주고, 데이터 추출에서 취합 그리고 필터링과 분석까지 서비스를 제공하며, 클라우드 형태로 쓴 만큼만 과금한다. 데이터시프트의 가장 큰 장점은 비정형 비구조화되어 있는 소셜 데이터를, 원하는 분석을 위한 프로세스를 통해서 구조화된 데이터와 인사이트로 변환해 준다는 것이다.

그림113 데이터시프트의 빅데이터 활용 사업 사례. 참조: datasift.com

주요 솔루션으로는 소셜 모니터링이나 브랜드 관리 등이 있다. 데이터시프트는 특히 실시간 소셜 미디어로부터 특정한 답과 의사결정을 위한 다양한 결과를 도출하기 위해 데이터 스트림이라는 서비스를 제공한다. 가격은 월 3천 달러에서 1만 5천 달러까지 4가지로 나뉘며, 개발자 도구와 다양한 클라이언트용 서비스를 위한 프로그램을 제공하고 있다.

4. 데이터 마켓플레이스 플랫폼 - 인포차임스

기업용 데이터 마켓플레이스를 플랫폼 형태로 제공하고 있는 업체 중에는 인포차임스infochimps가 있다. 경쟁 솔루션과의 가장 큰 차이는 업종별 다양한 빅데이터 분석과 시나리오를 제공한다는 것이다. 제조 업종과 헬스케어, 통신과 금융 등 업종에 특화된 데이터 분석과 시나리오는 일반적으로 제공하는 비즈니스 솔루션과도 연계된다.

인포차임스는 센서 데이터에서 모바일 데이터, 고객 분석과 타겟팅 광고까지 분석기반의 다양한 비즈니스 솔루션을 제공한다. 이 회사가 제공하는 장점 중 하나는 고객사가 원하는 대로 퍼블릭 클라우드나 프라이빗 클라우드를 이용하거나 자사의 서비스로 직접 구축하게 할 수 있다는 점이다. 서비스형 인프라인 IaaS$^{Infrastructure\ as\ a\ Services}$는 데이터 딜리버리 서비스와 데이터 관리, 하둡 클라우드 등을 제공하고, 애플리케이션 계층에서는 자체 개발 도구인 우콩^{Wukong}과 데이터 분석 대시보드와 가시화 솔루션인 대쉬팟^{DashPot}, 그리고 데이터를 연계하고 웹서비스 간 매쉬업을 제공하는 플랫폼API$^{Platform\ API}$를 제공한다.

그림114 인포차임스의 빅데이터 활용 사업 사례, 참조 infochimps.com

참조 infochimps.com

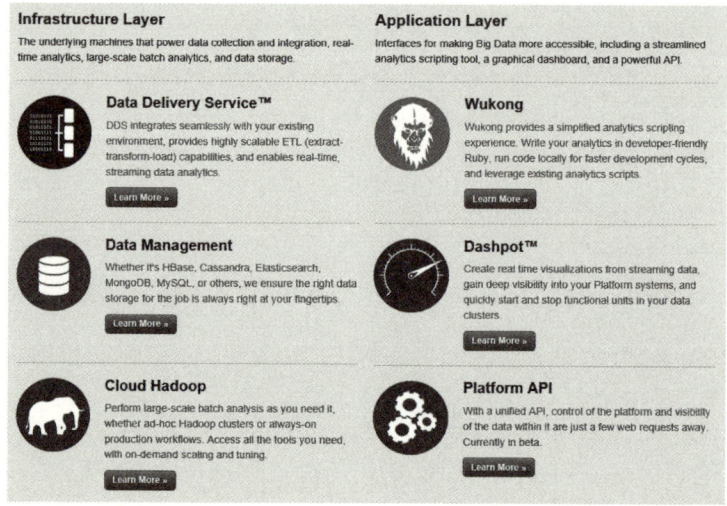

그림115. 인포차임스의 빅데이터 활용 사례.

5. 소셜 큐레이션 - 비쥬얼리

최근 소셜 네트워크와 함께 소셜 큐레이션 서비스가 속속 등장하고 있다. 소셜 큐레이션은 미술관이나 박물관에서 작품 전시와 관리를 위해 진행하는 큐레이션Curation에서 온 개념이다. 다양한 소셜 네트워크 서비스를 관심과 주요 하이라이트 정보 위주로 모아주고 보기 좋게 정리해주는 또 하나의 소셜 네트워크라고도 볼 수 있다. 빅데이터에서 그냥 지나칠 수밖에 없는 정보 과잉과 축적의 시대에서 계속 보고 관리하고 싶은 정보들을 잘 정리해주는 시스템이다.

핀터레스트pinterest, 플립보드Flipboard, 텀블러Tumblr 등이 주요 소셜 큐레이션 서비스이고, 데이터 가시화data visualization 서비스를 하는 인포그래

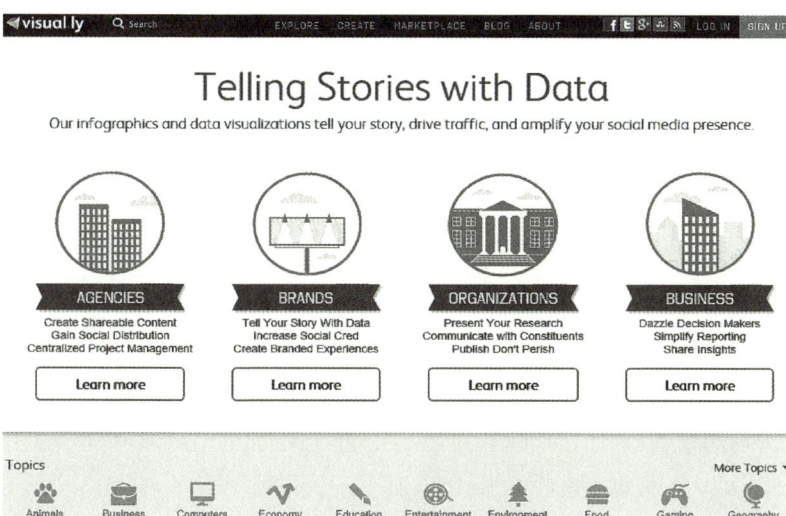

그림116 비주얼리의 빅데이터 활용 사업 사례. 참조 visual.ly

그림117 비주얼리의 빅데이터 활용 사업 사례. 참조 visual.ly

픽형 소셜 큐레이션인 비쥬얼리$^{Visual.ly}$가 있다. 비쥬얼리는 데이터 가상화 플랫폼 업체로 2012년부터 사용자 누구나 참고할 수 있는 다양한 인포그래픽스 자료를 온라인으로 제공하고 있다. 비쥬얼리는 월 방문자 수가 200만 명을 넘어섰고 등록된 인포그래픽만 하더라도 몇 만 건에 이른다.

현재 비쥬얼리는 인포그래픽스를 자동으로 제작하는 도구를 제공하고 있다. 빅데이터의 핵심이면서 가장 관심이 많은 부분이 데이터 가시화인데 인포그래픽스의 활용과 적용이 빅데이터에서 분석과 가시화를 더 활성화 킬 것으로 예상된다.

6. 위치기반 데이터 분석 - 에스리 닷컴

데이터를 분석할 때 위치와 지역 기반 데이터를 함께 분석하는 것은 이미 꽤 오래전부터 진행되어 왔다. 예를 들면 고객관리 애플리케이션인 CRM에 지역 고객 및 시장 데이터를 함께 분석하는 GCRM$^{Geographical\ Customer\ Relation\ Management}$이다.

최근에는 스마트 디바이스 보급이 확대되면서 디바이스를 통해 개인의 위치 정보가 공개되고 디바이스나 차량과 같은 네트워크 접속 위치 정보 등이 노출되면서 개인정보 보호와 침해에 따른 이슈가 있어 온 것이 사실이다. 그러나 최근의 공공 데이터의 오픈과 다양한 지역 기반의 위치 관련 정보는 비즈니스뿐 아니라 공공의 이익과 생산

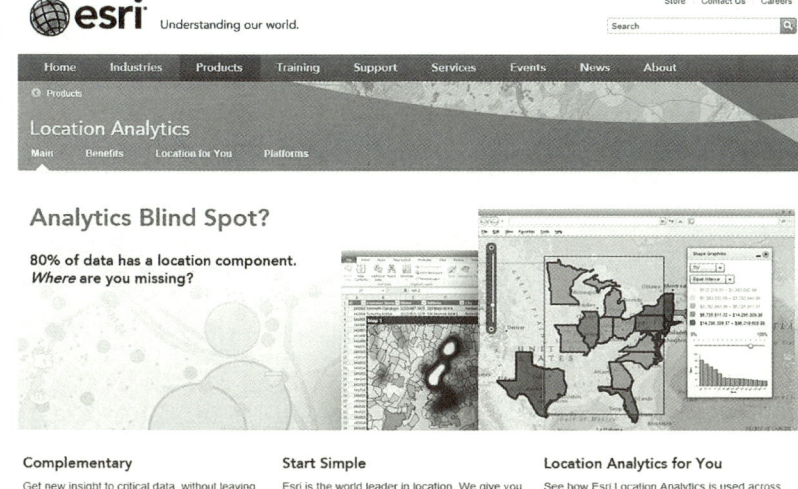

그림118 지역 기반 분석을 통한 빅데이터 활용 사업 사례. 참조 esri.com

성을 위한 긍정의 기능을 하고 있다. 대표적인 회사가 세계적인 공간정보분야 솔루션 기업인 미국 에스리닷컴^{esri.com}이다. 1969년에 만들어진 에스리는 공간정보 솔루션 분야에서 2012년 기준으로 세계 시장 점유율 37.8%를 차지한, 이 분야 1위의 업체이다. GIS^{Geographic Information System} 전문 업체로서 세계의 지리정보 기술 분야의 많은 부문에 독보적인 솔루션과 서비스를 제공하고 있다.

최근에는 소프트웨어와 애플리케이션뿐 아니라 지역에 대한 다양한 데이터를 여러 종류의 데이터와 매쉬업^{Mash-up}하여 제공할 수 있도록 데이터 사업도 진행하고 있다.

235

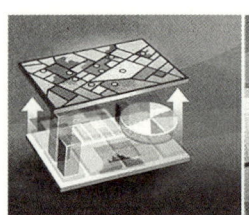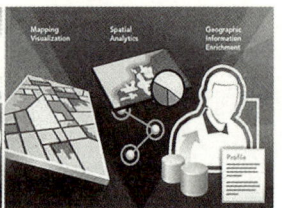

그림119 지역 기반 분석 시나리오

　지역 기반의 지리 정보와 데이터의 결합은 단순히 통계 정보를 지도에 보여주는 것 이상으로 데이터에 대한 다양한 시각화와 새로운 통찰력을 준다. 이러한 지역 기반의 분석은 과학 분야에서부터 상권이나 부동산 분석까지 그 영역이 계속 확대되고 있다.

　에스리는 다양한 지도와 지리 정보를 기반으로 숫자와 차트 등을 사용해 실시간으로 지역 데이터를 반영한다. 그렇게 함으로써 데이터 분석의 시각화를 혁신하고 나아가 지역을 중심으로 하는 다양한 데이터를 수집 및 집계하고, 데이터를 연계 및 결합하여 새로운 데이터를 만들고 새로운 데이터의 관계를 도출한다. 이를 바탕으로 비즈니스 의사결정을 명확히 하고 비즈니스 통찰력을 높여 업무 생산성을 높이고 효율성을 향상시킬 수 있도록 하는 서비스를 제공한다.

7. 경쟁사 데이터 분석 – 디지털폴리오 닷컴

경쟁사에 대한 데이터 분석 시 단순히 매출이나 순익, 그리고 고객 관련 데이터만 분석하는 것은 아니다. 소매 유통 업체의 경우, 경쟁사의 상품 가격과 가격 변동, 그리고 상품 프로모션이나 판매량, 재고 데이터까지 확대되고 있는 것이 특징이다. 이런 서비스를 제공하고 있는

그림120 경쟁사 제품 관련 데이터 분석 빅데이터 시나리오

디지털 폴리오^{digitalfolio.com}라는 업체가 있다. 경쟁사 데이터를 분석해주는 서비스를 제공하는데, 실시간 가격 업데이트와 가격 비교 기능을 제공하며 초당 최대 10,000개 제품에 대한 업데이트 플랫폼 기능을 제공한다. 매일 웹 쇼핑객 48만명 이상이 접속하여 모이는 데이터라고 볼 수 있다.

디지털 폴리오는 자동적으로 가격, 가용성 및 기타 변경 사항을 감지하고 초당 수 천명의 구매자의 「장바구니」와 「체크 아웃」 가격에 적용한다. 디지털 폴리오의 리테일 인텔리전스 API^{Retail Intelligence Application Programming Interface}는 OData API^{Open Data API}를 통해 실시간 및 지나온 가격 움직임과 제품 가용성을 제공하여 경쟁사와 자사의 제품을 비교해 가격과 마케팅 전략을 수립하는 데에 도움이 되도록 해준다.

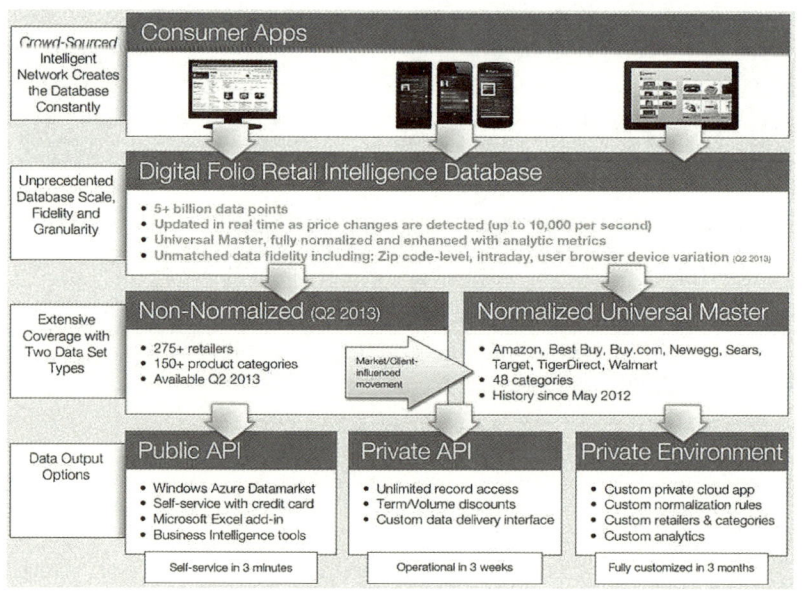

그림121 소매유통 경쟁사 데이터 분석 플랫폼 아키텍처, 참조 digitalfolio.com

또한, 데이터 피드 및 특수 항목에 대한 고급 웹 크롤러[Web Crawler]로 자동 데이터 캡처 기능으로 상품 구매 고객의 피드백을 제공받을 수도 있다. 이러한 경쟁사 분석 서비스는 고객과 상점 등에서 판매되는 제품의 변화를 감지하고 제품에 대한 생산과 유통, 그리고 재고 관리의 생산성까지도 재고할 수 있도록 한다.

고객에게 데이터를 제공하는 방식도 데이터 마켓플레이스나 일반적인 오픈 형태의 퍼블릭 API[Public API]를 통해서 제공되는 모델과 고객 환경에 최적화된 프라이빗 API[Private API]를 통해 데이터가 제공되는 모델이 있다. 또한, 고객이 실제 이러한 데이터 플랫폼을 원할 경우에는 고객 환경에 최적화하여 플랫폼 구축형으로 제공한다.

소셜 큐레이션, 위치기반 데이터 분석, 경쟁사 데이터 분석 이렇게 3가지 모델이 현재 빅데이터 비즈니스 모델의 가장 일반적인 제공 유형이다.

Insight 39 ▶ 빅데이터 마켓플레이스의 개념

스마트폰 앱스토어 시장이 초기에 열풍이 불었듯이 이제는 빅데이터의 데이터 마켓플레이스로 옮겨 갈 것이란 시각이 지배적이다. 데이터 마켓플레이스가 만들어지게 된 배경은 트렌드 파악과 사전 예측, 고객을 위한 상품과 서비스 개발에 데이터를 활용하려는 기업들의 수요가 생겨났기 때문이다. 일반 기업의 입장에서는 어떤 목적을 위해 필요한 데이터를 직접 구하기가 쉽지 않다. 원하는 데이터가 있는데 그것을 구입할 수 있다면 그렇게 하는 것이 오히려 빠르고 경제적이다. 반대로, 데이터를 가진 기업은 그 데이터를 원하는 다른 기업들에게 판매할 수 있다. 이렇게 데이터가 새로운 비즈니스의 원천이 되는 시장이 곧 데이터 마켓플레이스이다.

상위 40개의 데이터 제공 업체들은 350억 달러 가치의 데이터를 제공하고 있고, 데이터와 애플리케이션 서비스를 통해 기업들이 전

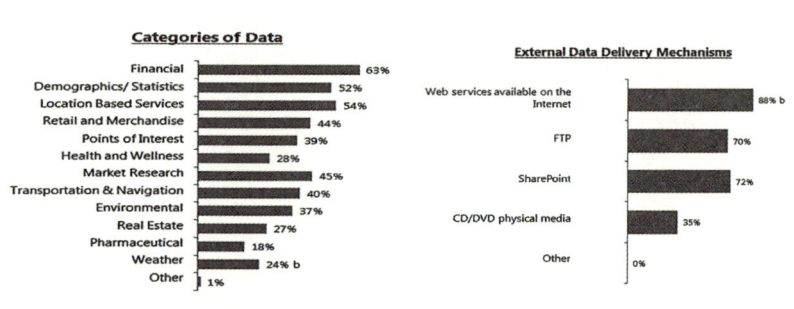

그림122 데이터 카테고리 및 외부 데이터 활용 통계.

략과 계획 수립에 활용하고 있는 것으로 나타났다. 실제로 많은 기업이 이렇게 유료 데이터까지 구매하면서 데이터를 분석하는 이유는 그만큼 시장의 불확실성이 높기 때문이다. 주로 이용하는 데이터로는 회계 데이터가 63%나 차지했고, 그밖에 인구나 상권 조사를 위한 통계, 위치 기반 지역 정보 서비스, 소매 유통 관련 데이터, 마켓 리서치, 날씨 정보 등과 같은 데이터인 것으로 나타났다.

이러한 데이터들은 주로 외부 인터넷 웹서비스를 통해 주고받으며, 그밖에 FTP^{File Transfer Protocol}나 쉐어포인트^{Sharepoint} 등을 통해 유통되는 것으로 확인됐다.

데이터 마켓플레이스의 가장 큰 도전 과제는 다양한 데이터 포맷과 데이터 입출력을 관리하는 서비스의 UI^{User Interface}/UX^{User Experience}가 데이터의 유형과 종류마다 너무 다르다는 것이다. 데이터 마켓플레

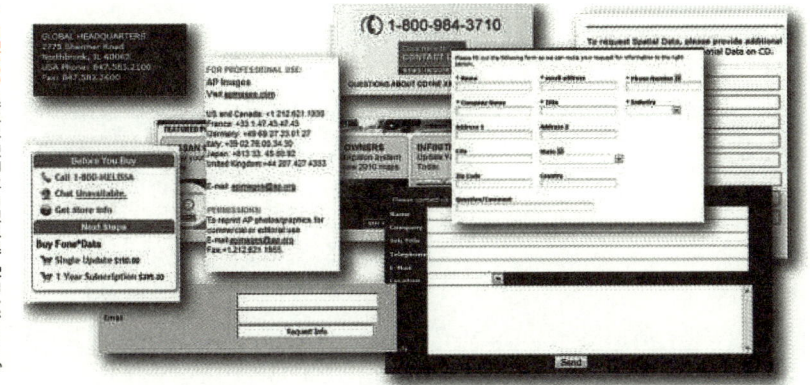

그림123 데이터 접근의 도전과제, 참조 Microsoft

이스는 데이터의 다양한 속성과 다른 입출력 방식을 표준화하고 통일화하는데, 데이터 정제$^{Data\ Cleaning}$와 품질 관리를 위해서 반드시 필요한 선행적인 부분이기 때문이다. 데이터 마켓플레이스는 바로 이러한 문제를 해결하여 고객과 파트너를 지원하고 있다.

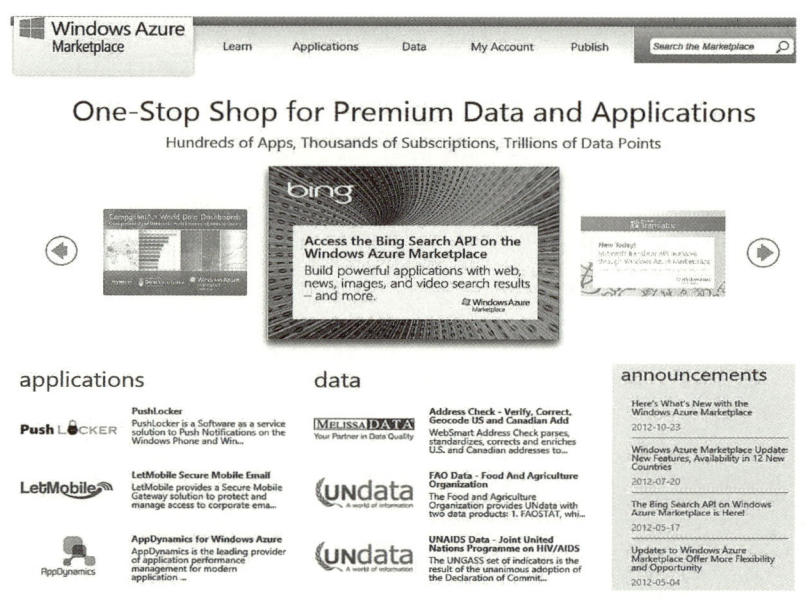

그림124 데이터 마켓플레이스 사례 - 애저 마켓플레이스, 참조. Microsoft

데이터 마켓플레이스의 사례를 보자. 마이크로소프트는 서비스형 플랫폼 기반의 클라우드 서비스인 애저^{Azure}에 데이터 마켓플레이스를 런칭하였다. 애저 마켓플레이스$^{Azure\ Marketplace}$는 단순히 데이터만 개방하고 공유하는 것이 아니라, 공공 기관의 무료 오픈 데이터를 이용할 수 있고 기업의 유료 공유 데이터를 사고 팔 수도 있다. 즉, 데이터 분석 업체 및 다양한 개발 업체와 서비스 업체가 참여하여 앱이나 웹서비스 형태로 다양하게 거래할 수 있는 데이터 시장 같은 생태계를 구축하였다.

마이크로소프트 애저 마켓플레이스의 방향은 공공 데이터^{Public Data}를 포함한 모든 데이터를 한 곳에서 공급, 구매, 활용할 수 있도록 하는 것이다. 데이터를 제공하는 콘텐츠 공급업자들에게는 전세계 어

그림125 데이터의 상거래 비즈니스 모델

느 곳에서나 쉽고 빠르게 데이터를 로딩하고, 강화된 보안과 데이터 권한 모델, 그리고 유연하고 확장성 있는 플랫폼과 과금 서비스를 제공하여 데이터를 통해 수익을 보장하는 것이다.

애저 마켓플레이스는 소프트웨어 개발사나 개발자들에게는 애플리케이션 개발을 효율적이고 생산적으로 할 수 있도록 개발 도구와 함께 API를 제공하고, 플랫폼 기반의 데이터베이스에 쉽게 접근하여 활용할 수 있도록 하고 있다. 또한, 정보 관리자나 수요자들이 쉽게 데이터와 정보를 탐색하고 데이터를 애플리케이션과 함께 활용할 수 있도록 하고 있다. 그리고 무엇보다 개인과 기업 소유의 프라이빗 데

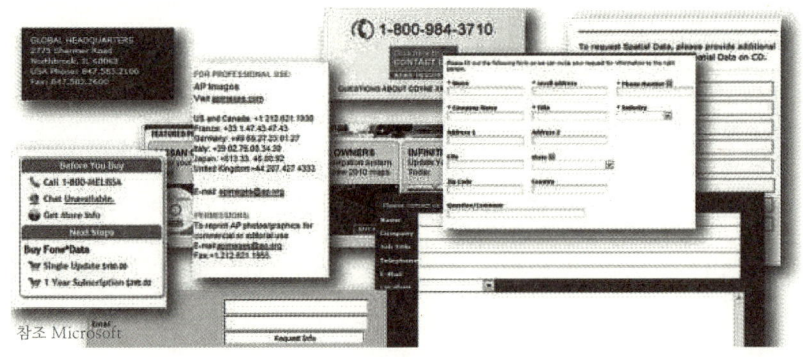

그림126 데이터의 마켓플레이스 아키텍처

참조 Microsoft

이터$^{Private\ Data}$를 외부의 공공 데이터와 매쉬업할 수 있도록 한다.

　애저 마켓플레이스의 장점이자 특징은 애저라는 클라우드 플랫폼과 서비스를 연계하여 활용하는 것이다. 인프라 서비스로는 스토리지, 플랫폼으로는 클라우드형 SQL 데이터베이스, 그리고 무엇보다 분석과 문서 도구로 오피스를 연계할 수 있다. 여기에는 데이터 접근에 관한 표준인 OData$^{Open\ Data}$가 적용되어 있다. 데이터 마켓플레이스 플랫폼의 핵심 컴포넌트는 데이터 마켓 커넥터와 데이터 배포와 과금, 이용에 관한 측정 등의 역할, 그리고 마켓플레이스의 역할을 하는 포털이다. 애저는 콘텐츠 공급자와의 원활한 인터페이스를 위해 표준 프로토콜 기반의 서비스를 제공하고 퍼블릭 클라우드를 통해 외부에서 연계하는 방안과 고객사의 프라이빗 클라우드에서 데이터를 상호 연계하는 다양한 연계 모델을 가지고 있다.

　현재 애저 마켓플레이스에 참여하고 있는 업체로는 나사^{NASA}와 나

브텍^{NAVTEQ}, 내셔널 지오그래피$^{National\ Geography}$ 같은 업체들이 있고, 애저 클라우드를 활용하여 개발하는 업체도 중소기업부터 대기업까지 다양하게 입점하여 있다. 또한, 데이터 분석을 도와주는 BI 업체와 다양한 모바일 서비스를 활용하는 앱과 애플리케이션도 꽤 많이 등록하여 이용하고 있다.

이러한 현상은 오픈 이노베이션$^{Open\ Innovation}$ 트렌드의 영향이다. 그동안 분석할 엄두도 못 내던 데이터를, 활용 및 가공하는 업체와 개발자들에게 개방하고, 이러한 결과로 얻어지는 데이터와 정보에 대해서는 함께 공유하고 계속해서 가치를 발견하고 같이 성장해 나가자는 것이다. 빅데이터의 이러한 플랫폼 생태계는 앞으로 정부와 기업, 그리고 빅데이터 벤더를 중심으로 점점 더 활성화될 것으로 보인다.

Insight 40 ▶ 데이터 마켓플레이스에서 빅데이터 외부효과

데이터 마켓플레이스가 추구하는 목적과 방향은 스마트 디바이스의 앱스토어와 유사하다. 다만 현재 스마트 디바이스의 마켓플레이스는 디바이스 제조사의 종속성, 즉 디바이스 OS의 종속성에 따라 앱스토어가 구분된다. 최근에는 디바이스 제조사뿐 아니라 통신사들까지 참여하게 되면서, 처음에 추구했던 다양한 앱 개발 생태계보다는 시장 경제에 입각한 수익 우선 중심 구조로 흐르고 있다.

빅데이터 데이터 마켓플레이스는 바로 이러한 앱스토어와는 차이가 있다. 특히, 공공의 오픈 데이터를 단순히 데이터만 개방해서 공유하는 것이 아니라, 데이터를 활용하기 위한 애플리케이션과 플랫폼

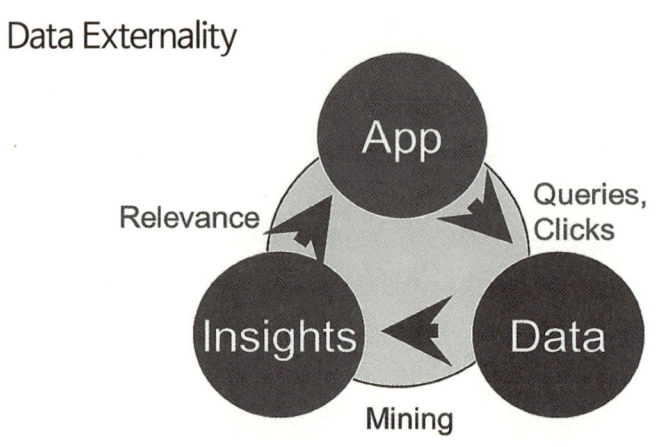

그림127 데이터 마켓플레이스의 외부 효과 프레임워크 - 정우진

까지 제공한다. 또한, 애플리케이션보다는 데이터의 가치와 데이터를 통한 새로운 비즈니스를 만들 수 있는 기반을 만들려고 하는 것이 주된 목적이다. 그렇기 때문에 클라우드 컴퓨팅 프로바이더 및 데이터 플랫폼 서비스 업체들의 사업 참여가 많다. 또한, 스마트 디바이스의 앱스토어와는 다르게 종속성을 없애고 오픈 플랫폼 및 마켓플레이스를 지향하고 있다.

마켓플레이스에서 데이터와 앱, 그리고 발생되는 인사이트의 관계는 상호 관계하에서 지속해서 순환되는 루프 구조를 갖게 된다. 앱을 통해서 데이터 쿼리와 클릭이 실행되고 데이터 마이닝을 통해서 인사이트를 얻게 된다. 이러한 인사이트로 새로운 앱을 만들 수도 있고 관련 앱을 다시 참조할 수 있게 된다. 이러한 반복은 인사이트를 향상할 뿐 아니라 앱까지도 동반 상승하게 되고, 데이터의 범주와 규모는 점점 더 늘어나게 된다. 더 나은 결과를 위해 더 많은 데이터가 모이거나 만들어지게 되고 대단한 인사이트가 만들어져 더 나은 결과가 나오게 되어 계속 가치 있는 루프 사이클을 가지게 된다. 오픈 데이터 마켓플레이스가 궁극적으로 추구하는 방향은 바로 이러한 외부효과에 있다.

Insight 41 to 50

정보는 21세기의 연료이며, 분석은 그 추진 엔진이다.

Information is the oil of the 21st century,
and analytics is the combustion engine.

Peter Sondergaard Senior Vice President at Gartner

Insight 41 ▶ 사물 인터넷 IoT

사물 인터넷 혹은 사물 지능 통신이라고 부르는 IoT$^{Internet\ of\ Things}$는 인터넷에서 사물에 관한 고유 개체를 식별하고 가상으로 개체를 표현하는 것을 의미한다. 이 용어는 인터넷이 처음 만들어져서 활성화되던 1990년대 중반, 케빈 애쉬튼$^{Kevin\ Ashton}$에 의해 사용되었다. 사물지능 인터넷 IoT는 먼저 자동 ID센터$^{Auto-ID\ Center}$와 같은, 시장에서 판독 가능한 분석기로 처음 시작되었다. RFID$^{Radio\ Frequency\ Identification}$의 전제조건이자 식별하기 위한 기준이었다.

RFID 태그를 장착한 물건은 컴퓨터에서 확인해 식별할 수 있다. 이런 식별 장치와 물체에 장치를 하는 일은 기존 대비 많은 변화를 가져왔다. 관련 전문가와 담당자가 필요하며, 제품의 실시간 상태와 재고를 파악할 수 있기 때문에 더 이상 재고를 쌓아놓을 이유가 없게

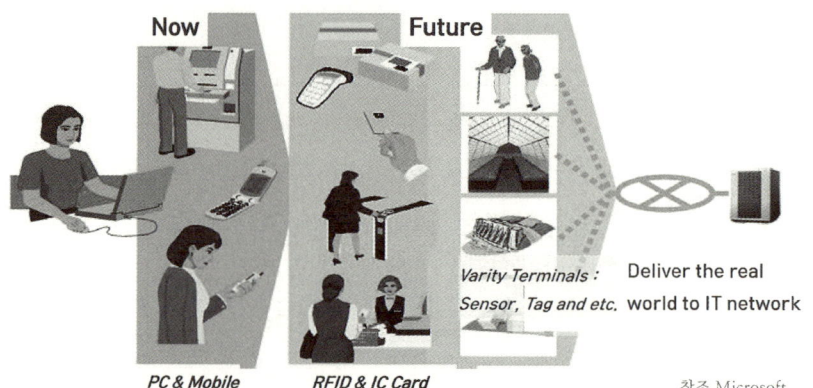

그림128 사물 인터넷 묘사

참조 Microsoft

되었다.

애쉬튼이 원래 정의한 내용은 오늘날 컴퓨터, 즉 인터넷으로 사물에 관한 정보가 디지털화되고 기록화되어서 약 50페타바이트 정도로 축적하게 되었다. 사람에 의해서 정보화되는 것이 아니라 컴퓨터와 다양한 데이터 인식 장치를 통해 사물이 디지털 정보화되면서 정확도도 높아지고 식별도 가능해지게 된 것을 의미한다. 여전히 기초와 핵심은 인터넷이며, 인터넷을 기반으로 무한히 확장될 수 있는 세상이 온다는 것이다. 이것은 정보와 의사소통을 교환할 것들과 사물 사이의 확장을 의미하며, 인터넷 기술을 통해 네트워크 인텔리전스를 달성할 수 있다는 것을 의미한다.

인텔Intel은 2020년에 40억 명의 인구가 310억 개의 디바이스를 통해 인터넷으로 연결될 세상을 예측했다. 현재 인구의 5배가 넘는 규모로 인당 5개 이상의 디바이스 또는 기업의 경우 수십 배에 달하는 디바이스와 컴퓨팅 환경이 될 것이다.

이러한 IoT 세상에서 필요한 것은 빅데이터 센싱이라고 불리는 센싱 네트워크 기술이다. 일반적으로 현재 상태를 파악하고 인지하는 것으로 온도, 습도, 소리 등 다양한 환경에 관한 상태를 감지하는 센서 기반의 네트워크 인터페이스를 의미한다. 이러한 센서는 모든 디바이스에 임베디드되고 임베디드된 디바이스는 독립적 운영 체계를 통해 반응할 수 있게 된다.

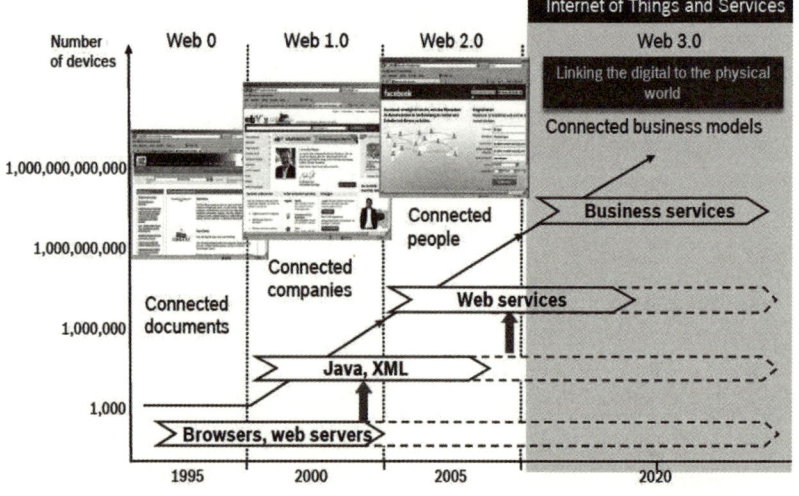

그림129 사물 인터넷의 진화, 참조 Bosch

　다음으로는 사물 인터넷과 유사하거나 같은, 사물간 통신인 M2M[Machine to Machine]이다. 사물간 통신은 사물간 표준 통신 프로토콜로 상호 데이터와 신호를 주고받는 것을 의미한다. 최근에는 모바일 디바이스 기반에 4G/LTE, 블루투스[Bluetooth] 등 다양한 유무선 네트워크 환경이 가능하게 되었다. 마지막으로 이러한 센서와 네트워크에서 플랫폼이나 서비스와 연동하는 다양한 API가 필요하다. API를 통해 센싱 데이터가 축적되고 연계되며 활용될 수 있고, 다양한 서비스와 결합하여 새로운 서비스를 창출하는 환경이 된다. IoT의 진화와 변화에 관한 동인은 급격히 늘어나는 디지털 디바이스의 증가 덕분만은 아니다. 초기에 웹을 통해 연계되는 디지털 콘텐츠가 이후 사물의 디지털화된 표현을 통해 기업에 연계되고, 이후 서비스를 통해 사람으로 연계되어 확대되면서, 웹2.0에 이르러서는 모든 사물뿐 아니

그림130 사물 인터넷의 진화 묘사

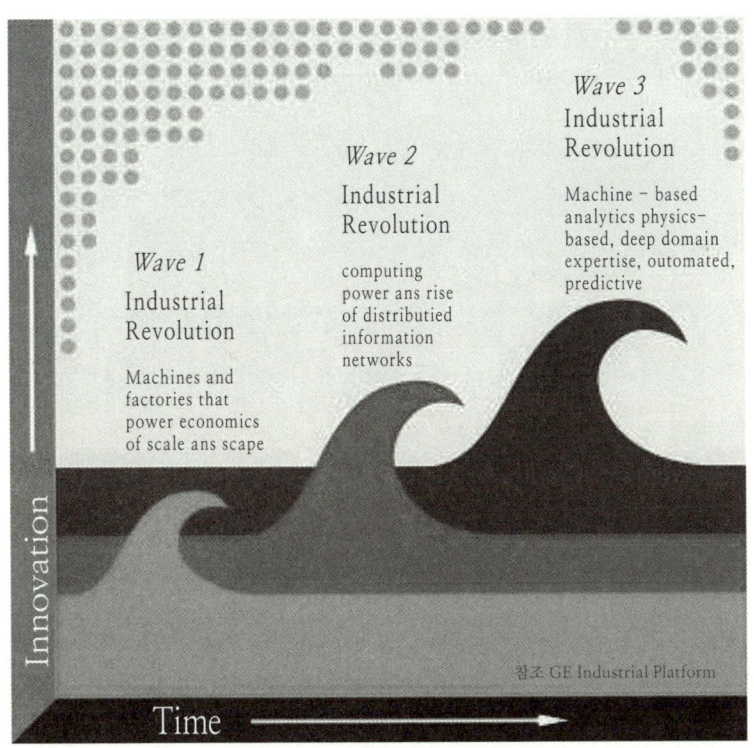

라 행위까지도 디지털화 즉 인터넷화가 되면서 이제는 새로운 비즈니스 서비스로 확대되고 있는 것도 IoT가 진화하고 변화하는 동인이다. 그래서 혹자는 IoT를 웹3.0이라고도 하는데, 웹2.0 이후에 연계되는 비즈니스 모델을 물리적인 세상과 연결하는 디지털 연결 고리^{linking}라는 의미이다. 이러한 변화에 대해서 IoT와 유사한 개념이 산업 인터넷$^{Industrial\ Intelligence}$이다.

산업 인터넷은 디바이스와 디바이스, 디바이스와 사람, 디바이스와 비즈니스가 상호 연결되고 운영되는 생태계를 의미한다. 최근 글로벌 비IT 제조 기업들은 이러한 산업 인터넷 개념을 적용하여 신규 가치 서비스를 발굴하여 공격적으로 IT에 투자하고 있다. 산업 인터넷은 이제 제3의 혁명이라 불린다. 산업 혁명이 기계와 공장화로 산업의 규모를 거대화하는 1세대 혁명이었다면, 2세대는 인터넷을 통한 정보와 네트워크 혁명이었다. 3세대인 산업 인터넷은 디지털화된 기기를 기반으로 다양한 분석과 데이터화가 가능해지면서 자동화된 예측이 따라오는 새로운 혁명이다.

세계 제일의 혁신 기업인 GE$^{General\ Electric}$는 산업 인터넷을 가장 많이 주창하고 있는 회사이다. 자사의 플랜트와 기기 장치에 다양한 센서

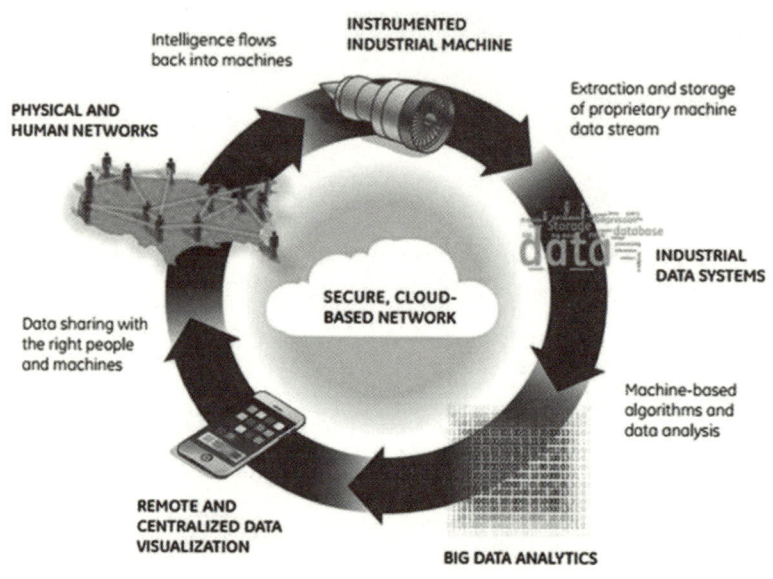

그림131 산업 인터넷 데이터 루프, 참조 GE Industrial Platform

와 데이터를 추출하는 기술을 적용해 고장을 예방하고 더 안정적인 서비스를 제공할 수 있다고 판단한 GE는, 자신들의 기기에 운영체계와 애플리케이션 서비스를 임베디드하는 전략을 통해 새로운 가치 서비스를 고객에게 제공하고자 한다. 이러한 산업 인터넷은 사고를 예방하고 지속 가능한 서비스를 만들 수 있는데, 빅데이터와 밀접한 관계를 갖게 된다. 산업 인터넷으로 촉발된 데이터는 이전에는 관리되지 않던 로그 성격의 다크 데이터$^{Dark\ Data}$도 있지만, 디지털화된 기기를 통해 생성되는 새로운 성격의 데이터가 더 많다. 이러한 데이터가 축적되고 필요한 데이터만 추출되면서 산업에 맞는 데이터 시스템의 모습을 갖게 된다.

이러한 데이터 시스템은 기기^{Machine} 기반의 알고리즘과 데이터 분석 체계를 통해 빅데이터 분석이 가능해지게 된다. 분석된 데이터는 원격화된 형태와 중앙화된 형태로 가시화하여 제공되며, 다시 기기와 사람에게 보내져서 공유되고, 사물 간 그리고 사람 간의 네트워크를 통해 다시 기기에 반영되어 운영될 수 있도록 한다. 이러한 산업 인터넷 환경은 많은 사고와 장애 등을 예방할 수 있고 최적의 운영 환경에서 생산성을 높일 수 있다. 산업 인터넷은 클라우드 컴퓨팅 기반의 네트워크 환경에서 제공되고 디바이스 간 그리고 사람 간 보안이 유지된 환경에서 상호 인터페이스되는 안정적 환경이다. 이처럼 산업 인터넷과 IoT는 빅데이터와 밀접한 관계에 있다.

IoT는 처음에는 물류의 가치 체인 상에서 RFID를 기반으로 재고

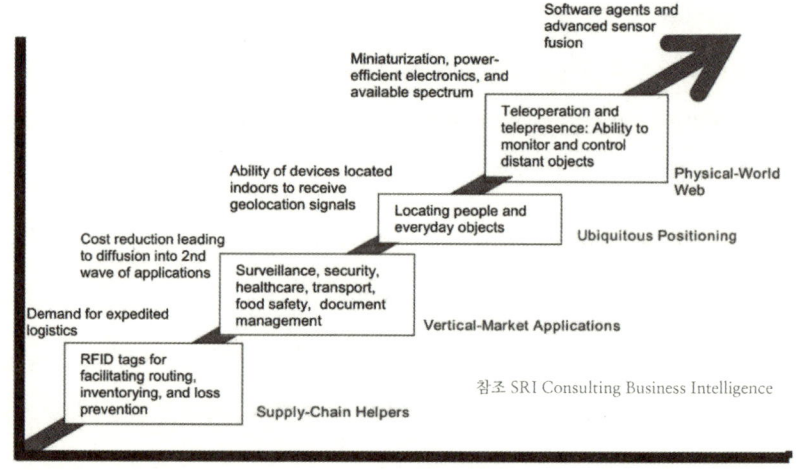

그림132 IoT 로드맵

와 물류 이동에 관한 정보를 제공하기 위해 시작되었다. 이후 가상화 마켓 웹 애플리케이션이 등장하게 되어 2세대 애플리케이션이 등장하게 된다. 상품을 좀 더 효율적으로 인지하고 분류하기 위한 다양한 애플리케이션 서비스가 만들어진 것이다. 이러한 애플리케이션은 보안과 물류 이동, 식품의 안전, 헬스케어와 같은 부문에 비용 절감 효과를 가져왔다. 이후 모든 사물과 사람이 위치를 인식하고 공유하게 되고 기기가 이것을 식별하여 해당 포지셔닝에 관한 정보를 표시하고, 또는 특정 위치에 있을 때 위치 기반의 다양한 정보를 제공해주는 유비쿼터스 포지셔닝으로 진화하게 된다. GPS와 스마트폰의 발전과 보급 확대로 사물의 위치는 좀 더 정확해지고, 바코드에서 QR코드로의 변화와 같이 정보와 위치 등의 표현 체계가 급진전을 이루었다.

이후 사물을 인지하고 사물 간 통신을 통한 모니터링과 컨트롤이 가능한 환경으로 가게 되는데 소프트웨어 에이전트와 향상된 융합 센서를 통해 사물 인터넷 IoT 또는 현실적 세계화 웹$^{Physical-World\ Web}$이 현실화된다. 이러한 과정 중에서 사물에 발생되는 수많은 데이터와 사물간 통신에서 인터페이스화되는 데이터는 점점 더 늘어날 수밖에 없다. IoT는 결국 빅데이터를 양산하고 확대하여 새로운 데이터 관리 체계와 플랫폼이 동반될 수밖에 없다.

IoT의 구조는 3가지 영역으로 나눌 수 있다. 가장 먼저 기본이 되고 우선시되는 영역은 인지 영역$^{Perception\ Area}$이다. 데이터 통신 채널과 스마트폰, PC, 카메라 센서와 RFID, 자동차에 탑재되는 센서, 이러한

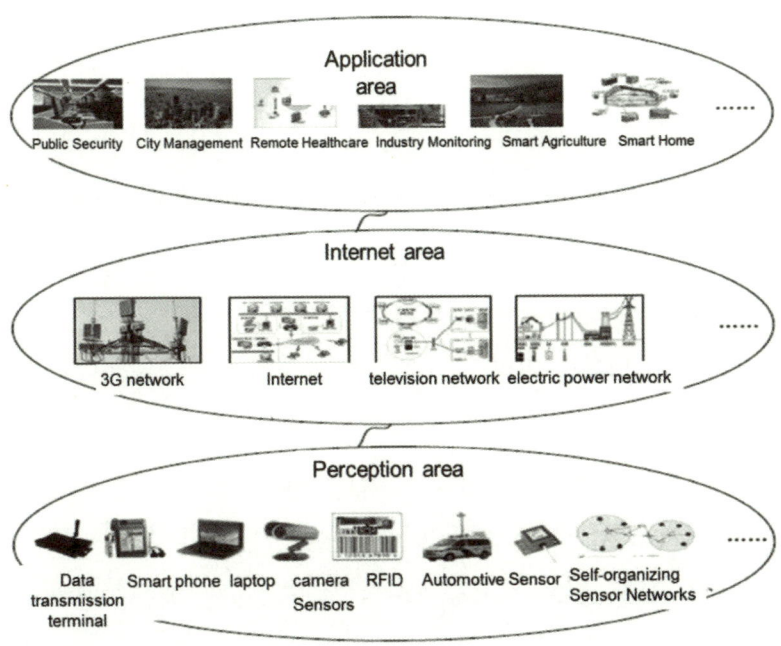

그림133 IoT의 전형적 구조, 참조 Microsoft

디바이스들과 센서들이 자율적으로 센서 기반의 네트워크로 구성될 수 있는 환경을 의미한다. 인지 기술은 사용자 인터페이스와도 밀접한 연관이 있는데 최근에 터치기술에서 동작인식 그리고 사물에 관한 인지는 점점 더 세밀해지고 인지 속도도 빨라지고 있다. 빅데이터에서 이 영역은 데이터의 원천 영역이라고 볼 수 있다.

다음으로 인터넷 영역^{Internet Area}이라고 해서 데이터를 송수신하는 네트워크 영역이다. 3G와 TV, 인터넷, 전력 네트워크 등 기반 통신 네트워크는 매우 다양하다. 최근에는 4G LTE가 등장하면서 무선 환경에서 다양한 주파수대의 통신으로 확장하여 사물 간 통신을 위한 여러 통신 프로토콜이 등장하고 있다. IoT에서 인터넷 영역은 사물과 사물, 사물과 사람, 그리고 사물과 정보를 연계해주는 역할을 한다.

마지막으로 애플리케이션 영역^{Application Area}이 있다. 인지와 인터넷을 바탕으로 사물을 통해 모니터링하고 컨트롤하는 소프트웨어라고 보면 된다. 공공 보안, 빌딩 관리, 도시 관리, 원격 헬스케어, 그리고 산업별 특정 모니터링, 스마트 홈과 스마트 농업 등이다. 최근에 애플리케이션은 스마트 디바이스 기반의 앱^{App} 형태로 보급되어 모바일 상에서도 활용할 수 있도록 발전하고 있고, 유관 분야에 융복합화가 일어나면서 생산성과 효율성이 향상된 서비스들이 늘어나고 있다. 결국, 사물을 인지하고 사물과 통신을 하며 사물을 통제하고 관리하는 기본적인 애플리케이션은 사물 인터넷을 완성하는 역할을 한다.

Insight 42 M2M과 IoT 그리고 빅데이터는 어떤 관계인가

M2M은 Machine to Machine의 축약어로 디바이스 간 소통을 의미한다. 디바이스 간의 소통은 데이터 통신으로 디바이스 내에 데이터를 상호 인터페이스하여 디바이스에서 디바이스로 데이터가 이동하는 것이다. 최근에 스마트폰을 비롯한 스마트 디바이스는 언제나 연결된 상태에 거의 자동적으로 자체 모니터링과 커뮤니케이션이 가능하다.

요즘 들어 스마트 디바이스는 각종 센서가 장착되고 활성화되면서 점점 더 많은 다양한 기능을 제공하게 되었다. 이러한 디바이스들은 서로 상호 통신하는 것은 물론이고 데이터를 쉽고 빠르게 주고받을

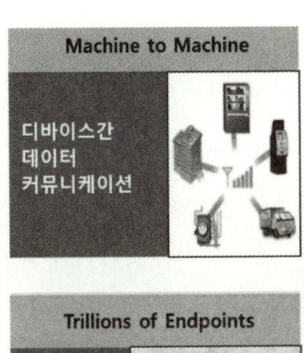

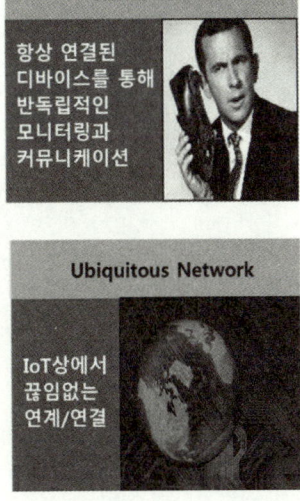

그림134 M2M & IoT. 참조: Microsoft

수 있다. M2M은 결국 유비쿼터스 네트워크 세상을 만드는 통신 수단의 하나이며, 사물 인터넷에서 끊임없는 연결과 실제 사물과 가상의 인터넷 사물을 연계시켜주는 중요한 채널이 될 것이다. M2M과 빅데이터의 관계는 기기 데이터와 기기 간 상호 연계에서 발생하는 데이터를 처리하는 부분에 있다. 기기 센서의 데이터는 단순하지만, 실시간 끊임없이 생성되고 기기 간 커뮤니케이션 데이터 또한 실시간 스트리밍 형태로 전달되거나 필요 데이터만 추출되기 때문에 이벤트형 데이터 처리가 요구된다. 무엇보다 이러한 데이터를 저장하고 축적하는 플랫폼이 필요한데 빅데이터 플랫폼과 M2M은 이러한 플랫폼적인 공통성을 가지고 있다. M2M을 통해 빅데이터 플랫폼은 더 진화할 것이다.

M2M에서 유비쿼터스 네트워크로의 진화는 센서 기반 네트워크에서 IoT를 거쳐 유비쿼터스 네트워크로의 진화 과정을 거친다. 센서 네트워크는 낮은 속도와 낮은 전력에서 센서 디바이스가 구동되어야 하고 NFC$^{Near\ Field\ Communication}$와 같은 근거리 통신이 결합하여 사물간$^{things\ to\ things}$ 통신이 주가 되는 것이 특징이다. IoT에서는 하나 또는 다수의 네트워크에서 다양한 데이터 커뮤니케이션이 일어나게 되고, RFID, 2D 코드, 근거리 고속 통신과 다양한 모바일 터미널을 통한 커뮤니케이션이 활성화된다.

사물 간 커뮤니케이션뿐만 아니라 사람과 사물도 통신하게 된다. 유비쿼터스 네트워크는 다양한 네트워크 기술과 프로토콜이 적용되

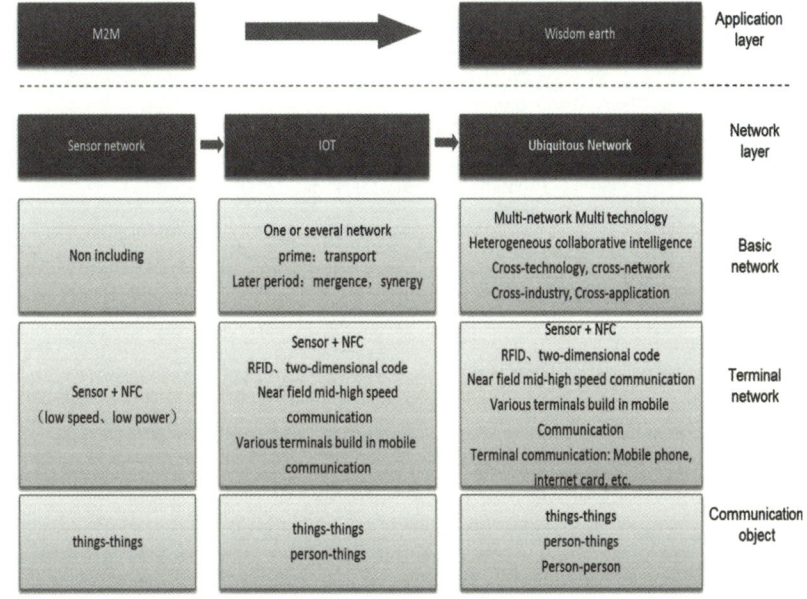

그림135 IoT의 정의, 규정, 참조 Microsoft

고 다른 운영 환경과 기술 체계에서 상호 연동하는 지능 네트워크가 가능하게 된다. 그래서 범기술적Cross-Technology, 범네트워크Cross-Network, 범산업적Cross-Industry, 범애플리케이션Cross-Application 기반의 네트워크 체계가 만들어진다. 이러한 네트워크 기반에서 터미널 네트워크는 더 다양해지게 되는데 모바일 커뮤니케이션과 카드 결제 등의 다양한 형태로 나타나게 된다. M2M으로 스마트하고 지혜로운 세상을 만들 수 있게 된다.

최근 통신사의 신규 사업으로 추진하고 있는 빅데이터 비즈니스는 M2M과 IoT 중심이라고 볼 수 있다. 유무선 망이 확대되고 고도화되면서 M2M과 IoT 기반이 만들어지고 있다. 이 기반 위에서 다양한 미디어 서비스와 클라우드 컴퓨팅과 같은 IT 서비스를 통해, B2C 일반 소비자뿐 아니라 B2B 기업까지 고객이 되고 있다. 기업 고객의 경우 일반적인 커뮤니케이션과 IT 서비스뿐 아니라, 기업 업종에 특화된 M2M과 IoT를 요구하게 되었고, 이에 따라 통신사들도 기업 전용 신규 비즈니스 개발에 앞장서고 있다.

Insight 43 ▶ IoT 플랫폼이란

사물 인터넷 환경을 가능케 하는 플랫폼은 다양한 산업 분야와 다양한 네트워크를 지원해야 한다. 최근 산업 분야별 혁신과 고도화된 기술 발달은 산업간 융합을 가속화했지만 산업별 다양성 또한 더욱 심화시켰다. 이러한 다양성을 수용하는 플랫폼은 통합 표준화된 상호 운용성이 보장된 플랫폼이어야 한다. 그리고 모바일을 비롯한 인터넷 그리고 통신사업자가 제공하는 다양한 네트워크 환경, 데이터 센터 등을 고려한 플랫폼이 요구된다.

무엇보다 진화하고 발달하는 통신 기술을 수용할 수 있어야 하는데, WIFI나 3G, 4G LTE뿐 아니라 RFID, Zigbee, Tag와 같은 새로운 통신 프로토콜도 처리할 수 있어야 한다. 이렇게 복잡하고 다양하며 끊임없이 진화하는 센서와 네트워크와 업종별로 다양한 애플리케이션 서비스를 수용하는 IoT 플랫폼의 가장 기본적인 요소는, 데이터 스토리지와 관리, 데이터 융합^{Fusion}과 마이닝^{Mining}, 그리고 처리와 운영 관리, 시뮬레이션과 분석, 가시화와 의사결정 지원 등이다. 거의 빅데이터 플랫폼과 같다. 사물 인터넷^{IoT}과 사물 통신^{M2M}, 그리고 산업 지능화$^{Industrial\ Inteligence}$는 이렇듯 빅데이터를 중심으로 상호 연계하여 발전하는 미래의 메가 트렌드이다.

IoT 플랫폼 도입을 위해 가장 우선적으로 필요한 것은 다양한 M2M 통신과 센서 네트워크$^{Sensor\ Network}$를 수용하면서 데이터를 전송

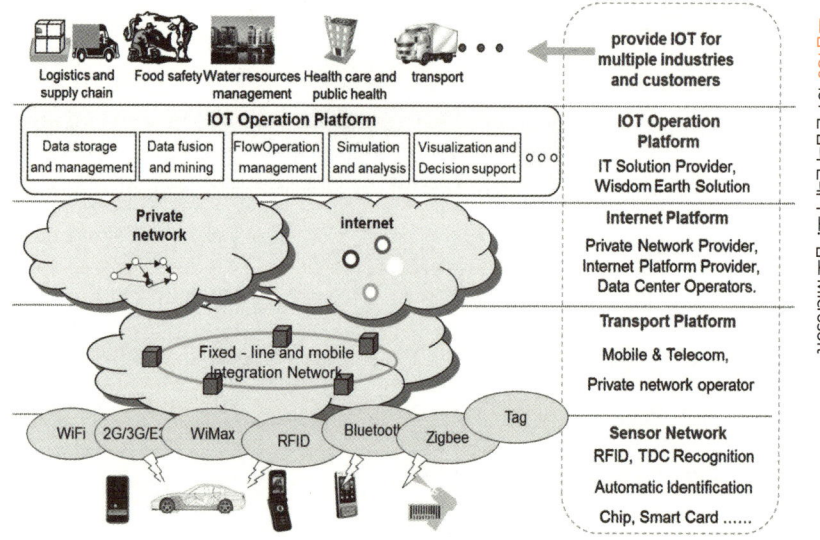

그림136 IoT 산업의 연쇄 구조, 참조 Microsoft

할 수 있는 통합 네트워크 기반의 트랜스포트 플랫폼$^{Transport\ Platform}$이다. 다양한 프로토콜과 데이터를 인터페이스하는 것이 핵심이다.

다음으로는 일반적 인터넷망뿐 아니라, 사설 네트워크 환경과 보안이 강화된 데이터 센터와 같은 곳에서도 연계할 수 있는 인터넷 플랫폼$^{Internet\ Platform}$이 요구된다. 그래서 IoT의 가장 큰 이슈 중 하나가 보안이다. 네트워크 인증뿐 아니라 데이터 인터페이스 상에서 인증도 더욱 강화되었고, 데이터와 네트워크에 대한 새로운 통신 보안 솔루션도 출시되고 있다. 최근 퍼블릭 클라우드 컴퓨팅 환경의 인터넷 플랫폼과 유사한 점이 많다. 특히 표준 인터넷 기반의 웹서비스로 제공되면서 더욱 강화된 보안 체계로 구축된 플랫폼이기 때문이다.

마지막으로 다양한 산업과 고객 환경에 활용되고, 원활하게 운영될 수 있는 운영 플랫폼이 요구된다. 단순히 스마트 디바이스만 지원하는 것이 아니라, 기업 환경에 다양한 디바이스와 시설 장비, 플랜트까지 확대되기 때문에 무엇보다 표준화된 운영 플랫폼 환경이 중요하다.

따라서 IoT 플랫폼은 네트워크의 다양성과 통합적인 플랫폼, 그리고 클라우드 컴퓨팅과 같이 유연하게 확장 가능한 기반이 요구된다. 기술 발전과 혁신의 속도를 수용하고 항상 최적화할 수 있는 이상적인 플랫폼이 IoT 플랫폼이라고 할 수 있다.

Insight 44 ▶ 지능화되어 가는 디지털 세상

빅데이터에서 추구하는 시스템은 데이터 기반의 상당히 지능화된 시스템이다. 지능화 시스템$^{Intelligent\ System}$은 기업 전반의 비즈니스 인프라에서 데이터를 집계하고 데이터를 통해 통찰력과 실행하는 능력을 줄 수 있는 데이터 시스템을 말한다.

이러한 지능화 시스템이 되기 위해서는, 기업 전반의 데이터화되지 않거나 데이터가 있더라도 관리되지 않은 데이터를 관리 가능한 데이터로 만드는 것이 우선이다. 이것이 디지털화^{digitalization}이다. 디지털화로 빅데이터가 촉발되었다고 해도 과언이 아니다. 디지털화는 먼저 디바이스가 지능화되어야 한다. 그런 면에서 스마트폰은 바로 디바이스의 인텔리전트화로 대전환의 계기가 되었고 디바이스로 촉발된 지능화로 인해 시스템과 인프라도 지능화되게 된다.

시스템과 인프라의 지능화는 디바이스와 달리 관리되지 않았던 데이터가 관리 범위로 확대되고 시스템 애플리케이션이 소프트웨어적으로 업그레이드되어 실시간 반응과 처리를 할 수 있도록 진화된다. 결국, 지능화된 의사결정 기반의 비즈니스 체계가 갖춰지게 되고 위험 요소와 이슈를 사전 대응할 수 있고 즉각 해결할 수 있게 된다. 기업 환경에서 지능화는 네트워크에서 시설과 자산의 최적화로 확대되고 산업 지능화가 완성된다.

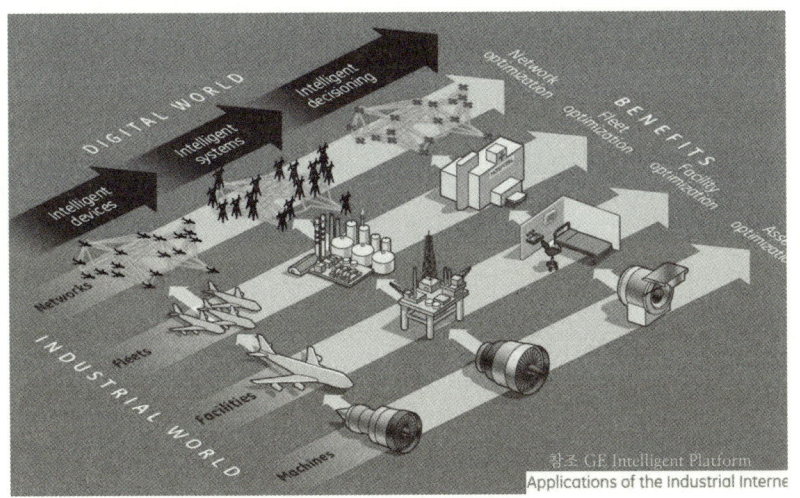

그림137 산업인터넷의 애플리케이션들

인텔리전트 시스템에서 가장 우선적인 것은 물리적 디바이스와 장비 등에 운영체계를 설치하는 것이다. 최근에 임베디드 OS도 중요한 비즈니스 경쟁 요소가 되었다. CPU와 메모리를 만드는 인텔도 이 시장에 뛰어들었고, 아이폰과 아이패드의 iOS의 성장에 힘입은 애플은 기업 환경의 인텔리전트 시스템으로 확대를 꾀하고 있다. 최근에 자동차 업계뿐 아니라 다양한 산업군에 투자하고 있는 것이 이를 말해 주고 있다. 마이크로소프트의 경우 윈도우 기반의 임베디드OS를 업그레이드하여 점차 그 영역을 확대하고 있다. 무엇보다 인텔리전트 시스템의 핵심 기술요소는 인증^{Identity}, 보안^{Security}, 연결^{Connectivity}, 관리^{Manageability}, 사용자경험 환경$^{UX : User\ Experience}$ 등이다.

최근 글로벌 혁신 기업인 GE가 말하고 있는 인텔리전트 플랫폼은 인텔리전트 디바이스에서 기계와 시설, 장비, 그리고 네트워크상에서 스마트하게 서비스를 제공하고, 인텔리전트 시스템을 통해 통합 운영 및 관리를 하고 제어할 수 있는 체계이다. 단순히 스마트한 운영과 관리를 목표로 하지 않는다. 이제는 모든 의사결정과 비즈니스 혁신까지도 한 단계 업그레이드될 것으로 보인다. 데이터 중심의 경영이 바로 인텔리전트 플랫폼으로 가능한 것이다.

Insight 45 빅데이터의 본질과 진실

2011년에 개봉된 야구 영화 「머니볼」이 있다. 야구의 승리 법칙상 잘 치는 4번 타자와 잘 던지는 에이스 투수가 팀의 승리와 포스트 시즌 진출과 월드 시리즈를 결정짓는데 그럴 선수들을 꾸릴 예산이 없는 팀이 어떻게 해나가는지 보여주는 야구 영화이다.

이 영화에서 빅데이터를 알 수 있게 하는 힌트가 나온다. 먼저 승리와 포스트 진출을 위해 진루와 출루율을 기반으로 선수를 선별한다. 1년에 최소 필요한 승수와 승수를 달성하기 위한 출루율, 그리고 출루율이 높은 선수들의 몸값과 팀 구성 등 이러한 과정이 하나의 방정식으로 통계학적으로 분석되어 선수를 선별하고 사들이게 된다.

이것이 빅데이터의 핵심인 데이터 분석을 통한 데이터 간의 규칙과 인과 관계 분석 등을 위한 알고리즘이라는 것을 보여준다. 숫자 간의 방정식이라 해서 통계 규칙^{stats}이라고 하는데, 알고리즘은 데이터를 통해 우리가 얻고자 하는 비즈니스 통찰력과 의사결정을 위한 근거를 주는 핵심요소이다.

실제로 2002년 오클랜드 야구팀은 저비용의 선수 투자로 감히 상상도 하지 못하는 포스트 시즌 진출뿐 아니라 시즌 20연승이라는 신기록을 달성하게 된다. 이러한 야구 숫자와 통계에서의 새로운 방정식 도출이 빅데이터의 핵심인 알고리즘이다.

이러한 알고리즘은 패턴 기반으로 반복되고 자동으로 계산되어 결과를 계속해서 산출해야 하는데 이것을 기계 학습$^{Machined\ Learning}$이라고 한다. 단순히 반복되는 알고리즘을 시스템에 적용하는 것뿐 아니라 원하는 결과가 아니어도 기계가 바로 반응하고 작동할 수 있도록 하는 것이 기계 학습에서 중요하다. 그래서 일반적인 데이터 분석의 알고리즘으로 시스템 기반의 패턴 분석과 검증이 가능한 것이다. 빅데이터에서는 바로 이러한 시스템 기반의 기계 학습화가 가능하도록 해야만, 수없이 많은 데이터를 생산적이고 효율적으로 실시간 분석하고, 그에 따른 의사결정을 내리며 비즈니스에 반영할 수 있다.

과연 그렇다면 데이터 분석을 통해 알고리즘을 설계하고 기계 학습 시스템을 구축하는 것은 누가 해야 할까? 영화 머니볼에서는 야구 선수 출신도 아니고 야구를 공부했던 사람도 아닌 경제학과 출신의 일

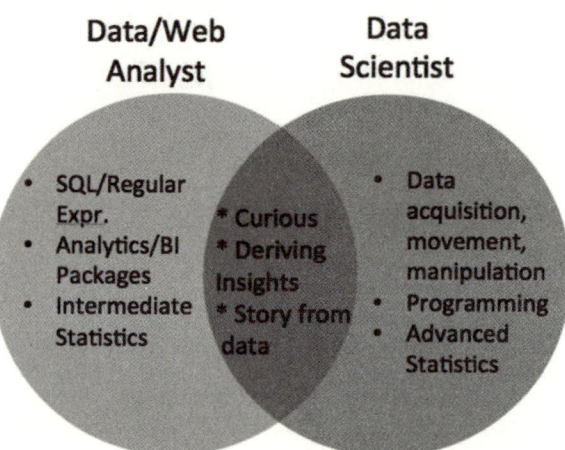

그림138 데이터 과학자 vs. 분석가, 참조 Splunk blog

반인이다. 물론 그렇다고 야구에 대해서 아무것도 모른 사람은 아니다. 다만 새로운 시각으로 야구를 숫자로 분석하고 데이터로 야구를 분석할 수 있는 능력을 갖춘 사람이다. 빅데이터에서는 바로 이러한 사람을 데이터 과학자$^{Data\ Scientist}$라고 한다. 데이터 과학자는 기존의 데이터 분석가와는 많은 차이가 있다. 특히 데이터 통계 기반의 다양한 분야의 융합과 통섭이 요구된다. 무엇보다 남다른 데이터 분석을 통한 인사이트와 데이터를 통한 스토리텔링의 역량이 필요하다. 빅데이터 프로젝트와 사업을 위해서는 다양한 분야의 데이터 과학자가 필요하다.

이전의 데이터 분석과 관리는 결과 보고를 위한 리포팅이 최우선 과제이자 목적이었다. 의사결정을 위한 리포트를 위해서 신속하게 분석하고 한눈에 알아보기 쉽게 차트와 그래프로 표현하는 것이 중요하였다. 대부분의 데이터 분석가와 IT 담당자들은 비즈니스 인텔리전스라는 분류의 솔루션을 도입하고 구축하여 리포트의 데이터에 관한 정확도를 높이고, 화려한 UI를 통해 일종의 보여주기 식으로 시스템을 운영했었다. 그러나 지금 빅데이터가 본격화되지 않았음에도 현재 비즈니스 인텔리전스에 관한 불만이 많다.

영화 「Money Ball」을 통한 빅데이터의 본질과 실체
- Stat = Algolism   새로운 분석 알고리즘
- Machine Learning   시스템 기반의 패턴 분석/해답 검증
- Data Scientist   통계기반의 융복합화-통섭
- Action & Re-Action   실행 그리고 또 실행

이제 빅데이터 시대의 데이터 분석은 지금과 같지는 않을 것이다. 무엇보다 데이터 분석을 실제 비즈니스에 적용하고 활용해야 하기 때문이다. 이젠 리포팅에서 그치는 것이 아니라 실제로 실행할 수 있어야 하고, 기계 학습^{Machine Learning}을 통해 실제로 반영하여 실행에 이바지해야 한다. 분석도 실시간에 가까워야 하니 고정되고 제한된 분석과 리포팅은 이제 사라질 것이다. 쉽고 빠르며 직관적인 분석과 리포팅을 통한 실시간 관리와 시스템 운영이 빅데이터 분석의 핵심이 된다.

Insight 46 다크 데이터는 어떻게 빅데이터로 전환할까

빅데이터는 쉽게 두 가지로 나뉜다. 데이터를 많이 생성하는 서비스나 애플리케이션에서 데이터를 저장하는 것과, 이미 있는 데이터를 모아서 빅데이터가 된 것을 분석하는 것이다.

여기서 흔히들 데이터가 많이 생성되지 않거나 모을 데이터가 없다고들 한다. 하지만 기본적으로 디바이스가 아날로그에서 디지털로 전환되어 디바이스에 임베디드 소프트웨어 OS가 장착되고 다양한 애플리케이션 서비스가 런칭되면서, 센서 기반의 디바이스가 반응하거나 작동하며 발생하는 데이터가 모두 저장되고 축적되기 시작했다. 발생하는 모든 데이터가 기업 환경의 애플리케이션과 인터페이스로 되어 비즈니스 데이터화되거나 비즈니스 데이터와 연계되어 분석과 비즈니스 인텔리전스 과정을 거치게 된다. 이러한 과정은 비즈니스 의사결정과 실행에 영향을 미치게 되고 디바이스에 전달되면 디바이스는 바로 이러한 결과를 바탕으로 실행하게 된다.

디바이스의 이러한 실행은 반복되는 과정과 학습을 거쳐 디바이스 경험화되어, 점점 인공지능화된 디바이스로 발전하게 된다. 애플의 음성인식 서비스인 시리^{Siri}나 IBM의 왓슨^{Watson}은 이러한 과정을 거쳐 데이터 검색과 축적된 다양한 결과를 바탕으로 의사결정을 한다. 정확도를 높이기 위한 다양한 알고리즘과 확률을 바탕으로 한 시뮬레이션과 결과를 데이터 웨어하우스화하여 사람의 두뇌와 같은 의사결정을 하는 단계에까지 이르고자 한다.

현재는 디지털화하여 관리하지 않았던 데이터를, 정형화하고 분석하여 디바이스에 활용하는 단계에 있다. 즉, 대규모의 데이터 웨어하우스가 구축되고 데이터 분석을 위한 다양한 도구가 개발되어 도입되는 단계라고 볼 수 있다.

앞으로 기계 학습 과정을 거쳐 고도화된 의사결정을 할 수 있도록 알고리즘을 지능화하는 것이 모든 빅데이터 프로젝트와 시스템의 궁극적인 목표가 될 것이다. 여기서 디바이스는 인터넷이 될 수도 있고, 산업별 다양한 시스템, 인프라, 시설과 서비스까지 확대될 수 있다.

데이터를 생성 및 취합하고, 프로세싱 후 분석하며, 분석된 결과를 다시 시스템에 반영하고, 반영된 결과에 따른 데이터를 다시 취합, 프

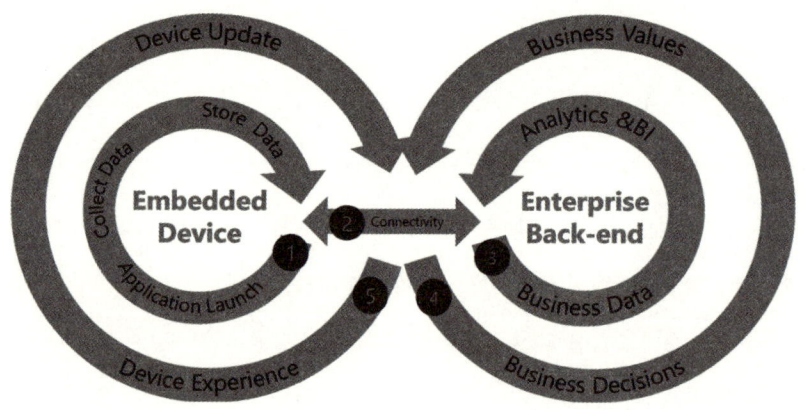

그림139 데이터는 새로운 통화이다. 참조 Microsoft

로세싱하는 과정을 반복하는 것이 기계학습$^{Machine\ Learning}$의 기본 구조와 사이클이다. 즉, 기계학습은 단순히 데이터 분석에서 끝나는 것이 아니라, 분석된 데이터를 자동으로 시스템에 반영하여 계속해서 향상된 시스템을 운영하는 것이다. 확장형 기계학습 엔진 라이브러리의 주요 기능에 추천 마이닝$^{Recommendation\ mining}$이 있는데, 예를 들면 온라인 웹상에서 사용자 패턴에 따른 추천 및 분석 모델을 제공하는 것이다. 자동 분류 기능^{Classification}은 데이터 분류 학습 체계에 따라 데이터를 자동 분류하며, 유관 주제별 데이터 통합 및 자동 모음인 클러스터링^{Clustering} 기능도 있다. 빅데이터 분석과 활용에서 기계학습 엔진이 차지하는 비중이 높아지고 점점 더 중요해지고 있다.

Insight 47 ▶ 빅데이터는「데이터 민주화」인가

어떤 새로운 문화 현상을 100만 명 이상이 따라 하면「패션」이라 말하고, 500만 명 이상이 참여하면「트렌드」, 1천만 명 이상을 넘어서면「문화」라고 한다. 시간으로 따졌을 때 패션은 짧은 기간에 유행하는 것이고, 몇 년 동안 기간을 점유하게 되는 것은 트렌드이다. 빅데이터는 트렌드임에 틀림없지만, 장기간 지속될「메가 트렌드」이고 트렌드가 기존의 방식을 바꿀만한 문화와 같은 혁명이기도 하다. 특히, 데이터가 더 이상 정부와 기업의 소유물이거나 규제와 제한의 대상이 되지 않기 때문이다.

이러한 데이터 중심의 변화를 오픈 데이터 open data 라고 한다. 웹2.0 이후 개방과 공유, 그리고 소비-활용이라는 컨셉으로 혁신적인 아이디어가 공유되는 오픈 이노베이션 open innovation 이 활성화되고 위키노믹스 Wikinomics 라는 용어도 등장하였다. 이제 공공 데이터와 사회적 데이터가 개방되고 공유되어 새롭게 분석되고 또한 다양한 스마트 디바이스 앱들과 활용된다면 우리 사회는 점점 더 생산적이고 효율적으로 바뀔 것이다.

현재 앱스토어의 개발자들이 오픈 데이터 마켓플레이스로 이동하고 있다고 한다. 그리고 더 많은 공공 기관과 기업들이 오픈 마켓플레이스에 참여하거나 실제로 개방을 하고 있다. 새로운 기회와 혁신이 공존하는「데이터 민주화」의 패러다임이 아닐 수 없다. 데이터를 통

그림140 오픈 데이터 세상 - 정우진

한 새로운 혁신 가치가 공유되고 다시 재생산되어 이 세상과 사회 곳곳에서 데이터의 가치를 누리게 된다.

전 세계적으로 각 국가의 정부와 사회단체를 중심으로 열린 데이터 시스템이 하나둘씩 만들어지고 확대되고 있다. 공공 데이터의 투명성과 함께 이제는 더 이상 데이터를 닫혀 있거나 가둬둔 상태로 방치하는 것이 아니라 데이터를 통한 보다 생산적인 사회를 만들기 위한 취지로 진행되는 만큼 잠시 유행으로 그칠 것 같지는 않다.

다만 많은 관심과 참여가 필요하고 이제는 제도적, 정책적으로도 오픈 데이터에 대한 지원과 노력이 필요하다. 스마트 디바이스 앱을 통해 제공되는 오픈 데이터 정보 중 가능한 하나의 예로 대중교통의 실시간 이동 정보나 공공 주차장 이용 정보 등이 있을 수 있다. 기존에는 한계에 부딪혔던 기능과 서비스들이 이제는 더욱 생산적이고 효율적인 형태가 되어, 공공 정보 앱이 더욱 활성화될 것으로 보인다.

일본은 2014년부터 공공정보를 일반에 전면 개방한다. 우리나라 역시 2014년 범정부 단일 플랫폼인 공공데이터포털^{data.go.kr}을 개편하여 민간이 자유롭게 사용할 수 있도록 제공할 방침이다. 공공 빅데이터 시장을 본격 개화시키려면 공공정보 개방 확대가 선행돼야 한다.

Insight 48 ▶ 나의 데이터가 빅데이터에 활용된다면

빅데이터는 시스템이 생성하는 데이터와 인간이 생성하면서 소비하는 데이터로 나눌 수 있다.

우리는 과연 하루에 얼마나 많은 데이터를 만들고 소비할까? 하루에 나를 중심으로 주고받거나 생성하는 메시지가 60~250개가 발생하거나 트랜잭션이 발생한다고 한다. SMS 문자 메시지는 평균 10건이며 최근 들어 단문 메시지는 더 늘어나는 추세이다. 인터넷 콘텐츠를 소비하는 건수는 평균 30~50건이고, 30분당 발생하는 전화 통화 건수는 3~8건이라고 한다. 트위터와 페이스북과 같은 소셜 네트워크를 통한 건은 지금도 기하급수적으로 늘어나고 있다. TV에서 소비하는 시간은 10~30분 정도이고, 디지털 음원 서비스는 20~60분 정도라고 한다. 매일 5시간씩 4,826Kb씩 소비가 되고 있고, 자신의 일생에서는 16.42년 동안 총 14만 4천 시간을 데이터를 소비하는데 쓰고 있고 이 시간과 소비되는 데이터의 양은 점점 더 증가할 것이다.

이처럼 개인이 생산하거나 소비하는 데이터가 모여서 군집이 되어 빅데이터가 된다고 볼 수 있다. 그런데 여기에 여러 가지 이슈가 있다. 무엇보다 개인정보 보호 Privacy 차원에서 개인정보나 개인의 데이터 사용에 관한 행동 기록 등을 활용할 때에는 개인의 동의가 있어야 한다. 물론 대부분의 인터넷 회사들이 이러한 정보를 활용하기 위해 사전에 정보 활용에 관한 동의 서명을 받고 있다. 그러나 현재 이러한

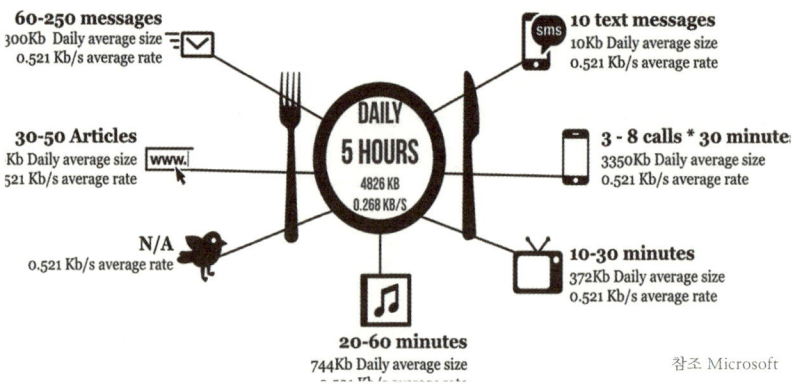

그림141 나의 데이터(매일 5시간)

데이터를 개인 대상 맞춤형 모바일 광고나 인터넷 광고, 그리고 메일 등의 광고 서비스에만 국한하여 활용하고 있는 상황이다.

빅데이터에서 개인정보 보호와 함께 규제가 또한 가장 큰 이슈가 된다. 특히, 개인정보 데이터의 이동에 따른 데이터의 위치와 개인이 생성하는 라이브 데이터에 관한 규제는 빅데이터의 가장 큰 걸림돌이다. 개인이 데이터 활용과 사용에 관한 동의를 하였다고 하더라도 다양하게 파생될 수 있는 영향에 대해서는 또 다른 이슈가 되기 때문이다. 혁신과 가속화를 거듭하면서 이러한 부분들을 적절히 해결하거나 제도적으로나 정책적으로 보완해 나간다면 개인정보 보호 이상으로 혁신적 비즈니스가 나올 것으로 생각한다.

개인정보 활용의 통합은 예를 들면 이런 시나리오가 가능하다. 백화점에 쇼핑하러 가는 고객이 백화점 VIP 고객인지 주차장에 들어갈 때 이미 인지하게 되어 VIP 전용 주차장이나 대리 주차 서비스를 받게 된다. 차량에 부착된 VIP 스티커가 없어도 차량 번호판을 통해 자동 인식하게 된다. 그런데 이렇게 먼저 사전에 인식하기 위해서는 차량 번호가 미리 등록되어 있어야 하고, 해당 고객의 구매 정보와 등급이 사전에 관리되어야 한다. 차량 정보뿐 아니라 주로 구매하는 매장과 상품, 매장마다 있는 브랜드 멤버십 정보 등 다양한 정보가 통합되어야 하고 연계되어야 한다.

빅데이터 시대를 맞아 기업들은 이렇게 소비자와 시장 정보를 더 많이 확보해 서비스에 활용하려 할 것이다. 개인의 인터넷 데이터와 구매 정보, 그리고 여러 다양한 정보를 서로 연계해서 활용한다면 엄청난 경제적 효과와 비즈니스 혁신을 가져올 것이다.

Insight 49 ▶ 데이터의 오너십 이동

최근 빅데이터와 함께 비즈니스 인텔리전스^{BI}도 급격하게 변화하고 있는데 특히 셀프서비스 BI$^{Self-Service\ BI}$가 주목을 받고 있다. 무엇보다 예전에 BI 체계에서는 데이터 분석부터 의사결정에 이르는 대시보드를 만드는 데에 많은 노력과 시간이 필요했다. 특히 데이터 분석 도구가 다루기 쉽지 않거나, 데이터 분석 이후 분석 결과를 리포팅하거나 대시보드에 업로드하고 업데이트하려면 IT 개발자가 직접 프로그래밍을 통해 작업해야만 했다. 그러다 보니 비즈니스 의사결정에 맞추기가 어려웠고 비즈니스 변화에 민첩하게 대응할 수 없는 구조가 되어버렸다.

빅데이터로 가면서 BI는 바로 이러한 기존 방식에 큰 도전을 받게 된다. 셀프서비스 BI는 일반적으로 IT 담당자로부터 도움을 받거나 그들에게 문의하지 않고 현업 사용자가 직접 데이터를 분석하고 리포트를 만들 수 있는 것을 의미한다.

시장 전문 조사 기관 가트너는, 셀프서비스 BI를 최종 사용자인 현업 담당자들이 직접 그들의 분석 결과와 리포트를 그들이 디자인한 대시보드나 공용으로 게시되는 웹사이트에, 허가되고 지원 가능한 아키텍처와 도구를 바탕으로 직접 배포하고 디자인을 관리할 수 있는 것이라고 정의한다. 이러한 정의대로 한다면 기존에 데이터를 수집하고 가공해서 분석하는 단계와 최종 리포팅하는 단계가 대폭 줄

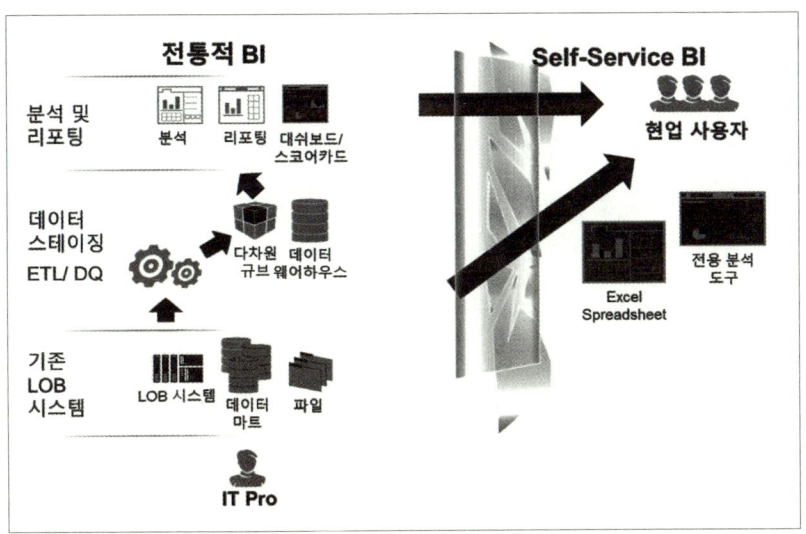

그림142 셀프서비스 BI의 구성, 참조: Microsoft

고, 현업 사용자들이 직접 분석과 가공, 최종 게시하는 단계까지 가능할 수 있게 된다. 이러한 변화로 데이터 오너십이라고 하는 데이터의 주요 업무가 현업에 넘어간다고 볼 수 있다.

 IT 전문 담당자들은 이제 데이터의 정합성이나 품질 등과 같은 관리와 표준화, 자동화 등에 대해서 IT 솔루션적으로 지원을 해야 한다고 말하고 있다. 이제 빅데이터 시대에는 데이터에 관한 주도적인 위치와 오너십이 IT 담당자에서 비즈니스 분석가로 전환될 것이다. 최근 기업에서 부는 빅데이터 기반의 새로운 비즈니스와 맞춤형 고객 서비스는 관계사가 아닌 그룹사 차원에서 진행되고 있으며 고객 관리 부서인 CRM을 넘어서서 신상품 기획팀부터 마케팅까지 전사 차원에서 추진되고 있다.

Insight 50 ▶ 빅데이터는 새로운 경제적 「통화」

오픈 데이터 마켓에는 무료로 공유되는 데이터만 있는 것은 아니다. 기업의 가치 있는 데이터나 데이터 처리에 활용되는 앱이나 애플리케이션 서비스는 그에 따른 가치를 지급해야 한다. 데이터가 가치로 평가받는 단계에 왔다. 이제는 데이터를 확보하려는 전쟁이 일어날 것이다.

특히 기업에서 새로운 상품과 서비스를 개발하고 판매하기 위해서는 시장과 고객에 관한 다양한 데이터가 필요하게 되고 마케팅을 실행하기 위해서는 경쟁사 정보와 시장의 판매 데이터까지 요구하게 될 것이다. 현재는 이러한 데이터를 리서치 회사나 마케팅 대행사에서 직접 조사하거나 다시 시장에서 데이터를 구매하였다. 그러나 빅데이터로 인해 이러한 데이터의 유통 패러다임이 바뀔 것으로 보인다. 무엇보다 그동안 직거래나 제한적으로 일어났던 데이터 거래가 오픈 마켓화되고 이제 데이터의 가치가 제대로 평가될 것이며, 음성적으로 이뤄졌던 데이터와 현실적이지 않거나 부정확했던 데이터도 이제는 검증 과정을 거칠 것이다.

이제 공공 데이터와 사회적 데이터는 투명해지고 좀 더 체계적으로 관리되고 공유되게 된다. 데이터의 가치가 제대로 평가받는 시대에는 데이터가 하나의 새로운 통화가 되어 다양한 서비스의 매개체가 될 것으로 예상한다.

그림143 데이터는 새로운 통화가 된다

데이터의 가치에 따라 가격이 매겨지고 데이터의 활용에 따라 앱의 가격 차이가 발생하게 되면, 양질의 필요한 데이터를 끌어모으고 데이터 분석을 통한 새로운 인사이트를 얻어내는 알고리즘 전쟁이 일어날 것이다. 결국, 기업의 IT 역량과 능력도 빅데이터를 어느 정도 다루느냐에 달려 있으며, 더 나아가 데이터와 데이터 분석 역량이 기업의 핵심 역량이 되고 기업의 존폐를 좌지우지하게 되므로 데이터 중심의 경영 환경을 지향하는 분석적인 기업 Analytical Enterprise이 늘어날 것이다.

이런 변화로 인해 데이터 과학자들은 여러 기업에서 각광을 받을 것이다. 이제 빅데이터는 새로운 경제 패러다임을 가져다주는 열쇠이자 인류의 미래 혁신을 앞당기는 가장 중요한 인자가 될 것이다.

Insight 51 to 58

형태는 기능을 따른다
Form follows function.

Louis H. Sullivan Architect

Insight 51 ▶ **빅데이터의 전략 프레임워크의 목적**

빅데이터는 단지 대량의 데이터가 아니다

빅데이터, 어떻게 보면 우리는 빅이라는 단어와 트렌드에 휩쓸려, 아마존, 구글, 페이스북, 넷플릭스 등을 벤치마킹하지 않았나 생각된다. 기업들이 그렇다고 모두 아마존을 만들려고 한 것도 아니고, 구글이나 페이스북 같은 서비스를 하려는 것도 아닌데 말이다. 여태껏 IT 트렌드나 패러다임에서 Big처럼 '형용사'를 쓴 적은 없었을 것이다. 빅데이터는 더 이상 대용량의 데이터가 아니다. 오히려 대용량^{Large}이 맞고, 비정형^{Unstructured}, 멀티플 소스$^{Multiple\ Sources}$, 그리고 실시간에 가깝도록 빠른^{Fast} 데이터를 의미한다. 그리고 이에 맞도록 병렬 분산, 공통화된 하드웨어, 클라우드를 적용하는 유형의 기술들을 적용하는 것이 맞다.

　가트너의 리서치 담당 부사장 마크 베이어$^{Mark\ Beyer}$는 "2015년까지 혁신적인(현대화된) 정보관리 시스템을 구축하는 기업은 재정적으로 (매출상) 20%정도 경쟁자를 능가할 것이다"고 했다. 빅데이터 구축이 아니라 현대적 정보관리$^{Modern\ Information\ Management}$이다. 이제야 제자리로 가고 있다는 느낌이다.

빅데이터의 전략 프레임워크(4분면)에 대한 정리

빅데이터의 기세가 한풀 꺾였다는 느낌도 있다. 그리고 너무 마케팅과 트렌드로 몰아갔다는 느낌도 강하다. 그런데 한 가지 분명한 것은 그리고 달라진 것은, 이제는 데이터를 다르게 보고 있다는 것이고 누구나 이제는 데이터를 분석하고, 모든 근거를 데이터 분석과 예측에서 찾으려 한다는 것이다. 요즘은 IT를 하던 안 하던 어느 비즈니스 부서든 빅데이터를 통해 하겠다고 하기 때문이다. 빅데이터는 이 하나만으로도 어떻게 보면 성공한 아이템일지 모른다.

그런데 아직까지도 개념도 잘 잡히지 않고 어떻게 해야 할지 무엇부터 시작해야 할지 망설이고 결정하지 못하는 것이 많다. 이럴 때는 본질로 다시 돌아가야 한다. 빅데이터는 데이터의 규모가 중요한 것이 아니다. 또한, 이 기술 저 기술이 크게 중요하지 않을지 모른다. 빅데이터는 정확한 분석과 신뢰성 있는 결과가 중요한 것이다. 그래서 데이터를 통해서 새로운 인사이트 즉, 통찰력을 찾거나 통찰력을 향상시키는 것이다. 빅데이터의 전략 프레임워크는 바로 4가지를 목적으로 하고 추구해야 한다. 이 프레임워크는 앞으로 대부분의 비즈니스의 방향과 성과 목표가 될 것이다.

1. 위험 관리 Manage Risk

이제는 위험을 관리해야 한다. 위험 관리는 사후 해결에서 사전 예측을 통한 예방으로 가고 있다. 그리고 반복되는 것은 반드시 사전에 대응하고 불특정하게 갑자기 발생되는 것을 사전에 분석하여 예측하는 것이 최근 과제이다.

2. 성장 견인 Lead Growth

성장론에 회의가 일고 있다. 성장은 계획대비 달성을 의미하는데 최근에는 성장에 대한 예측도 중요하고 성장을 촉진하기 위한 여러 인자를 분석해서 계획과 목표를 현실화하는 것을 핵심으로 하고 있다. 무조건 성장이 아니라는 얘기이다. 그래서 고객과 시장, 그리고 상품과 서비스를 다시 평가하게 된다.

3. 효율성 추구 Drive Efficiency

이제는 비용 삭감 Cost Cut-off 이 아니라 비용 절감 Cost Saving 이다. 비용을 아예 안 쓰고 없애는 것이 아니라, 쓰되 효율적으로 쓰라는 것이다. 효율성은 투입 대비 결과가 극대화되어 투입을 최적화하는 것이다. 효율성을 수치화하고 계량화하는 것이 가장 우선이 될 것이다.

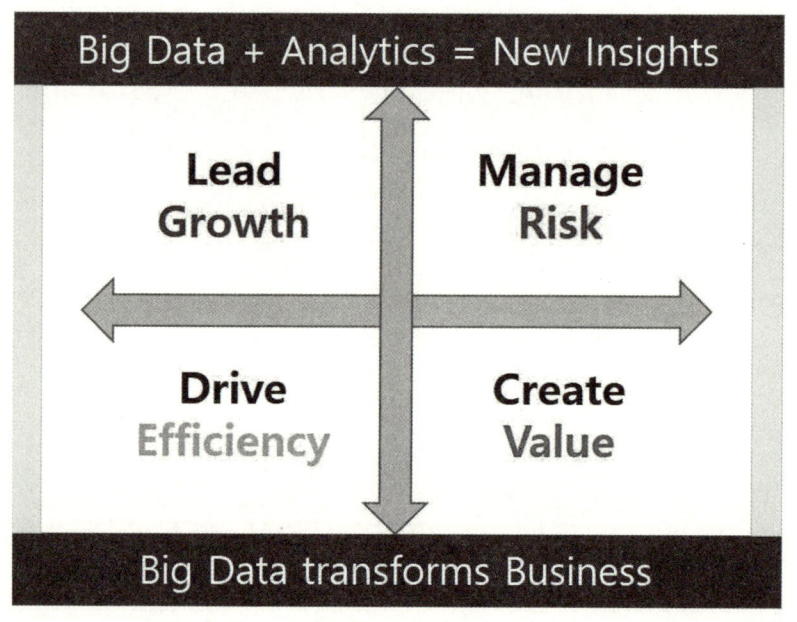

그림144 빅데이터 전략 프레임워크 - 정우진

4. 가치 창출 Create Value

데이터 분석을 통해 새로운 이론이 만들어질 수 있고 다른 학문이나 분야의 이론들과 통섭과 융합을 통해 가치를 만들 수도 있다. 가치의 기준은 기존에 없었던 새로운 것도 있지만 발견되는 것도 있고, 무엇보다 변화와 혁신을 하게 하는 것이어야 한다.

Insight 52 > 빅데이터적 사고

빅데이터적인 사고라는 것은 이를테면 다음과 같은 것이다. 하인리히 법칙이라고 있다. 1920년대 보험회사에 다니던 허버트 하인리히라는 사람이 수 많은 사건/사고를 통해 보험 통계를 분석하다가 1:29:300이라는 법칙을 발견하게 된다. 큰 대형사고 한 건이 발생하기 전에 경미한 사고가 29건, 연관된 증상/현상이 300건 정도 발생한다는 것이다. 이 법칙은 지금도 산업재해 예방에 영향을 주게 된다.

하인리히는 또 이러한 말을 남겼다.
"고객이 겪은 한 번의 불쾌한 경험과 한 명의 불친절한 직원 등 기

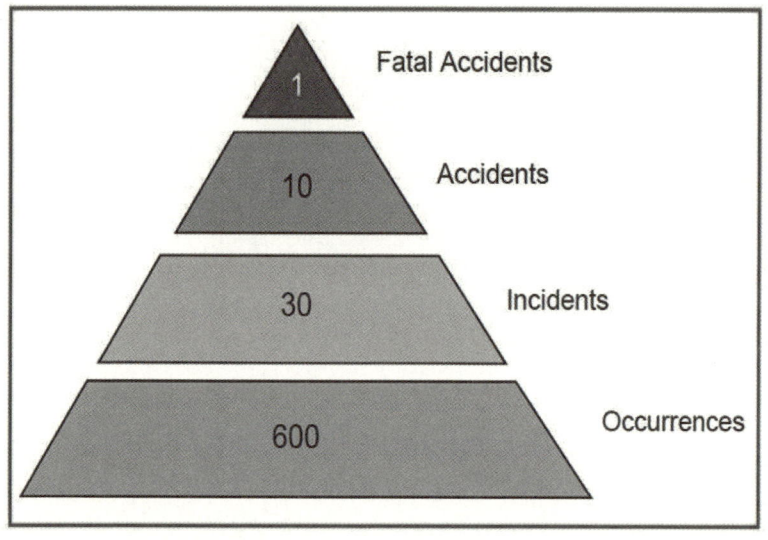

그림145 산업재해 통계 비율 도표 - 하인리히

빅데이터를 말하다

업의 사소한 실수가 결국 기업의 앞날을 뒤흔들 수 있다." - 사소한 것이 영향을 주기 때문에 항상 모니터링해야 한다는 것이다.

"조직내 에서 실수나 실패는 어쩔 수 없이 발생하는데 무조건 이것을 피하거나 책임만을 추구해서는 안 된다. 조직에서 사라져야 할 실수는 반복적 실수나 치명적 실수다." - 실패나 실수를 분석해서 예방하거나 사전 조치가 필요하다는 것이 핵심이다.

결국, 빅데이터도 우리가 가진, 또는 가지고 있지만 관리하지 못했던 데이터에서 이러한 법칙과 같은 의미 있는 데이터를 도출하여 예측을 통해 사전에 행동할 수 있도록 하는 것을 의미한다. 그렇게 함으로 불확실성에 대한 확률을 높이는 것, 그리고 비즈니스에 수치화해서 적용하지 못하고 관리할 수 없던 부분을 이제는 경영 관리할 수 있도록 하는 것이기 때문이다.

Insight 53 > 빅데이터 프로젝트 요건

요즘 빅데이터를 준비하는 기업들을 보면 또 시행착오를 반복하겠다라는 생각이 든다. 스마트워크가 처음에 스마트폰 앱을 만들어 모바일 디바이스만 활용하면 스마트워크라고 간주해서 열심히 앱 만들고 디바이스를 뿌렸지만 효과가 없어서, 다음으로 접근한 것이 인사제도였다. 자율출퇴근제, 집중근무제, 집중휴가제 등이었다. 그래도 하드워크가 스마트워크로 바뀌지 않았다. 이제야 일하는 방식에 대한 본질적 변화로 돌아가서 근본적인 변화와 혁신을 하고 있다.

빅데이터도 마찬가지이다. 지금 빅데이터는 트렌드를 따라하기에 급급하거나 이전에 하지 못했던, 아니면 현재 개선해야 하는 데이터 시스템에 대해 아키텍처를 개선하는 데에 혈안이 되어 있다. 웬만한 프로젝트는 빅데이터라는 단어가 안 들어가면 예산 심의도 통과도 못 하게 되었다. 그래서 CRM이나 DW, BI를 빅데이터 컨셉에 맞춰 프로젝트를 다시 하는 부류가 많다.

그러면 본질적 의미의 빅데이터 프로젝트, 빅데이터 비즈니스의 기준은 무엇일까? 빅데이터 프로젝트의 요건은 다음과 같다.

1. 새로운 인사이트 New Insight

기존과는 다른 새로운 인사이트(통찰력)가 있어야 한다. 그러기 위해서는 데이터의 범주도 확대되어 비정형 데이터, 그리고 관리하지 않앉던 데이터도 분석하게 되며 이 과정에서 당연히 다양한 영역에서의 융합과 통섭이 이뤄져야 한다. 새로운 통찰력이 없다면 기존과 다르지 않다.

2. 새로운 시도 New Challenge

새로운 데이터에 대한 접근은 너무나 다양하고 지금도 하루가 멀다 하고 새 솔루션과 서비스가 나오고 있다. 빅데이터 아키텍처는 너무나 다양하게 구성할 수 있다. 무엇보다 이전과 지금까지 할 수 없거나 하지 못했던 것들이 가능해지고 있다. 그러기 위해서는 기존의 방식과 방법을 답습하면 안 된다. 새로운 방식과 방법을 연구하고 구현해야 한다. 이러한 새로운 시도와 도전이 없다면 기존과 다르지 않다.

3. 혁신적 변화 Disruptive Change

빅데이터의 기술 진입 장벽은 그리 높지 않으나 응용과 적용은 쉽지 않다. 기존의 데이터를 관리하고 운영하던 생각과 방식이 바뀌지 않으면 새로운 빅데이터 시대에 적응할 수 없다. 분석 리포트나 뽑고, 대시보드나 멋있게 디자인하는 기존 패턴으로 빅데이터를 운영할 수는 없다. 이제는 현업들이 쉽게 데이터를 다뤄야 하며 IT는 새로운 기술과 변화에 앞장서야 한다. 이러한 파괴적 변화와 혁신이 없다면 역시 기존과 다르지 않다.

6개월 내지 1년 프로젝트로 성과를 바라서는 안 된다. 시행착오도 중요하기 때문이다. 본질적이고 근원적인 접근과 전략이 중요하다.

Insight 54 ▶ **빅데이터 소프트웨어 이용에 관한 통계**

빅데이터 소프트웨어 활용 및 이용에 관한 주요 관심사, 특히 걱정/염려에 대한 통계 자료를 얻기 위해 다음과 같은 질문을 했다.

　빅데이터 소프트웨어 사용에 있어 가장 주된 고려사항은 무엇인가?

What are your primary concerns about using big data software?

- 빅데이터에 대한 전문지식이 부족하고 비싸다.
  Big data expertise is scarce and expensive — 38%
- DW어플라이언스 플랫폼이 비싸다.
  Data warehouse appliance platforms are expensive — 33%
- 빅데이터가 얼마나 새로운 비즈니스 기회를 만들지 확신이 없다.
  We aren't sure how big data analytics will create business opportunities — 31%
- 하둡이나 NoSQL DB와 같은 빅데이터 플랫폼을 위한 분석 도구가 부족하다.
  Analytical tools are lacking for big data platforms like hadoop and NoSQL databases — 22%
- 우리가 가진 데이터가 정확하지 않다.
  Our data's not accurate — 21%
- 하둡과 NoSQL을 배우고 습득하기가 어렵다.
  Hadoop and NoSQL technologies are hard to learn — 17%
- 우리는 데이터가 충분하지 않다.
  We don't have enough data — 13%
- 하둡과 NoSQL의 기술 관리 기능이 부족하다.
  Hadoop and other NoSQL technologies lack management features — 12%
- 그 밖에 Other — 2%
- 빅데이터 분석에 아무런 걱정이 없다.
  I have no concerns about big data analytics

그림145 빅데이터 소프트웨어 도입의 주요 고려사항

대답은 표와 같았다. 이 통계 자료는 단순히 설문 조사라기보다 빅데이터 인식과 현재 고객의 빅데이터에 대한 접근이나 활용 정도를 잘 보여준다.

상위에 랭크된 답변을 보자. 빅데이터에 대한 전문지식이 부족하고 비싸다(38%), DW 어플라이언스 플랫폼이 비싸다(33%), 빅데이터가 얼마나 새로운 비즈니스 기회를 만들지 확신이 없다(31%)는 답변이 있다. 이 답변을 한 세 그룹은 빅데이터에 제대로 접근하지 못하고 있거나, 아직 시도조차 못 했거나, 아직도 설왕설래하고 있는 수준으로 볼 수 있다. 이 그룹들은 사례 리뷰나 분석을 통해 본질적으로 빅데이터에 접근할 필요가 있다.

하둡이나 NoSQL DB와 같은 빅데이터 플랫폼을 위한 분석 도구가 부족하다(22%), 우리가 가진 데이터가 정확하지 않다(21%), 하둡과 NoSQL의 기술 관리 기능이 부족하다(12%)고 답변한 이 그룹은, 이미 빅데이터를 도입했거나 또는 파일럿 형태로 구축해 본 그룹으로 볼 수 있다. 그들의 목적과 용도에 맞는 데이터와 도구를 필요로 하는 상태이다. 여기서 빅데이터는 누구에게나 쉽고 빠른 게 아님을 알 수 있다. 목표를 재조정할 필요가 있다.

하둡과 NoSQL을 배우고 습득하기가 어렵다(17%), 우리는 데이터가 충분하지 않다(13%)고 답변한 측은 준비에 어려움이 많은 그룹으로 예상된다. 따라서 전문가들의 컨설팅이 필요하거나, 전문 인력을 채용하는 등 다양한 활동을 하고 있을 것으로 보인다.

마지막으로 재미난 답변은 빅데이터 분석에 아무런 걱정이 없다 (16%)는 답변이다. 이들은 누구일까? 아마존, 야후, 페이스북 같은 회사일까? 자신만만한 이들이 궁금하다.

Insight 55 ▶ 가트너의 빅데이터 관련 주요 트렌드

매년 가을 IT 전문 리서치 기업인 가트너는 핵심 전략 기술 10개의 트렌드$^{Top\ 10\ strategic\ technology\ trends}$를 발표한다. 2011년부터 2014년까지의 흐름과 함께 주요 기사를 분석해보았다.

1. 클라우드 컴퓨팅은 계속 진화 중

2010년에 등장했던 클라우드는 기업에서는 하이브리드 클라우드로 변화하고 있으며, 일반 사용자들은 퍼스널 클라우드 형태로 보급이 활성화되고 있다. 그러면서 모든 인프라 스트럭처의 기반이자 이전의 트렌드들을 통합해서 가고 있는 형태의 모델로 가고 있다. 2014년에는 하이브리드로 인한 서비스 브로커와 클라우드/클라이언트 아키텍처 트렌드의 확대를 강조하고 있다.

2. 모바일은 이제 다양화와 관리의 시대로

스마트폰의 등장과 태블릿의 보급 확대는 앱과 애플리케이션, 앱스토어와 같은 다양한 비즈니스 생태계를 만들어왔다. 이제는 모바일 디바이스가 점점 다양해지고, BYOD$^{Bring\ your\ own\ device}$의 확대로 기업의 입장에서 그리고 개인 소비자의 입장에서 다양한 디바이스와 서비스를 관리하고 운영해주는 트렌드가 확대될 것이다. 그리고 모바일 앱과 애플리케이션이 세분된다.

3. 새로운 패턴, 방식, 흐름의 시대

소프트웨어 정의망$^{Software\ Defined\ Networking}$이 클라우드의 진화로 소프트웨어 정의 데이터센터^{SDDC}, 소프트웨어 정의 스토리지^{SDS}, 소프트웨어 정의 인프라^{SDI} 등의 새로운 방식과 패턴으로 이제 구체화되고 정착되고 있다.

4. 빅데이터는 없어진 것이 아니라 이제 모든 곳에서 가장 기본으로..

IoT는 이제 모든 분야, 전 업종의 비즈니스로 확대되어 IoE$^{Internet\ of\ Everything}$로 가게 된다. IoT는 M2M과 빅 데이터 등이 연계된다. 클라우드 플랫폼과 빅데이터를 기반으로 하는 구글, 아마존, 페이스북 등의 기업들의 IT가 웹 스케일 IT$^{Web\ Scale\ IT}$인데 이것이 이제 IT의 일반명사화되고 기업들에게도 많은 영향을 끼치게 된다.

5. 새로운 미래의 파괴적 혁신

모바일, IoE, 빅데이터는 결국 새로운 스마트 머신$^{Smart\ Machines}$으로 나타나고 있다. 웨어러블 컴퓨팅$^{Wearable\ Computing}$과 인텔리전트 시스템$^{Intelligent\ System}$이 대표적이라고 할 수 있다. 그리고 3-D 프린팅이 이제는 보급화, 활성화되는 시대로 가며 3-D프린팅은 제조업체뿐 아니라 다양한 업종에서 혁신을 예고하고 있다.

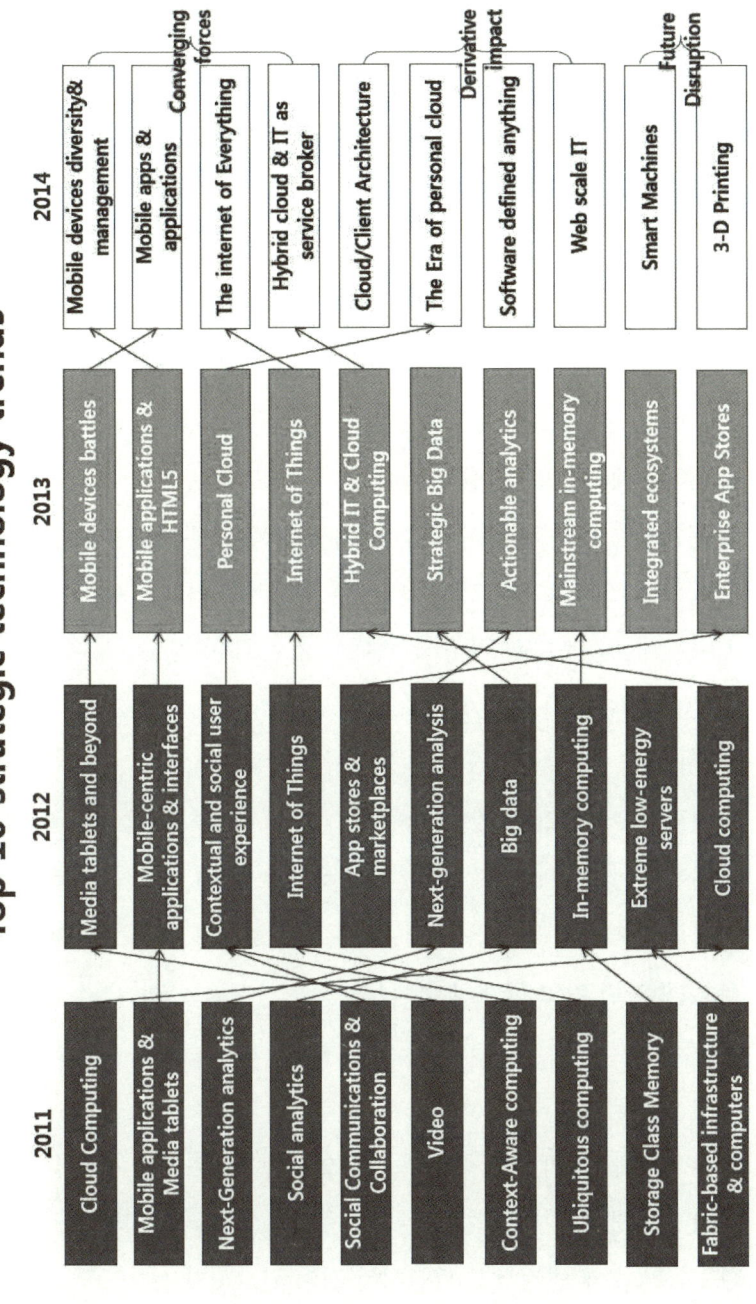

그림146 10대 기술전략 트렌드 - Gartner

Insight 56   비즈니스 면에서 빅데이터 주요 트렌드 10가지

cio.com이 선정한 비즈니스 면에서의 빅데이터 트렌드 10

1. 머신 데이터가 중심이 되다^{Machine Data takes center stage}

머신 데이터가 이제 빅데이터의 중심으로 이동했다는 것이다. 클릭 스트림^{Click Stream}뿐 아니라 그동안 다크 데이터^{Dark Data}로 취급했던 로그^{Log} 데이터가 주목받기 시작했으며 IoT 또한 마찬가지이다.

2. 데이터 매시업이 가치를 높이다^{Data Mashups multiply value}

다양한 데이터와 결합하고 그 안에서 새로운 관계와 데이터 가치를 창출한다. 그리고 다양한 서비스들과 연계하여 데이터를 활용하고 소비한다. 결국, 분석 범주 및 범위에 없던 데이터까지 확대하여 데이터를 수집/분석하는 것이 중요하다.

3. 오픈소스 기반의 플랫폼^{Platforms build on Open source}

빅데이터는 오픈소스 기반의 플랫폼으로 확대 발전되는 추세이고, 벤더들은 자신의 플랫폼과 연계하는 하이브리드 모델로 진화하고 있다. 그렇다면 기업 고객의 선택은?

4. 가장 큰 영향 파악^{Identifying the biggest impact}

어디에 있는 데이터가 중요한 영향을 주는지 분석한다. 이의 결과를 다시 반영했을 때의 영향은 얼마나 큰지, 결국 데이터의 비즈니스 영향도를 빠르게 인지하고 판단하는 것이 필요하다.

5. 데이터는 실행 단계 Big data rubber hits the road

이제는 시험 단계를 지나 실제 비즈니스 서비스 및 시스템으로 진행하는 단계이며, 더 이상 검증과 테스트 단계는 아니다. 많은 기업이 적용 및 오픈을 앞두고 있다.

6. 데이터에서 빅비즈니스 찾기 Big business BIG on data

빅데이터는 데이터에서 big을 찾는 것이 아니라, 데이터에서 빅 비즈니스를 찾는 것이다. 데이터 안에 답이 있다. 많은 기업이 빅데이터 분석 기업으로 전환하고 있다.

7. 통신사업자, 여행사, 기술 기반의 회사들 Telcos, Travel, Tech Big spenders

통신사업자, 여행사, 그리고 기술기반의 회사들이 빅데이터에 많은 투자를 하고 있고, 일반적 기업들은 작지만 투자하기 시작하고 있다. 앞으로 IT/비즈니스 투자에 빅데이터가 중요한 부문을 차지할 것으로 보인다.

8. 빅데이터는 수익을 창출한다 Big Data follows the money

빅데이터는 수익을 창출하고 새로운 매출을 일으키며, 기존 핵심 고객을 유지하고 만족도를 향상하는 역할을 한다.

9. 빅데이터 ROI 분석 Where's the Big data ROI?

이제 빅데이터 투자에 대한 효과를 분석하려고 한다. 이미 투자부서는 BI에 대한 회의적인 입장이 많으므로 빅데이터 투자에 대한 도전이 만만치 않다. 빅데이터이기 때문에 더더욱이 ROI$^{\text{Return on Investment}}$를 잘 분석해야 한다.

10. 빅데이터는 문화를 바꿀 것이다 Big DATA Brings Cultural change

빅데이터는 결국 회사의 문화를 바꾸고 일하는 방식과 판단, 의사결정을 바꾸는 핵심요소로 자리 잡을 것이다. 요즘 영업/마케팅/R&D 할 것 없이 빅데이터를 하겠다고 난리이다. 이러한 패러다임의 변화는 문화도 바꿀 것이 확실하다.

Insight 57 ▶ **추신수는 빅데이터의 수혜자**

앞에서도 언급했지만, 빅데이터를 얘기할 때 빠지지 않는 영화가 "머니볼"이다. 이 영화의 핵심은 야구를 새롭게 데이터화하여 분석하는 데에 있다. 이미 예전부터 데이터 분석 야구는 있었고, 기록은 메이저리그 시작 때부터 했다. 그러나 이 영화에서 주인공은 야구 데이터로 새로운 방정식을 만들어 그것을 Stat이라 하고 그 방정식을 통해 승리를 위한 방정식의 조건으로 포스트 시즌 진출과 월드 시리즈 우승을 위한 새로운 선수 영입 조건을 만든다. 물론 저평가된 선수를 영입해 최저의 비용과 최적의 조합을 만드는 것이 핵심이다.

추신수는 머니볼의 최대 수혜자

여기서 나왔던 예시 중 하나가 출루율이었다. 이 영화 전까지만 하더라도 최다 안타와 홈런왕이나 장타자인 슬러거^{slugger}가 가장 비싼 몸값이고 팀에서 핵심이었지만, 머니볼 이후에는 출루율이 중요하게 된다. 그리고 출루율에 득점까지 높다면 타율이나 타점보다 더 승리에 기여한다는 것을 밝히게 된다. 추신수 선수를 보자. 내셔널리그 전체 2위인 출루율 0.423을 기록하며 2013시즌을 마무리한 추신수는 만약 머니볼 이전 시대였다면 아마 인정을 못받았을지 모른다. 타율이나 홈런이 최고의 선수 수준은 아니기 때문이다. 그래서 추신수 선수는 머니볼의 최대 수혜자라고 할 수 있을 것이며 나아가 빅데이터의 수혜자라고 할 수도 있을 것이다.

Insight 58 ▶ 핵심은 셜록 홈스와 같은 데이터 과학자

대부분의 분야가 그러하지만, 빅데이터 사업이나 프로젝트에서도 근본적이고 핵심적인 문제는 바로 사람이다. IT 엔지니어나 개발자 못지않게 중요한 역할을 하는 사람이 있다. 바로 데이터 과학자, Data Scientist이다. 아직도 이게 어떤 직업이냐? 어떤 사람이냐? 전공과 경력은? 그리고 무슨 공부와 준비를 해야 하는지? 많은 질문을 한다.

이에 대한 대답으로 두 명을 언급하곤 한다. 먼저 영화 '마진콜MarginCall'에서 피터 설리반(재퀴리 퀸토)의 역할이다. 영화에서 자신의 상사인 팀장이 회사의 위험 분석을 하고 있다가 해고되어, 인수인계를 받아 반나절 만에 회사의 잠재적 위험을 분석하는 중요한 인물이다. 이 사람은 MIT 박사 출신인데 포탄에 대한 궤적(포물선)을 연구했다는 얘기가 나온다. 이런 사람이 전혀 관계없는 투자 회사에서 재무 위험을 분석하는 사원으로 나와 결정적 데이터 분석을 하게 된다. 2개월 걸리는 분석을 반나절에 하기 때문이다. 영화 속의 이런 역할은 "머니볼"에서 빌 제임스와 같이 경제학과 출신이면서 야구를 수학적으로 분석한 사람도 해당한다. 그는 야구를 스탯Stat으로 분석해서 승리 방정식과 포스트 시즌 공식을 만든다.

그런데 나는 누구보다도 우리가 잘 알고 있는 이 사람, 셜록 홈스야말로 데이터 과학자에 해당한다고 생각한다.

It is a capital mistake to theorize before one has data.
데이터를 얻기 전에 이론을 세우는 것은 중대한 실수이다.
 -Sherlock Holmes, A Study in Scarlett (Arthur: Conan Doyle)
 셜록 홈스, 주홍색 연구 (저자: 코난 도일)

셜록 홈스는 사건을 대할 때, 분석하고 추리하고, 그리고 결정적 증거를 찾아낸다. 그리고 시대적 상황과 법의학적 지식, 다양한 학문과 경험을 융합한 기반 위에서 범인을 찾아내고, 사건을 해결한다. 그의 지적 소양과 깊이는 타의 추종을 불허하는데 작가는 소시오패스 sociopath에 가까운 그의 성격과 지극히 독단적이면서도 번득이는 창의적 사고력을 극찬한다. 내게 많은 분이 물어오는 데이터 과학자에 대한 정답은 셜록 홈스이다. 데이터 과학자가 되려면 그와 같은 역량이 필요하다.

어떻게 보면 빅데이터는 기술도 기술이지만 본질은 사람에 관한 문제가 아닐까?

빅데이터를 말하다 〈개정증보판〉

개정증보판 1쇄 발행 2014년 2월 11일

1판 1쇄 발행 2013년 4월 23일

지은이 정우진

발행인 문아라

에디터 김석기

펴낸곳 클라우드북스

주 소 서울 마포구 성산동 200-311

이메일 cloud@cloudbooks.co.kr

사이트 www.cloudbooks.co.kr

전화번호 010-5136-2260

팩스번호 0303-3445-2260

출판등록 313-2012-124

제 작 (주)다라니

디자인 PT Company

구입문의 TEL 010-5136-2260 / FAX 0303-3445-2260

클라우드북스는 지식 서비스와 IT 관련 책을 전문으로 만듭니다.

ISBN 978-89-97793-11-2 13320

※ 이 책에 실린 모든 내용, 디자인, 이미지, 편집구성의 저작권은 지은이와 클라우드북스에 있습니다.
※ 본사의 서면 허락없이는 책 내용의 전체나 일부를 어떠한 형태나 수단으로도 이용하지 못합니다.
※ 잘못된 책은 구입하신 서점에서 바꾸어 드립니다.
※ 책값은 뒤표지에 있습니다.

저자 **정우진**

현재 한국 마이크로소프트의 대표 컨설턴트로 기업 고객에게 빅데이터를 비롯한 다양한 IT 비즈니스에 대한 최적의 솔루션을 제안하고 있다. IT 트렌드와 패러다임에 대한 남다른 식견과 혜안으로 신규 사업 및 프로젝트 수행에 있어서 고객에게 좋은 평을 받고 있다. 최근 중점적으로 컨설팅하는 주제로는 빅데이터, 클라우드 컴퓨팅, 차세대 플랫폼과 디바이스, 빅데이터, 스마트워크 등이며, 최근 저서로는 「플랫폼을 말하다 V1.5」「아이클라우드, 스티브잡스가 설계한 애플의 미래」「글로벌 트렌드 클라우드 컴퓨팅」이 있다.

클라우드북스 발행 도서 안내

사용자 경험이 만드는 새로운 미래 : 문재승 허수영 여병상 저

스마트폰은 사용자경험의 시작점일 뿐이다.

이후 UI/UX는 어떻게 전개될 것인가?

이제 곧 도래하게 될 사물인터넷, 웨어러블 컴퓨터, 스마트 카 세상

스타트업 성공7법칙 : 한성철, 김진영 저

실리콘밸리의 스타트업들은 어떻게 성공했나?
성공적인 스타트업을 위한 필독 가이드.
로아컨설팅의 김진영 대표와 한성철 소장이 들려주는 생생한 실리콘밸리의 스타트업 성공 스토리

특허로 경영하라 : 변리사 엄정한 / 유철현 공저

특허는 이제 기업의 가장 강력한 무기다.

단순히 특허괴물들의 특허소송에 대응하고 대비하는 것을 넘어
우리 회사의 특허를 강력한 특허로 무장하여 특허로 수익을 내는
특허경영방법을 제시한다.

핀터레스트 완전정복 : 김석기 저

웹/앱의 기획자, 디자이너들이 가장 많이 벤치마킹하고 있는 서비스.
미국에서 선풍적인 인기를 끌고있는 차세대 SNS 핀터레스트.
핀터레스트 한국어 서비스 2014년 1월 시작!

교보문고, Yes24, 알라딘, 반디앤루니스, 인터파크 판매중

클라우드북스 발행 도서 안내

글로벌 IT 잉글리시 : 김용수 저

발매 3일만에 YES24 비지니스/취업/무역영어 부문 베스트셀러 1위!
알듯 말듯, 익숙하면서도 낯선 IT 분야 영어들.
IT 업무와 일반 업무에 도움이 될 예문들이 들어있습니다.

「개정증보판」 플랫폼을 말하다 v 2.0 : PAG 저

출간 6개월만에 개정증보판 출시! IT경영분야의 스테디셀러.
현재 가장 뜨거운 이슈인 〈플랫폼〉에 대해 가장 심도 있게 다룬 책.
2014년 3월 개정판 (v.2.0) 출간

버티컬 플랫폼 혁명 2.0 (개정증보판) : 김진영 외 2인 저

구글, 페이스북, 아마존, 애플... 그 이후의 플랫폼 세상.
한국의 대표적인 IT 컨설팅 기관인 ROA가 조망한 플랫폼의 미래.
현재 실리콘밸리에서 가장 주목받고 있는 버티컬 서비스 완벽 분석.
2014년 2월 개정증보판 발매!

스티브 잡스 스토리 그래픽 : 김석기, 강재민 저

스티브 잡스가 직관적으로 다가오는 책.
전 페이지 인포그래픽으로 그의 일생과 업적이 한 눈에 들어온다.
전 페이지 스노화이트紙, Full Color로 제작된 소장본.

교보문고, Yes24, 알라딘, 반디앤루니스, 인터파크 판매 예정

플랫폼을 말하다 V2.0 - 2차 개정판, 버티컬 플랫폼 혁명 개정판 곧, 출시 예정!

 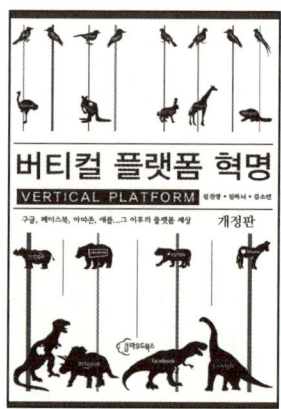

국내 IT 업계의 필독서이자 스테디 셀러인 '플랫폼을 말하다' 와 '버티컬 플랫폼 혁명'의 2014년 개정판이 곧 출시할 예정입니다.